能力孵化
High Potential

［英］伊恩·麦克雷（Ian MacRae）
［英］阿德里安·弗海姆（Adrian Furnham）
［英］马丁·里德（Martin Reed）
著

徐剑　李冬　路烽　译

上海交通大学出版社
Shanghai Jiao Tong University Press

图书在版编目（CIP）数据

能力孵化/（英）伊恩·麦克雷（Ian MacRae），（英）阿德里安·弗海姆（Adrian Furnham），（英）马丁·里德（Martin Reed）著；徐剑，李冬，路烽译. -- 上海：上海交通大学出版社，2022

书名原文：High Potential

ISBN 978-7-313-26583-8

Ⅰ. ①能… Ⅱ. ①伊… ②阿… ③马… ④徐… ⑤李… ⑥路… Ⅲ. ①企业管理 – 人才管理 – 研究 Ⅳ. ① F272.92

中国版本图书馆 CIP 数据核字（2022）第 020344 号

著作权合同登记号：图字：09-2021-1034

'© Ian MacRae, Adrian Furnham and Martin Reed, 2018' together with the following acknowledgment: 'This translation of High Potential: Second Edition is published by arrangement with Bloomsbury Publishing Plc.'

能力孵化
NENGLI FUHUA

著　　者：	［英］伊恩·麦克雷（Ian MacRae）　　　［英］阿德里安·弗海姆（Adrian Furnham）　　［英］马丁·里德（Martin Reed）
译　　者：	徐剑　李冬　路烽
出版发行：	上海交通大学出版社　　　地　址：上海市番禺路 951 号
邮政编码：	200030　　　　　　　　　　电　话：021-52717969
印　　刷：	上海盛通时代印刷有限公司　经　销：全国新华书店
开　　本：	880mm × 1230mm　1 / 32　印　张：10.375
字　　数：	220 千字
版　　次：	2022 年 5 月第 1 版　　　　　印　次：2022 年 5 月第 1 次印刷
书　　号：	ISBN 978-7-313-26583-8
定　　价：	58.00 元

版权所有　侵权必究

告读者：如发现本书有印刷质量问题请与印刷厂质量科联系

联系电话：021-52711066

产品和技术决定着一家企业能走多快，而人决定了一家企业能走多远。发现并培养高潜力人才，给予他们足够的发挥空间与发展前景，对每一位管理者来说，这是当下的职责，也是对未来的使命。《能力孵化》正是关于人才遴选的一套方法论。本书通过六大维度，为识别高潜力人才提供了标准化分析方法，为个体制订个性化发展计划的同时，也在优化组织的结构和管理，帮助优秀的公司与优秀的人才共同成长。

——隋国栋，值得买科技创始人、董事长

多年来，企业做高潜力人才盘点项目时始终面临一个难题：一方面各项指标多，难以测算；另一方面，人才评价维度多，标准难以统一。本书系伦敦大学学院（UCL）的阿德里安·弗海姆教授和组织心理学家伊恩·麦克雷联手打造，从新颖的角度提出了潜力的不同维度、绩效的可能轨迹，尤其围绕智力、大五人格特质的分析对组织的人才甄选和评价颇有启发。特别是针对高潜力领导者人格特质的六个维度，作者从组织心理学视角提出了专业解读，使我对高潜力领导者以及领军人才的甄选指标和评价标准的框架更加清晰了，对组织选拔和发展高潜力人才指点了迷津，值得人力资源从业者和人才发展工作者仔细研读。

——吴雅文，普源精电科技股份公司董事＆全球人力资源副总裁＆普源书院执行院长

在VUCA时代，一方面，看得到的或者已经被证实的能力，已经不足以让企业做好关键岗位的任用了；另一方面，员工也需要更

多富有挑战性的工作来激发他们的热情。因此，对于企业来讲，基于潜力的选拔就变得越来越必要了。这本书提供了很实用的思路、方法和工具，可以让公司高层和人力资源从业者真正用人来撬动业务，实现成功转型。

——戴芸溪，东风日产汽车金融人力资源与行政部部长

每个人都需要了解"我是谁"和"我在哪方面有成功的潜力"。这本书帮助我如此快速地觉察到自己的能力和潜力的耦合点，并以此为基础展开快速迭代。

——李雪松，国际商务谈判专家、《逆势谈判》作者

在多年的人才发展项目中，为何有人会脱颖而出？为何一些人在成年后无法通过训练调整自己？我发现人格特质方面的潜力还是最底层的。本书将人才的尽责性等六大人格特质，用量化的方式进行了阐述，特别详细阐明了"过度"带来的"脱轨"的风险，对人才发展从业者具有很好的借鉴意义。

——甘韬，人才发展专家

"潜力"似乎是一个很简单的词汇，但放在组织环境中来看这个话题，它就充满了认知的冲突和应用的困扰。很高兴的是，这本书把可能的问题都考虑到了，也都提供了参考答案，希望你在某些"艰涩阅读"时刻之后会和我一样有醍醐灌顶的乐趣。

——陈琳琳，托马斯国际（中国）首席技术专家

本书对高潜力人才的六大人格特质进行了分析，在第三部分特别提出了企业如何激发高潜力人才，为人才的潜力释放提供实践的机会，这正符合当下快速发展的企业如何将"训""战"结合的人才发展场景。

——宋城，马丁森领导力发展中心主任

推荐序一

当前，随着经济的快速发展，企业组织的重心已从传统的资源驱动转到产品驱动，并逐渐过渡到技术驱动，而最核心的其实是人才驱动。一个企业，一旦拥有人才并能激发其潜力，就意味企业已迈向了成功。为此，发现和拥有人才是企业成功的关键要素。

目前，许多企业在如何发现人才方面都遇到诸多问题，且代价高，效果不佳；"如何选择、发展人才"一直是困扰企业的核心因素；其中，费用支出仅是显性代价，对企业发展的延误甚至负面影响则是隐性的，并且代价十分高昂。

本书的引进，对破解诸如此类的难题具有重要的参考价值。本书从人才潜力评估的视角，为读者提供了如何发掘高潜人才？如何发现他们？如何激发他们的潜力？同时，通过对人才尽责性、调整性、好奇心、冒险精神、模糊接受度、竞争性六大重要的人格特质的分析，给出了高潜力人才的评价标准。

本书还特别指出从组织和岗位层面，如何激发潜力，发挥个人创造力，如何将企业的用人文化转化为人才的秀场，让企业成为人才尽情舞蹈的舞台。

本书给了我全新的体验，我希望每个企业家、人才工作者、研究者、招聘经理，各位高潜力人才阅读后，与我分享体验，并从中获益。

中国心理学会心理测量专业委员会主任

2021 年 12 月 26 日于首都师范大学东校区

推荐序二

李冬是我认识多年的同道人，他对人才测评的热爱程度，跟我有一拼。他和两位朋友一起翻译了一本关于高潜力人才管理精要的书籍，是UCL（全世界名列前茅的大学）世界级心理学家费老及其弟子所著。他把写推荐序这个荣誉给了我，我必须认真写些心里话。

这本书2014年出了第一版，时光荏苒，很多年过去了，本次它进行了全面的修订。书中的很多观点，代表了心理计量学（psychometrics）的最高水平，并引发了我的大量共鸣。

在星相学成为一种时尚的时代，读这本书更加有必要。这本书出中文版，是一个大好事。说实在的，在人才管理领域工作了这么多年，一种遗憾一直伴随着我，而且这种遗憾与日俱增，那就是：仍存在很多不科学的观念和方法。更加要命的是，越是不科学的越好玩，所以越流行，越是科学的越难懂，所以越不为人知。

星相学已经被福勒效应解释清楚了，但是很多大企业的人力资源从业者还是发自内心地相信。从科学性的角度，我觉得测评界应该有点儿"鄙视链"：特质论—类型学—星象（还有血型，连相面都不如）。

本书坚定地采取了主流的特质论视角。作者开发的工具HPTi

（High Potential Trait Indicator）把高潜力这个概念操作化、工具化，成为可度量的六个特质（含智商）。更难能可贵的是，作者详述了自己的工具所属的类别——自我报告的问卷——的固有局限。这种科学的态度，与"江湖上的人才测评术士"形成鲜明对比。虽然 HPTi 是自我报告式心理测量工具，但是作者对比了各种测评方法的效度，列在表 16.3 和 16.4 中，其中包括 HR 对这些工具的有效性评估。

智力是心理学这么多年来最拿得出手的成果。尽管外界有质疑，但是心理学界主流智力研究者一致认为，智力是预测工作表现的最有力的个人特征，而且，工作越复杂，智力的作用越大。然而，对于智力，特别是 g 因素，心理学的研究已经非常充分了，想更进一步地深入，格外难。很多学者知难而退，另辟蹊径，但是在我看来，这就是"不讲武德"：他们提出多元智力观，标新立异，另起炉灶。据说，爱因斯坦说过这样的话："我不能容忍这样的科学家，他拿出一块木板来，寻找最薄的地方，然后在容易钻透的地方钻许多孔。"这本书旗帜鲜明地反对智力的多元观点。更加可贵的是，作者是旗帜鲜明的"智商派"。为了说明智商的重要性，作者列出了 18 条研究结论。

人才测评乃英伦之优秀传统。英国人达尔文的表兄弟弗朗西斯·高尔顿为了研究智力的遗传，发明了相关系数，英国人艾森克夫妇开发了著名的 EPQ，现在看来，我认为这是极简主义的典范，用两三个维度把人和人之间的本质差别区分清楚。不仅理论上成果卓著，在应用上，源自英国的著名人才测评机构 SHL 曾经成为上市公司，类似的知名英国公司还有托马斯国际、科必思等。这本书的三位作者都在英国的著名机构任职，其中本书第三作者还是托马斯

推荐序二

国际的创始人。

人才选拔和人才发展在人才管理中相辅相成。这本书的侧重点在选拔，我经常说："选拔事半功倍，发展事倍功半。"书中对人才发展也有独到见解。在培训和发展领域，作者对培训和发展之间的差异做了说明，有效性排序的前三名是：导师第一，轮岗第二，360反馈第三。

总之，我强烈推荐对高潜力人才的发现和发展有兴趣的读者把这本书放在案头，反复阅读、思考、实践。我将会在我的企业内训和公开课上，把这本书列入课后阅读首选。

风里

领导力语法理论模型创始人

2021年7月23日 星期五

译者序

本书的三位译者，徐剑老师、李冬老师和我都是在商业领域从事专业的人才测评工作。我个人是一家公司的责任人，公司专门提供人才测评与发展方面的服务。每次在人才测评项目结束后，参与者都希望有一本专业书籍作为指导，能帮助他们理解人才测评的原理及相关应用。我们可以看到很多古典心理学方面的论著，但专注商业领域，并且能够结合当代商业组织的人才评价的专门著作少之又少。因此我们通常会向参与者推荐这本书，现在将其翻译成中文，以满足大家的需要。

本书的三位作者，伦敦大学学院的阿德里安·弗海姆教授、组织心理学家伊恩·麦克雷先生及托马斯国际的董事长马丁·里德先生，经过长期的跟踪研究发现，涉及高潜力人才时，首先要明确"做什么的潜力"。其次，在商业环境中，哪些人格特质可以有效预测个体在组织中能够成为高级领导者呢？

本书阐述了商业组织中高潜力领导者人格特质的六个维度，分别是尽责性、调整性、好奇心、冒险精神、模糊接受度及竞争性。

同时，研究也注意到领导者人格特质的过度，即"脱轨"现象，这方面的阐述会让我们理解负面性格特质，或者特质的过度使用可能给商业组织带来极大的风险。

在面对竞争和不确定性的商业环境中，商业组织如何识别适合的高潜力人才？如何创造机会，给予恰当的训练和赋能，让高潜力人才释放潜能？如何保留他们，进而让他们为商业组织的发展创造更多价值？这些也是本书重点阐释的内容。

对于每个希望了解自身潜力的管理者，笔者希望本书能为他们带去一些清晰的理念。对于人才测评和人才发展的专业人士来说，本书无疑能提供许多重要的参考。

一匹好马，需要伯乐；一把好剑，需要优质的钢材，同时也需要完美的打磨和亮剑的机会。然而，如何识别潜力、激发潜能？如何帮助他们转化为商业组织的领导者？这就需要我们在商业组织中去不断实践了。

本书前言，以及第一章到第八章，由徐剑老师翻译；第九章到第十五章，由李冬老师翻译，第十六章到第二十二章，由我翻译。陈琳琳老师负责对全书的最终校对。在本书的翻译过程中，王荣女士和李媛女士也对本书的成稿做出了重要贡献，同时感谢上海交通大学出版社对本书出版所做出的努力。

路烽

马丁森领导力发展中心

2022 年春

前　言

　　此书之所以问世，其实我们最初的目的是以有趣的方式，较为深入地探讨一些在公众中可能存在争议的问题，进而为职场人士提供一些帮助。当然，我们也会讨论一些没有争议的话题。第一版序言的第一句话是："几乎可以肯定，您会反对这本书中的某些内容。"然而，令人惊讶的是，除了有人提出我们使用了太多的逗号之外，并没有收到什么反对意见。

　　在人力资源、管理、领导力乃至职场本身等焦点领域，存在着各种挑战，不过这一切归根结底可以概括为一个问题：如何根据良好的判断力做出更好的决策？本书的目的就是将心理学、商学的学术研究成果引入我们日常工作当中。如何使工作环境更好？如何获取更多的利润？如何提高生产力？如何更加健康地工作？……这些问题看似各不相干，其实牵一发而动全身。要解决这些问题，科学的方法才是坚实保障。其实，在工作中，人们有很多机会运用这些科学方法，进而让自己能做出更有效、更可靠的决策。

　　什么才是适合的工作方式？这始终是一个很有趣的话题。面对特定的时间、社会和环境，我们必须以特定行为方式，进行特定活动，才能达成希望的结果。然而，如若换到其他时间、其他的社会环境中，也许这些行为方式、举动以及所取得的成果，并不受人待见。职场上，有些人风生水起，但在生活上这些人可能过得并不如意。同样，有些人很适合成为朋友，但做起老板（管理者）来却一塌糊涂。一位出色的会计师，可能是很糟糕的咨询师。有人业绩骄人，但和谁都话不投机……由此我们会发现，所有关于潜力的问题，其实都离不开一个核心：**我们所指的是哪种潜力？做什么事情的潜力？**

有的人认为，个人成就的巅峰就是成为跨国集团的CEO或国家领导人：成功就是权力。然而，很多人也有截然不同的理解。艺术或科学成就、精神满足、运动成绩、个人影响力、财富以及健康长寿等等，对不同的人而言，都可能意味着功成名就。同时，随着对某个领域的深入了解，人们可能对于"成就"二字又会有更加深入、全新的领悟。比如，柴可夫斯基曾经评价勃拉姆斯"真是个毫无天赋可言的混蛋"，相信其他人可不敢这么评价勃拉姆斯吧！

本书的目的，并不是要明确指出什么才是有价值的，什么才是被社会广泛认可的，也不会定义潜力会表现为哪些特定的行为，或有潜力的人会取得哪些具体成就。太绝对的论断难免会误导他人。在本书中，我们所谈到的潜力，其实是一种概率或可能性：具有某种特质的人，以某种方式行事的可能性，取得高绩效的可能性。显然，工作中的高潜力就是指，某些人有很大可能会在特定领域或工作中表现出色（并非总是如此）。潜力既然是一种预测，当然就带有一定"赌"的性质，谁也不能说十拿九稳。有可能在某个领域中，具有"低"潜力的人，在特殊情况下，仍然可能表现出色。不过我

前　言

们都知道，特殊情况是例外，而不代表规律。

让有些人偶尔有机会证明你的推测是错的，对于他们来说，这是多么有趣的一个彩蛋。在许多情况下，"避免过于绝对的结论"是一种优势。然而，随着职位要求越来越高，责任越来越大，失败的后果将越来越严重，因此甄别人选将变得越来越重要。所谓"出众"就意味着"与众不同"，而"与众不同"往往隐藏着优点和缺点。因此，职位要求越高，对候选人的判断标准就应该越具体。

另外，请记住，本书的重点是讨论与工作相关的潜力。人们用来评估员工或老板的标准，不可以用来评判伴侣、爱人、朋友、父母或孩子。在本书中，我们将阐述构成工作潜力的关键因素。然而，亲爱的读者朋友，有个问题仍然留给你自己：当我们说到潜力，究竟说的是做什么事情的潜力呢？

实际上，这就是本书的目的：提供一个框架，以方便我们讨论工作潜力以及一些关键特质。通过这些关键特质，人们可以依据现今最切实的科学与应用研究所提供的证据，以特定的结构化方式来描述和思考潜力；这个框架则提供了一套有效方法。

至此，在结束序言、进入本书的正文之前，我们要特别鸣谢那些为本书做出贡献的人。正如我们说，如果没有清晰的定义和后续的发展，潜力就不复存在一样，如果没有这些人的贡献，这本书就不会存在。希瑟·斯图尔特（Heather Stewart）、劳埃德·克雷格（Lloyd Craig）、佐赫拉·伊桑（Zohra Ihsan）、扎克·奥尔森（Zac Olson）、肯·惠特（Ken Whittall）、保罗·雷恩（Paul Rein）、艾莉森·吕（Alison Lui）、马修·格里菲斯（Matthew Griffiths）、杰西卡·韦弗恩（Jessica Weaving）、罗伊森·奥康纳（Róisín O'Connor）、史蒂芬·库珀罗（Stephen Cuppello）、切丽·曼多利（Cherie Mandoli）、杰森·达比（Jayson Darby）、布伦丹·麦克雷（Brendan MacRae）、丽贝卡·米尔纳（Rebecca Milner）、索尼娅·本德里姆·卢克·特雷格罗恩（Sonya Bendriem Luke Treglown）、托尼·安·墨菲（Toni-Ann Murphy）和约翰·泰勒（John Taylor）（无论他们是有意而为，还是无心插柳）都为本书做出了直接的贡献。

目 录
contents

第一部分　潜力　　001

>> 第一章　潜力的定义：谁才是可以取得高绩效的人　　002
要素：没有脱离具体场域的纯粹潜力　　003
识别："赛马不相马"会带来严重问题　　004

>> 第二章　潜力的框架：到底是做什么事情的潜力　　006
思想锚点：围绕潜力的三个核心问题　　008
预测：潜力可以更准确地预测绩效　　011
结构：深度分析潜力的三个核心维度　　014
模型：适用度极其广泛的"希尔兹—丘奇理论"　　017

第二部分　潜力的风格和特点　　019

>> 第三章　智力：预测高绩效有效且实用的方法　　020
核心要素：遗传并不能完全主宰智力　　022
类型：晶体智力和流体智力　　024
智力测试："IQ"虽不完美，但确实有用　　028
弗林效应：我们都变得更聪明了吗？　　032

第四章 认知：工作越复杂，智力越重要 ... 035
- 智力与绩效：智力的预测作用超越文化差异 ... 037
- 智力和潜力：略高于平均水平就"足够"了 ... 042

第五章 性格：关乎行为、思考和感觉的稳定模式 ... 045
- 案例分析：利用性格分析评估人岗匹配 ... 046
- 特质：大脑和外部环境之间的调节器 ... 050
- 模型示例：类型理论和特质理论 ... 053
- MBTI：使用非常广泛的性格分类法 ... 054
- 五因素模型：衡量性格的高效手段 ... 056
- 性格测评：必须在工作场景中进行测试和验证 ... 057

第六章 领导力：领导岗位会放大人们的个性 ... 060
- HPTi：衡量领导者的六大特质 ... 062
- 案例研究：劳埃德与萨里城市储蓄信用联盟 ... 074
- 异常：应该追求最优化，而非最大化 ... 076

第七章 趋势：性格测评的新方式 ... 079
- 互联网：万变不离其宗 ... 080
- 社交媒体：利用网络信息应注意的五个关键点 ... 081
- 大数据：特质并不能未卜先知 ... 085

第八章 经验：发展和成长的重要组成部分 ... 088
- 1万小时理论：努力加能力，才能造就人才 ... 090
- 刻意练习：将高潜力转化为高绩效的关键 ... 092
- 晋升路径：普通人涉及的三种经验 ... 095
- 应用：知识和经验如何组成新业务 ... 099

目 录

>> 第九章 错觉：不能简单地靠过去业绩判断未来   101

    案例：护士和护士长的职责差异   102

    解决方案：深入分析可迁移的经验   104

    心流：在挑战和回报间取得最佳平衡   105

>> 第十章 学习：有设计的举措才能快速积累经验   109

    教训：从失败中能得到更多宝贵经验   109

    实践：实习经验和学徒经验   112

    类型：六种至关重要的学习经验   114

>> 第十一章 文化：影响群体行为的信息   119

    一致性：不同狒狒群体的类似规则   120

    文化变革：恒河猴和短尾猴的协作   121

    价值观：影响个人选择的底层标准   123

>> 第十二章 心理元素：动机和态度   127

    组成：深入了解高潜力的七个概念   127

    动机：激励因素和保健因素   135

>> 第十三章 脱轨：负面性格导致的领导力灾难   138

    脱轨类型：可恶，狂妄以及可悲   140

    环境：坏苹果还是坏桶   142

>> 第十四章 干预："淘汰"和"选拔"同等重要   145

    毒三角：导致领导力脱轨的三个要素   146

    解毒剂：防止领导力脱轨的四种办法   149

    判断修正：防范"可悲型"领导者脱轨   151

    傲慢自大：识别和淘汰"狂妄型"与"可恶型"领导   153

案例分析：安然倒闭的教训 154

第十五章　暗黑特质：竞争障碍者、马基雅维利主义者、自恋狂 157

清单：暗黑特质的十种表现 157

精神障碍：缺乏"良心"和"同情心"的领导者 161

重要提醒：揭示问题根源的三个指标 163

第三部分　测评—技术和应用 167

第十六章　测评：认识潜力的方法 168

案例分析：如何挑选高潜力的技术专家和经理 169

质量：不同测量方式的性价比分析 173

高管评价：发现高潜力的七个步骤 177

第十七章　技术：在工作场景中的评估方法 181

工具箱：获得相关数据的六种方法 182

第十八章　选聘：如何挑选适合的人才 200

面试：十二个经过实践检验的技巧 201

证明：通过评分表提高有效性 206

改进选拔流程：关于面试的五点建议 209

第十九章　培训：将平庸转变为优良的过程 212

经验强化：体验式学习的三个障碍 213

胜任能力：标明绩效表现的基本水准 216

案例分析：社区开发办公室的会计师 217

反思：导致培训项目失败的十种原因 221

第二十章　发展：深度挖掘员工的潜力 　　223

流程：从胜任到优秀 　　223

最佳区间：让工作始终保持适度挑战性 　　225

发展类型：组织的七类发展项目 　　230

第二十一章　教练：任何发展模式都要考虑成本 　　238

效果评估：衡量发展效果的四种方法 　　242

关系模式：教练通常扮演的四类"角色" 　　245

第二十二章　保留：入职看公司，离职看上司 　　255

三个维度：支撑保留战略的测评工具 　　257

三个错误：忽略发展系统自身的问题 　　258

候选人：从适者"生存"到适者"发展" 　　263

支持体系：内耗会严重挫伤人们的积极性 　　266

公平：人们会根据感知调整投入和产出 　　269

参考文献　　273

第一部分 Part 1

潜　力

HIGH POTENTIAL

第一章

潜力的定义：谁才是可以取得高绩效的人

> 人生很短暂，闲暇的时光很少，我们不应该浪费时间阅读无价值的书。
>
> ——约翰·拉斯金，西塞姆和莉莉

每个组织都需要招聘有能力、有干劲、有才华的高潜力人才。同时，大多数组织的管理者和职场人士都知道，被提拔的人才，到头来并不一定都是高潜力人才。聪明的人爱偷懒；成功的人容易自恋，爱操纵他人，常常给团队带来破坏性的影响，并有可能自毁前程；还有很多人，勤奋却总是做无用功。过去的业绩也并不总意味着未来的潜力。

一位技术人员被提拔到领导岗位；一位销售人员被分配到人事部门；科学家转行做了社会活动家；政治家转行做了报社编辑；一位商人弃商从政，成了政客……虽然这些人在新岗位上也可能取得成功，但我们绝不能认为，因为在原职位上很成功，所以从事完全不同类型的工作后，他们理所当然会取得同样的成功。在一个岗位上所取得的成就，并不总是能转化为其他领域和岗位上的潜力。这种"过去成功，未来必定成功"的假设，被称为"绩效错觉"（第9章中将进行讨论）。在职场中，这种现象非常普遍，而它正是源于人们对潜力的误解。

那么，问题来了，我们如何预测高潜力呢？如何甄别出潜在的绩效明星，并淘汰掉那些可能绩效低下甚至品行不端的人？本书正是要回答这些问题，并为大家提供包含相关工具、资料和知识的详细指南。运用这些工具、资料和知识，就可以识别、管理和发展潜在的高绩效人才，并尽最大可能筛选出那些不胜任的、不称职的，或者有可能带来破坏性影响的人。

要素：没有脱离具体场域的纯粹潜力

高潜力是指为了自身和组织的利益而表现出色（在合理的时间内工作）的能力。有潜力的人可以不断成长，进而最大化自己实现高绩效的能力。高潜力的人才可以将个人天赋与能力发挥到极致，进而取得成功：

- 认识到自己与生俱来的才能。
- 探索和利用个人天赋和一切条件。
- 不断学习和开发这些才能。

潜力这个话题，说复杂可以很复杂，说简单也可以很简单。许多人提出了很有诱惑力的主张：简化潜力的定义。他们声称，高潜力就是指特定的、非常重要的特征。然而，人的潜力很难有放之四海而皆准的标准。

如何识别高潜力人才？这其实是一个备受瞩目的问题。为了确保公司未来的成功，首席执行官总要求人力资源部招募高潜力的员工，而肩负此重任的人事经理们，常常一筹莫展。于是，许多咨询顾问声称他们拥有伯乐般的慧眼，只要支付不菲的费用，他们就可以传授识人的独门绝技。

识别人的潜力，管理人的潜力，不可能仅仅基于某单一因素。因为一个人的行为表现（在工作中的行为表现通常被称为绩效）受到多种因素的影响：对工作的了解程度，完成工作的意愿，不同绩效结果带来的后果和影响，周围的人如何对待工作，等等。自己的内在特质与外部条件、处境（环境）之间，总是无时无刻不在相互作用，相互影响。因为没有一个"放之四海而皆准"的职位描述，也没有一种"放之四海而皆准"的组织类型，所以不可能有"放之四海而皆准"的单一潜力。

人们选择工作环境，并改变工作环境。与此同时，工作环境也在改变着职场人士。人是多变的，对工作团队和企业文化做出的回应自然也各不相同，因此必须充分考虑人员、组织和工作类型，才能准确定义什么是高潜力。

识别："赛马不相马"会带来严重问题

能够取得优秀绩效，同时还具备晋升潜力，这样的人无疑是最吸引人的。许多公司都秉持"赛马不相马"的观点：每名员工都努力展现自己，通过卓越绩效获得晋升和奖励。然而，"物竞天择，适者生存"的做法往往会给组织造成严重的后果。如果您很幸运，最优秀的人才确实能够得到应有的升职。然而，如果您不走运，那么那些最糟糕且破坏性最强的人，就会通过玩弄手段、欺骗等方式，占据组织当中的重要岗位。

我们稍后将讨论"人才管理"，这个话题涉及一个正在不断发展壮大的领域。其研究主旨就是，如何使最优秀的人才处于适当的位置，进而提高其个人绩效以及组织的整体绩效。换句话说，其目的是使具有适当技能、适当态度的合适人选担任合适的职务。理想情况下，这可以改善业绩，提升工作满意度，并促进组织目标的达成。

这既是个人能力的问题，也是外部环境的问题：个人是否具备适当的技能、能力和个性特质？这些条件是否适合当前的组织，以及当前的职位？现在适合，但在充满不确定性的未来，仍然适合吗？这些个人的素质和条件是否具有充分的灵活性和适应性，能在全新的环境中一样爆发出勃勃生机吗？

人们通常认为，高潜力人士就是那些快速得到晋升、能鼓舞人心、带领公司赚大钱的领导者。然而，这种理解其实太狭隘了。实际上，潜力的含义并非如此简单，因为它与组织、部门和个人息息相关。能力最强或绩效最高的人，最终应该（或希望）能够影响、管理和领导他人，这其实是一个错误的假设。潜力不一定是做领导者的潜力，本书也不单单是关于领导力的一本书。领导力是一种特定的潜力类型，需要特定的技能和个性特质。不过，我们很快就会明白，通过一个总体的概念框架来理解潜力，非常有必要。

第二章

潜力的框架：到底是做什么事情的潜力

> 那些漂洋过海的航行者，虽经寒暑易节，不改其初心。
>
> ——贺拉斯

当讨论潜力时，最重要的问题是"做什么事情的潜力"。如果这个问题没有明确答案，那么潜力的概念就太泛泛、太含糊了，因此也没有任何真正的意义。当老师还是警官？当管理人员还是网络主播？对于这些迥然不同的职业而言，成功的标准是不同的，因此所需潜力也是不同的。当然，在各职业的成功者之间，可能存在一些共性的东西。例如，对于大多数甚至几乎所有职业，某些个性特征都很有作用，但其中仍然充满各种差异和变数。诸如身高之类的身体条件，对于篮球运动员来说可能极为重要，但对于呼叫中心的员工来说，则并不太重要。

因此非常有必要构建一个描述潜力的整体框架，包罗各种不同的职业和岗位。这个框架应该而且必须具有以下特征：

·抓住重点：关注真正重要的问题，而不是琐碎的、片面的、无关紧要的想法。通过心理治疗观察，或在实验室中对学生的研究而得出的心理学理论经常以偏概全，囿于琐碎的枝节。我们认为这里的重要问题，首先应该是对于职场人士而言有重要意义。

·可操作性：理论应该有清晰定义且可测量。这样可以确保准确性，而准确性对于实用性来说至关重要。

·简约：理论应尽可能简单，但不应过度简单，应该在确保效度的前提下，尽可能清晰和简单。

·清晰：好理论易于理解，并且易于应用到实际生活和工作中。用来阐述理论的语言越清晰，理论就越容易用来观察他人，以及更好地理解他人。

·有效性：理论所做出的预测应该可以经过检验，且能客观验证。

·激励人心：一个理论应该能够激发他人的思考和进一步探索。虽然这个目标很重要，但前面所列的几项特征是其前提条件。

·情境化：理论应该说明其发生的环境和条件。也就是说，重要的是要明确社会和文化力量如何影响理论所描述的过程。

因此，我们的目标是弥合科学与实践之间的鸿沟，创建一套科学有效的关于"性格和潜力"的测量标准和模型，可以实际运用于职场。我们将从了解潜力的框架开始，然后在第二部分中继续探讨与潜力相关的关键特征。

思想锚点：围绕潜力的三个核心问题

理解潜力这一概念，人们需要从三个根本问题出发。这些问题涵盖了员工的整个职业生涯，以及人才管理的全过程。这里仅简单介绍一下这三个问题，在本书第三部分中，我们将更完整、更详细地阐述这些问题。首先，我们来看看这三个问题是什么，它们与潜力概念的关系，以及从不同视角该如何看待这些问题。由于这里的每个概念都与职场中的每个人相关，所以这些问题可能会从不同的角度提出，如表2.1所示。

表2.1 两种视角看潜力的三个根本问题

潜力的概念	管理者/人力资源的视角	个人的视角
寻找潜力	我如何识别他人的潜力？	我如何了解我个人的潜力？
发展	我如何发展他人的潜力？	我如何发展和定位我的技能？
保留	我如何留住高潜力人才？	我是否该留在当前岗位、现在这家公司？

关键的区别是，从领导者或组织的角度来看，重点在于为组织寻找（招募和选择）、发展和保留合适人选。从个人的角度来看，重要的是找到如何、在何时、在哪些方面实践和运用个人才能。

第一，寻找（识别）有潜力的人才。"千里马常有，而伯乐不常有"。如果某一岗位拥有众多候选人，那么这其中一定有一些候选人比其他候选人更有能力，更胜任该岗位。通常，寻找高潜力人才需要首先吸引足够的合格人选，然后选择能力最强的人来担任该职位。

为了找到合适的人才，有时需要积极地在公司内部挖掘，有时又需要从外部寻找并招募。对于整个过程而言，要么在那些对职位

第二章 潜力的框架：到底是做什么事情的潜力

感兴趣的人选中挑选出最佳；要不就是寻找最佳人选，然后使他们对职位感兴趣。对于单位领导来说，这是两个相互关联的问题。首先，如何确定谁才是最适合并有成功潜力的人选？其次，如何吸引合适的人选，使他们对公司产生兴趣？

第二，培养有潜力的人才。培养和发展人才是一项贯穿始终的重要工作。高潜力意味着获得成功的能力，但需要激发且不断积极发展，潜力才能转化为现实的出色绩效。对任何职位而言，第一步都是要培养任职者的能力，以满足工作要求。理解工作任务、工作要求、工作文化以及如何与他人合作，这些都是胜任某工作的基本要求。然而，一般的新员工培养方案往往止于快速介绍一些基本的工作概要——告知员工相关基本知识，然后任由他们自我发挥。某些人可能希望的正是这样：学到怎么开始工作，然后自己自由发挥。不过，相当一部分人还是希望进一步学习，以便更好地完成工作（以获得更满意的收入、从中获得自我满足）或在组织中承担更多的、新的职责。识别那些有意愿且有能力不断提高的人，这也是挖掘高潜力人才必须要做的事情。

提拔或只是推进某个培训计划，人才发展可没有这么简单。最好的人才发展是"适人适岗，人尽其才"。对于某些人来说，"适人适岗"意味着深耕他们擅长的工作，并成为这一领域出类拔萃的高手。然而对于其他一些人来说，"适人适岗"意味着不断学习和发展，并且在不同领域发挥潜能，积累经验。最多才多艺的人才，最有擢升潜力的人才，最可靠的人才，最稳定的人才，都该得到应有的重视，都值得投入精力和资源来发展和培养。

人才发展的工作是大型项目，既要包含总体框架和流程，同时又必须能落实到个人层面。每个人学习和发展方式不尽相同，我们将在本书第二十一章中对此进行详细介绍。这里先列出了重要的学习和发展方式，高潜力人才的培养和发展通常会涉及这三类：

- 经验式：短期工作项目指派，影子训练[①]，外派，轮岗。
- 教育式：MBA，短期课程，案例研究，实战模拟。
- 个人式：教练和辅导。

第三，留住有潜力的人才。 令人惊讶的是，为数众多的组织管理者常常想当然地认为，投入地工作，以及忠于领导者和组织，这些都是天经地义的。然而，信任其实是通过共同努力和磨合换来的相互承诺。对于大多数人而言，劳动合同仅仅是在一定时间内用劳动力交换报酬的约定。长期服务于某公司或组织，并不是员工自身的诉求，他们也没有相关义务。保留人才，特别是有才华的或高潜力的人才，是一项值得持续努力的长期工作。

受到时间和预算限制，留住既能干又敬业的员工往往并不容易。然而，保留人才并非可有可无的负担，而是一项极其重要的工作，做好这项工作能帮助组织提高人员生产力，提高员工敬业度，并减少人员流失成本。大多数人都希望为自己的工作感到自豪，为团队或组织做出有意义的、有价值的贡献。因此，工作满意度和个人成就感对于留住员工很重要。无论是否具备潜力，如果员工感到工作无聊，得不到相应的回报，才华没有得到赏识，被误解，甚至被无礼对待，那么他们离职的概率就会增加。这需要落实到人际交往的

[①] 影子练习在英语学习中特指同声传译学习中的跟读训练法。——译者注

第二章　潜力的框架：到底是做什么事情的潜力

层面，而非仅仅停留在公司或政策层面。俗话说"入职看公司，离职看上司"，讲的就是这个道理。

　　许多高潜力人才期望获得发展机会，甚至积极向外部寻找发展机会。从成本和投资回报率的角度，人们很容易算清楚这笔账：招聘和培养人才是昂贵的，保留人才方能确保这笔投资不会"打水漂"。当我们损失那些才能或潜力出众的优秀员工时，我们的竞争对手就很有可能会收获这笔"投资"。留住有才能的优秀员工，可能意味着将高潜力的人才变为出色的经理、优秀的总监，甚至是出类拔萃的首席执行官。这还可能意味着，将一支技术团队孵化成为本地区乃至世界领先的专家。他们可以开发优秀的产品，提供一流的专家服务或迸发出非凡的创意。对于初出茅庐的创业者来说，这可能意味着寻找（和培养）一群志同道合的伙伴，共同实现梦想。

　　保留人才的工作还需要解决"保留谁"的问题。在困难时期，决定不保留哪些员工，将是管理者必须面对的更为严峻的挑战。保留人才可以选择保留最优秀和最聪明的员工，但也必须确保只保留那些为公司创造价值的人才。关于"不保留谁"的问题，比较悦耳的说法是"放人"，这听起来很含糊，因为它刻意掩盖了"谁辞退了谁"。更搞笑的是，这么一说，感觉好像以前是公司不同意员工离开一样。与招聘和培养人才一样，解聘的决策同样需要有力的证据和良好的判断来支撑。

预测：潜力可以更准确地预测绩效

　　潜力是一个人取得良好（较差或中等）绩效的可能轨迹。 成功和既有绩效代表一个人过去所做的事情；潜力代表这个人将来可能创造的绩效。图 2.1 是成功和绩效的简单图示。

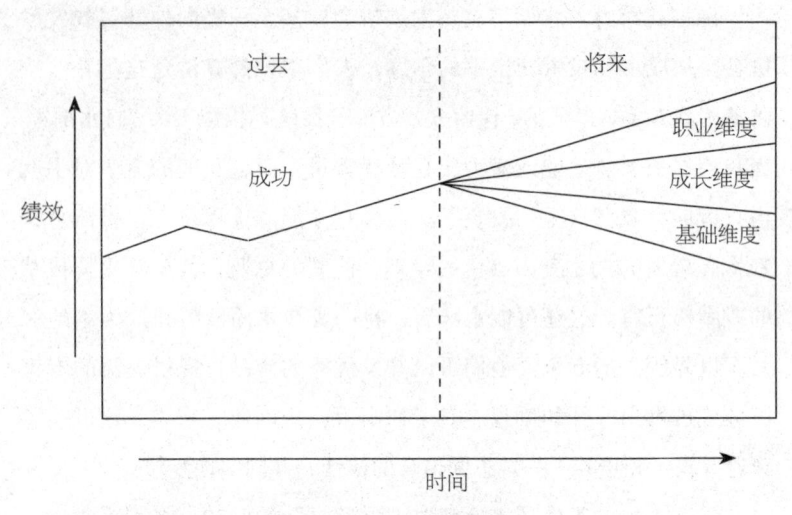

图 2.1 绩效的可能轨迹

潜力可能取决于个人控制之外的因素。内在特质不是决定绩效的唯一因素，却是影响绩效的基础。人们常常身不由己，而陷入办公室冲突、权力斗争、经济条件或其他窘境中。在一定程度上，智力和性格等内在特质甚至也会受到所处环境和成长中所受教养的影响。此外，机会、运气、发展成长、遇到的榜样和导师、工作和生活中的一些重大事件等，这些都有可能出人意料地给一个人的潜力带来重大的影响。

潜力不是一成不变的既定轨迹，而是遵循一定规律的，包括了多种可能的、方向性的路线。**潜力是可变的，受制于外部条件，并且是内部和外部因素之间相互作用的结果。**当我们充分了解影响潜力的各种因素，就能缩小可能的范围，更加准确地预测可能的职业发展前景。了解越多，预测就越准确。只有适当的内在素质与适当的环境相结合，潜力方能得到最大的发挥。当然，也存在着潜力的"土壤"——如果缺乏教育和培训，以及提升技能的机会，即使非常聪明的人才也可能会泯然众人。

关 键 点

关于天赋的阐述（Subotnik et al., 2011）也可以运用在潜力上：

1. **潜力反映了文化和组织的价值偏好**。在任何领域中，谁能成为其中的佼佼者？谁不能？这会折射出对绩效的价值判断：什么样的表现是有用的？什么样的表现是有影响力的？同样，什么样的表现是不受欢迎的？如果组织特别看重某类行为方式，那么以这种方式行事的人在该组织中就具有更高的发展潜力。这种价值偏好还反映了人们心目中的标准：不同类型的工作岗位和工作内容所能带来的社会价值、文化价值、社区价值或经济价值。

2. **高潜力最终应指向某种特定的工作成果**。从其定义出发，潜力本来就需要关联可衡量的结果。具有高潜力的人有较高的可能性表现良好，并且很可能会比潜力低下的人表现得更好。因此，必须将潜力定义为具有做某事的能力。比如，高潜力可能意味着成功担任首席执行官的概率很大。

3. **潜力限定于特定的工作和领域**。定义潜力意味着定义工作和所在领域。尽管不同领域的高潜力可能存在一些共性，但在一个领域中成功的潜力并不能直接等同于在另一个领域中成功的潜力。某人是一位出色的数学家，并不能就此认为他很有潜力成为公共演说家或领导者。

4. **多种因素影响着潜力，包括生物遗传因素、心理学因素、社会因素和文化群体等**。我们将在随后的各章中对此进行深入讨论。切记，世间并不存在单一、简单的潜力标准。诸如智力、人格特质、经验和机会之类的特征都相互作用，进而影响着潜力。

5. **潜力是相对的。高潜力仅相对于中低潜力和有效性存在**。之所以有高潜力，是因为它意味着获得巨大成功和优异绩效。就其本质而言，极高和极低的潜力都不常见。

结构：深度分析潜力的三个核心维度

迄今为止，理解潜力最好的理论框架是由希尔兹和丘奇（Silzer and Church，2009a）构建的，这个框架可以用来解释许多不同类型的工作内容和工作要求。因为它足够全面，所以不仅对于了解工作潜力具有普遍意义，而且还具备了一定的灵活性，可以适用于不同类型的绩效，理解不同类型的工作，以及在人才管理过程中使用不同的评估和测量手段。这三个维度的定义足够明确清晰，可以用来进行验证；同时又足够宽泛和灵活，可以应用于管理实践。

职业维度

帮助人们在特定职业或工作上取得成功,这是潜力在职业维度方面的特定属性。譬如说,针对特定任务,人们表现出的不同水平的某项特定知识技能:机械知识之于机械技师,会计知识之于会计师;人体解剖学知识之于外科医生,等等。这些知识和技能对于其所针对的工作和任务非常有用,但对于其他工作则并不必需。通过经验积累,潜力在职业维度上可以不断强化和发展——经验在职业维度上至关重要。

通过职业维度来考量潜力时必须谨慎,因为从本质上讲,它们仅适用于特定的职业和工作任务。在特定职业和工作任务方面缺乏潜力,并不一定意味着一个人没有任何潜力。在职业维度方面,人们可以通过学习来提升潜力,因此我们接受大学教育和培训课程来学习职业方面的知识。提升职业维度方面的潜力,可以从零开始地学习,也可以循序渐进地不断积累。面对职业转型时,人们往往需要重新开始学习,并开发新的职业维度上的潜力。例如,即使是最讨厌做饭的人,如果选择做厨师,也要尝试着开始学习和运用烹饪的技能。

对于职业维度而言,潜力在难度和复杂性上可以有很大的不同。对于收银员而言,掌握岗位的特定技能,可能需要几个小时的时间来学习;对于民航飞行员或脑外科医师,职业技能则很复杂,可能需要多年的积累。然而,对于收银工作而言,民航飞行员的特定技能显然并没有太大用处。

聘用新员工时,职业维度上的潜力非常重要,这也是单位领导首要(有时甚至是唯一的)考虑的因素:在求职申请表上,求职者必须填写以前的经验和获得的证书。考察过去的经验和证书是应该的，并且在职位非常相似时很有意义（例如，您需要某人立即投入工作，并且能够立即表现良好）。不过，这种片面的考察并不总是最有效的。我们需要不断扪心自问："长期来看，我们希望这个人能够做什么？"换句话说，我们想要应聘者拥有什么技能、教育和专业知识？职业维度上，人的潜力可以通过学习和经验积累来发展，而其他维度则不然。因为潜力在职业维度上是最容易训练的，所以问题其实变成了：招聘现成的人才合适，还是内部培养合适？

发展维度

在发展维度上，潜力主要涉及影响成长、发展和职业进步的诸多因素，而且从长期来看，这些因素相对稳定。例如，在培训中，那些能够快速学习的人，在发展维度上往往具有更大的潜力。在该维度上，潜力会与外部环境与条件相互作用、相互影响。例如，对某领域非常感兴趣的人，如果放到合适的环境中，可能会更加专注，学习得更快，成长得更快。来自老师或教练的鼓励和支持，可以激励和加速一个人的成长。**在判断发展潜力时，求知欲、对成功的渴求和坚定决心，可能是最简单又最准确的特征。**

发展潜力可以部分地被提前识别判断。例如，我们可以考察和挑选具备相应的兴趣、学习倾向、适应性和事业心的人选（将在第二部分中对此进行更详细的讨论）。当然，个人的成长潜力不可避免地受到环境和外部条件的影响。因此，潜力的开发和释放需要机会。即使是具有很强的发展潜力的人，如果在糟糕的领导带领下，或者根本没有机会学习和发展，那么也不可能得到真正的成长。

第二章 潜力的框架：到底是做什么事情的潜力

对于挖掘高潜力人才而言，发展潜力非常重要。因为要填补当前与潜在的最佳绩效水平之间的巨大差距，必须依靠发展潜力。在某些环境中，发展潜力可能可以带来成功，在其他环境中却没办法做到。在恶劣的条件和卑劣的领导者带领下，发展潜力甚至可能被扭曲，进而形成不良乃至不道德的品质。有关这些不良品质，我们将在以后的章节中进行讨论。

基础维度

对于基础维度而言，潜力主要涉及基本、稳定的特质。这些特质可预测在各种职业和工作类型上可能取得的成功。基础维度长期稳定，因此在预测短期和长期的潜力方面都非常出色。**基础维度是那些能够帮助我们在任何职业，任何工作，以及任何时间取得成功的特质。在基础维度上，智力是很核心的内容，因为它稳定而且适用范围广。**尽责性在基础维度中也非常重要，因为它通常可以预测在绝大多类型的职业和工作任务上，人们是否能取得卓越绩效。

环境和外部条件只会对基础潜力产生有限的影响。在每个人成年后，基础维度就会变得相当稳定，只有经过严谨的干预，它才有可能会发生变化。

模型：适用度极其广泛的"希尔兹—丘奇理论"

目前，在理解和评估潜力方面，希尔兹和丘奇的"潜力维度理论"适用度最广，因此用它作为研究框架是非常合适的。对于潜力，该框架的解释力极强，并适用于任何职业或任何工作类型。因此，它既可以应用于跨国公司中的政策制定和战略规划，也可用于分析中小企业的某个特定职位，甚至每个人都可以用其理解和考察自己的工作、职业或业务。同时，它也足够具体，可以应用于特定的潜力，并以具体且可衡量的方式进行评估。最关键的地方还在于，具体而言，我们所讨论的潜力到底是做什么的潜力？亲爱的读者，这也是你要考虑的问题。

如果目的是招聘能够立即展开工作且表现良好的人，那么相关工作经验可能是理想标准。如果招聘的目的是充实人才库，培养未来领导，那么发展潜力过低，可能就不是理想人选。如果目标是寻找某类人才，他们有才华且能在同一岗位上长期稳定地取得优秀绩效，那可能就涉及截然不同的潜力了。**发展潜力固然重要，但如果过分拘泥于此，就有可能一叶障目，忽略一些潜在的、价值暂时没有得到认可的人才，因为我们对于高潜力的识别和描述总会不可避免地受到一定的限制。**

我们很容易忽略那些长时间在同一岗位上默默贡献的人。然而，组织中有许多很有价值的工作，由于一直完成得平稳顺利，反而最容易被忽视。并不是每个人都需要或看重快速晋升、职权扩大和丰厚回报。对于某些人而言，成功意味着工作生活的平衡，意味着全面的个人生活，以及家庭责任。另一方面，对于很多岗位来说，高潜力和成功意味着持续的、稳定可靠的工作表现。

第二部分 | Part 2

潜力的风格和特点

第三章

智力：预测高绩效有效且实用的方法

>才智自然分配，不依种族和血统。
>
>——腓特烈大帝
>
>一个随时都充满机智的人最让我觉得可怕。
>
>——塞万德夫人

　　智力意味着潜力和成功。一般而言，聪明人更善于快速学习，更能迅速地加工和处理信息。他们往往在培训和学习中表现更出色，在工作中也会更成功。如果只用一个标准来选拔员工，那么智力测验是个不错的选择。然而，这并不意味着聪明人就可以自然而然、顺理成章地在工作中取得成功。

　　现实的情况要复杂很多。在接下来的两章中，我们将回答这样一些问题：所有高潜力人士都是"超级聪明"的神童吗？还是说高潜力人士智力平平，却具有惊人的意志和动力，善于发现机会并抓住机会？勤能补拙吗？高潜力的人具备某种与众不同的能力吗？有才华的人是不是充满好奇心，并且比别人更爱学习？是不是只要足够聪明就可以了？如果是，那么多聪明才是"足够"呢？这会因工作而异吗？聪明、机智、智慧到底意味着什么？

智力是一种与生俱来的能力，智力的差异使某些人更善于解决问题，更能理解复杂的情况，并且比其他人更快地利用新信息。对某些人来说顺理成章的事儿，却足以使其他人瞠目结舌。

智力关乎生存。了解环境，认知其中的模式和规律，并调整自己的行为，进而得以生存和繁衍，这种基本的能力，不仅仅人类拥有，所有物种其实都以此作为生存和进化的根本。有些人天生比其他人更敏锐且更有洞察力，有更好的判断力，学得更快，知识面更广。我们每个人都具备相应的智力，或高或低。

关于智力的一个重要问题是，它在多大程度上影响职业发展中的高潜力。不够聪明（世俗认为的），也有可能成才吗？通过练习或学习，可以变得更聪明吗？"小时了了，大未必佳"的说法有依据吗？通过智力测验，能否在中学或大学时代就找出"未来之星"呢？仅看智力是否足够呢？

答案其实出人意料的直接明确。简而言之，智力就是预判工作绩效的最佳、最有效的指标：聪明的人往往比不那么聪明的人表现更好。更重要的是，工作越有挑战性或复杂性，智力因素就变得越重要。这是因为随着工作中的问题变得越来越复杂，在适应困难或新变化时，智力的作用就越是明显。

虽然时有关于智力测验的负面报道，但现实情况是，智力测验是预测高潜力的有效方法。尽管这些负面报道中，充满了质疑和否定，许多媒体和个人对智力测验的使用心存疑虑，但智力测验在面对不同职业、不同标准、不同国家和文化背景的测试者时，都被证明是有效的。好消息是，经过100多年关于智力的研究，人们有着非常一致的发现。大名鼎鼎的弗朗西斯·高尔顿爵士是智力测验的倡导者，他认为，智力是一种单一的通用能力，在很大程度上是由遗传因素决定的。通过测量解决问题的速度和其他相关的心理过程，就可以很好地测验一个人的智力水平。他的说法，毋庸置疑是有道理的。

尽管专家们仍然无法就智力的精确定义达成共识，但大家普遍认为，智力对一个人的成功，特别是事业的成功非常重要。大多数专家对智力的定义，包含了两个共同的关键内容：

· **从经验中学习的能力**：从过去的经验中学习对成功至关重要，甚至对于基本生存也很重要。例如，有的人可以通过培训快速学习知识，并使用这些知识来提高工作绩效。有些人则很难通过学习不断提高自己，只能依赖过去的经验，这样很难取得出色的绩效。

· **适应环境的能力**：从环境中学习，了解自己周遭的境况，使人们在变化的环境中反应更加敏感，更有适应性。

目前，对于智力而言，人们的争论焦点并非它是否真实存在，而是关于其内部运作的确切性质。智力是一个总体上有效且实用的概念，可用来理解工作中的高潜力。

核心要素：遗传并不能完全主宰智力

有许多因素会影响智力，尤其是在儿童生长发育关键期。这些因素一部分是先天的，另一部分则是后天的。基因可以带来一定的优势：某些人可以更快地处理信息，因为他们的大脑生来如此，且使用相对较少的能量就能完成相同的任务。智力对应大脑中的特定

第三章　智力：预测高绩效有效且实用的方法

区域，并在大脑内部的"小世界"中与大脑的其他部分形成交互网络。因此，智力涉及有效且不间断的连接与交互。使用更少的大脑资源（例如葡萄糖和氧）建立更有效的连接，这能够造就更聪明的大脑。有些人真的就是天生比别人聪明。

　　然而，生物遗传并不是命运的主宰。在影响智力的诸多因素中，遗传因素的作用占30%~70%。另外，智力不仅与大脑的结构有关，还与使用大脑的方式有关。解决问题的方法有多种，大脑的运转方式也是如此，它可以使用不同的连接和处理信息的方法来解决相同的问题。虽然存在天生的优势或劣势，但环境和人生经历也会影响智力。环境，教育，社会经济地位，健康和其他一系列情况都会影响智力的发展。

　　事实证明，智力会影响生活和事业的诸多方面。在日常对话中，关于智力的讨论比其他心理学概念都要普遍。具有讽刺意味的是，关于工作绩效与智力之间的关系，大家其实研究得最深入，也验证得最充分，然而这一块却充满争议。

　　经过一个多世纪的反复验证，表明智力既有效又有用。它几乎影响生活和行为的各个方面。无论在哪个年龄阶段，生活在哪个地区，身处何种文化，智力都有相同的效用。无论何时，如果只能用一个指标来预测以后的成功，智力都是最佳选择。在人的整个生命周期中，它也是非常一致的。对11岁的儿童进行45分钟的智力测验，用来预测其79岁时的智力变化，准确率将近2/3（Deary et al., 2010）。

> 智力是一种非常普遍的心理能力，其中包括推理、计划、解决问题、抽象思考、理解复杂概念、快速学习和从经验

中学习的能力。它不仅是书本的学习，狭窄的学术技能或应试技巧。更多地，它反映了理解环境的更广泛和更深的能力：捕捉，理解事物或弄清楚该做什么。

——戈特弗雷德森

类型：晶体智力和流体智力

关于是否存在多种类型的智力，一直存在着争议。有人认为，除了能够从经验和环境中学习之外，还有许多不同的"智力"类型。卡特尔（Cattell, 1987）提出晶体智力与流体智力之间存在差异。晶体和流体之说类比了物质的状态——流体可以是任何形状，而晶体则是固态的。

流体智力是指，当新信息流入时，大脑对其进行处理和做出反应的能力，它使我们在新情况出现时迅速适应变化。它包括三方面的能力：理解关系，处理不熟悉的问题，以及获得新知识。

晶体智力是已经获得了的、结晶的知识，它是由经验积累而形成的，结构化的知识和技能。这些想法、知识和技能已经扎根和固化在大脑中，成为终生学习的基础和重要构件。这可能是一种做事的方式；可能是萦绕心头的一首歌的歌词或者一首诗；可能是从事某项专业工作的正确方法……

流体智力在20岁前达到巅峰，此后保持基本稳定，晚年有所下降。晶体智力则在人的有生之年会一直上升。 因此，如果要解决相同的陌生问题，小学生通常比退休的老人更快。 当然，这只是一个通用的举例，并不是任何两个人之间的对比都总是如此。 晶体智力与经验关系密切，因此它是靠累积来的。与新生或实习生相比，有多年经验的老手占据明显的优势。当然，你所学到的（晶体智力）受到自己学习的方式和深度（流体智力）的影响。这就是有些人学起东西来比别人慢的原因。

性格之类的因素也会起一定作用——在智力水平相同的情况下，内向的人喜欢阅读和学习，外向的人则喜欢社交，娱乐和体验（请参阅第四章）。当然，人们可以向书本学习，也可以向他人学习。内向的人喜欢自己学习，通常在晶体智力的测试上能取得更好的成绩，外向的人则可能有所不同。此外，动机也很重要。与那些对学习从来不感兴趣的人相比，有上进心的成年人学习的效果会更明显。我们可以体验一下用下面的例题来测试晶体智力和流体智力。

A. 记住以下数字，并按从小到大的顺序重复：600、5、8、47、1。

B. 以下哪个词与其他词不同类：枯藤、老树、昏鸦、布谷鸟。

问题 A 测量的是流体智力，问题 B 测量的是晶体智力。A 可以在没有特定先验知识的情况下完成，但它确实需要具有记忆、组织和检索信息的能力。A 可以用任何语言来测量，甚至可以用来测量不会读写的人。问题 B 需要了解特定的诗词（马致远《天净沙·秋思》"枯藤老树昏鸦，小桥流水人家"没有提及"布谷鸟"）。为了说明在文化背景的影响下，这样的问题可能会更加刁钻，请判断以下哪个词是另类的：Banker, Knight, Miller, Reeve, Cook？这个问题需要非常特殊的中古英语知识——只有极少数专门研究这个领域的人，才掌握这样冷僻的知识。这样的问题考察的是在非常特定领域内的知识。晶体智力是人们能够通过学习来提升的。

弗海姆（Furnham, 2008a）指出，智力是差异心理学家开展研究的基本工具。简而言之，在测量个体差异的工具中，它最简单和最可靠，具有最佳的信度和效度。

先天能力的概念以及先天认知能力的测量和使用是有争议的。媒体常常将关于智力研究的可靠结论，描述为"无稽之谈"。

科学期刊和教科书与普罗大众的认知之间存在严重的脱节。来自心理学和神经科学的证据清楚地表明了智力的存在，可以对其进行测量，测量的结果可以用来预测学业和事业的成功（Gottfredson, 1997a）。由于这些争议的存在，负责招聘、评估或发展潜力的专业人士自然就选择了过度谨慎。然而，不幸的是，这种保守的选择是错误的。

另一个颇为普遍的谬误是，智力有多种类型。这种观点认为，尽管有些人从经验和环境中学习的能力可能很弱，但这些人可能在音乐或美学上有过人的智慧。这也是不正确的。对于音乐才华或对自然的审美能力之类，没有与之直接相关的独特智力种类。

对"多元智力"的困惑往往源于乱贴标签。很多概念有时会被错误地归为某种类型的智力，例如价值观，学习风格或能力之类的概念。教育工作者通常喜欢使用"多元智力"的概念，因为它有助于识别学生中不同的才能或潜力类型。通过精心设计，可以使每个人都对自己感觉良好。

"多元智力"这个提法的最大问题，在于它搅起了一潭浑水，让大家越来越不明白智力究竟是什么。**当人们大谈"多元智力"时，实际上并不是在谈论智力。智力是关于推理、计划以及组织信息的能力，即学习和适应周围环境的能力。**在1983年出版的《心灵框架：多元智力理论》一书中，霍华德·加德纳提出了"多元智力"的概念。

按照该书的叙述，竟然有多达10种不同的智力类型。

加德纳的理论是，智力有不同的类型，每种智力都是独立运作的。然而，该理论并没有什么科学证据。例如，"**自然智力**"被认为是对自然环境的偏好，并存在某种与自然联系的独特感受。显然，这只是一种价值或偏好，与智力无关，因为这种偏好不涉及信息的**处理、存储和管理**。需要强调的是，并非说，这种偏好有什么不妥，对它的了解其实可能同样有助于发现潜力。不过，这绝不是智力的一部分。从科学上讲，这类"多元智力"的说法很难站住脚。智力作为一个独立且有明确定义的结构体，非常有用，并且能够很好地预测一个人在学业和职业发展中的行为、表现和成就。

奈特尔贝克和威尔逊驳斥了加德纳的理论："一个人如果在某一个领域中表现出色，往往会在其他领域同样表现出色。"这是一个潜在的、根本的认知过程：智力。

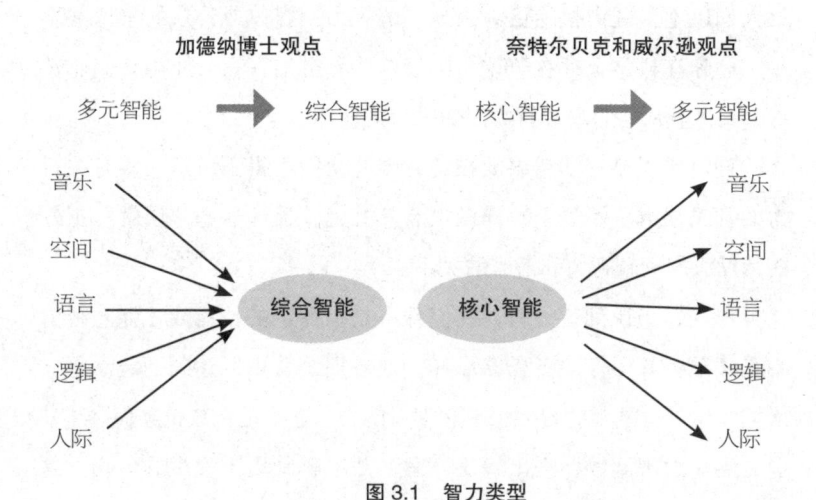

加德纳博士观点　　　　　**奈特尔贝克和威尔逊观点**

多元智能 → 综合智能　　　核心智能 → 多元智能

音乐、空间、语言、逻辑、人际 → 综合智能

核心智能 → 音乐、空间、语言、逻辑、人际

图3.1　智力类型

"多元智力"理论并无什么大用,因为它将智力(认知能力)与"学习到的能力""偏好"混为一谈。要评估潜力,就需要明确定义潜力,然后还需要确定有效的概念,以此来衡量构成潜力的因素。当然,我们并不难理解,为什么多达10种类型的"多元智力"的说法,会很有市场。大多数人在至少一个领域会高于平均水平,每个人都可以为之感到自豪。大家都很特别!但问题在于,如果以科学的眼光来审视,"多元智力理论"是无效也是无用的。非但无用,而且还带来混淆和误解。

智力测试:"IQ"虽不完美,但确实有用

出于公平和道德的原因,或者是对测评质量的顾虑,谨慎选择测评,这是完全可以理解的。然而,不幸的是,对智力的误解,导致人们以不当理由拒绝更深入地了解智力:媒体或公众的争论并不一定意味在科学上存在争议。由于这些误解的存在,使得我们非常有必要区分那些容易和智力混为一谈的概念。

理解错误是一切错误的根源,因此我们不得不讨论一些有关智力的常见误解。不过,这样做也有其好处,梳理这些"误解"正好能帮助大家理解智力和潜力的关系。

首先,当说到智力时,我们并不是指特定的技能或才能。智力不是才能,并不像演奏乐器那样,通过训练就可以达到一定水平。人们天生具有基本的智力水平和学习能力,这不是在成长过程中"学会"的。发现问题,提出解决方案,并了解其周围发生的一切,这种学习的速度也是与生俱来的。智力受环境和经验的影响,且与遗

传有很直接的联系。

智力也可以用来预测工作绩效，但在工作场景中使用智力测试，常常让一些人感到担忧，诸如智商（IQ）测试之类饱受关注和批评。这种担忧其实是没有必要的，主要源于人们混淆了"智力测验"和"整体智力"之间的区别。**通过智商测试判断整体智力的方法的确存在局限性，但这并不意味着，不存在心理建构方面的一般认知能力（智力）。**一个世纪以来所累积的研究证据已经证明，它确实存在。

最好根据在层次结构中配置的多个域来定义智力，这些结构解释了这些域之间的不同程度的通用性和特定性。另一方面，智商直到最近才达到这些领域缩小的范围的平均结果。

——奈特尔贝克和威尔逊

换句话说，智商是一种快速但简陋的估计智力的方法。它并不完美，但确实可行。

除了在个体层面上的混淆，还有另一个普遍的误解：智力是带有文化价值偏见的标准。有人说，我们所说的智力，体现的是城市的、资本主义的、新自由主义者的价值观。然而，事实是，虽然关于文化价值方面的知识可以测试，但智力和它们是两回事。智力是一个基本的属性，不限于国家或文化，甚至不限于人类：我们可以测试动物的智力水平，比如，测量和比较人、黑猩猩、海豚、乌贼、老鼠等的智力。

智力的产生是基于大脑的工作方式、大脑的构造、大脑各部分

的连接。很容易看出智力与文化价值观之间的联系，因为聪明的大脑往往更加善于适应自然和社会环境。智力可以帮助人们了解周遭的状况，发现什么才是恰当、行之有效的应对措施。因此，聪明人可以更快地适应任何文化。根据已有的证据和对智力的理解，我们可以判断，那些认为智力与特定文化相关的想法是荒谬的。

天才儿童

有关于天才儿童的文献汗牛充栋。这里所说的天才，本质上就是智力的代名词。研究结果表明，儿童的智力也具有一致而重要的特征（Brody，2005）。以研究结果为基础，我们能进一步探讨智力在成功和潜力中扮演的角色。对天才儿童的研究表明，他们具备这样一些特征：

·**出众的理解能力**。天才儿童对事物的运作方式有较为复杂的理解，或在特定技能上，表现出特长。例如，他们无须特别的、直接的指导，就在幼年时期展示出对文字的深刻理解，或数学方面的能力。或者，如果得到适当的机会，他们就能在艺术方面很快地取得进展。

·**出众的语言能力**。相比同龄的其他孩子，天才儿童能够使用成熟和很复杂的词。他们喜欢玩味字、词以及其他象征性的符号，以此表达自己。

·**成熟的思维**。天才儿童对复杂的任务表现出异常成熟的思维。他们学习速度更快，通常能够比较迅速地获取新信息，掌握做事的方法，或发现事物背后隐藏的含义。

- **记忆力**。相比同龄人,天才儿童擅长与记忆相关的活动。
- **年长的同伴**。天才儿童喜欢寻找比自己大一点的孩子作为玩伴,并热衷于创造性的、充满想象力的游戏活动。
- **自我管理**。天才儿童表现出高度的自我管理的能力,在自己的学习发展进度方面比较自立,能够在没有监督的情况下,独立主动地学习。
- **两面性**。天才儿童时而表现出非常复杂的思维和行为,时而又以迥然不同的行为方式告诉别人,他们仍然是孩子。
- **多样的经验**。对各种不同经历、体验,天才儿童展现出强烈需求。他们寻找不同的机会来学习和尝试新东西。面对前所未遇的新问题,他们通常很兴奋,并跃跃欲试。

天才儿童的这些特征,可以分为四类。

第一,能力。有天赋的孩子善于观察,好奇心强,聪明。他们学习迅速,掌握的词语量丰富,给人留下深刻的印象。他们喜欢接受脑力的挑战并寻求解决之道。他们往往有很强的协调性,灵巧,善于运动,并且精力充沛(即具有发达的心理运动技能)。他们还可以表现出惊人的视觉、空间和听觉技巧。他们过人的语言表达能力使他们脱颖而出。超越同龄人的智力和知识水平,使得他们与众不同。

第二,创造性思维。天才儿童善于创新,即兴创作,独立思考和原创思考。他们喜欢创造性地思考不同的方法,为标准问题提出多种解决方案。即使没有必要,他们也会在创造解决方案上付出额外的努力。他们不介意标新立异、脱颖而出。与许多成年人不同,他们往往对自己的创意产品不加约束，并对此过程表现出兴趣和信心。

第三，社交能力。这意味着天才儿童富有表现力，有能力，自信且受欢迎。他们表现出良好的社会判断力，清楚自己的判断和行动会带来什么样的后果和影响。在社交中，他们常常主动承担责任，并且后来被他人认可和接受。这意味着，他们更有可能获得同龄人的投票，或被老师任命为领导者。

第四，任务投入。天才儿童能够轻松集中精力，并专注于任务。他们实际上喜欢承担具有挑战性的任务，并通过努力完成任务。

并非所有天才儿童长大后都成了才华出众的成年人，但大多数才华出众的成年人在少年时代都曾展现出过人的天赋。各个年龄段的智力和取得的成绩之间息息相关。随着年龄的增长，智力通常也展现出复合作用。通过完成困难任务并坚持不懈地努力，有天赋的孩子就会获得成功的奖励（或者失败和经验）。被识别为天才，通常意味着他们有更多的机会学习，获得成功，并在此过程中持续成长。

弗林效应：我们都变得更聪明了吗？

随着时间的推移，许多国家的人均智力水平似乎都有逐渐提高的趋势。已有充分的证据表明，一个国家的人均智力水平会随着时间的推移逐渐提高。那么，这背后是什么原因呢？

詹姆斯·弗林是一位在新西兰工作的美国政治科学家。当查看著名的、被大家广泛认可的IQ测试手册时，他注意到，用来描绘不同年龄、性别和种族的IQ分数的常模，似乎一直都在变化。随着时间的流逝，智力测验的分数会越来越高，这种现象被称为"弗林效应"。由此来看，要么测试变得更加简单了，要么人类这个物种变得更加聪明了——或者可能两者兼而有之。蒂斯代尔和欧文（Tasdale and Owen, 2008）发现，自20世纪中叶以来，智力测验的分数每10年就会增加几分，不过在发达国家，这种趋势可能已趋于平稳。

人们真变得更聪明了吗？有大量研究表明，弗林效应的产生的确是因为智力水平的提升。教育、营养、劳动力市场和家庭教育的逐步改善都可以解释智力的提高。国家与国家之间，代与代之间，也存在着类似的影响和差异。在身高方面，就出现过非常类似的现象，由于营养，医学和代际差异，许多国家的人均身高会逐渐增加。

弗林效应的可能原因

教育。在许多国家，年轻一代在学校的学习时间更长，教育设施也更好。强制性的义务教育让来自所有家庭背景的人都能受到更多的教育，获得更优质的指导，能够身处更有利于智力开发的环境当中。智力与学习有关，因此，随着教育的改善和普及程度的提高，智商的分数也会提高。

营养。如今儿童营养得到了普遍的显著改善，这减少了营养不良对于身心发育的影响。营养不良会造成智力发展滞后。

社会趋势。我们都越来越习惯在规定时间内完成测试和其他任务。无论在学校还是在职场，各种大考小考已经变得越来越普遍，人们对此已经能够应付自如了，因此总体上就会做得更好。这是一个可能的解释，同时也提示我们，分数上升时可能并不表示智力水平有实质性变化。

家庭教育。父母为孩子们提供了更丰富的家庭环境，对孩子的教育，也表现出了比以往更大的热忱。他们有更高的期望，并且也有更高的参与度。家长们深知智力在现代职场竞争中的重要性，因此积极鼓励孩子的智力发展。另外，父母养育的子女人数越来越少，对子女教育的投入越来越多，这也可能是一个重要因素。

社会环境。世界变得越来越复杂，越来越能激发学习和思考。现代化和新技术导致人们必须更多地理解和掌握抽象概念，这些实质上是智力测试的一部分。更频繁地接触和学习各种工具、丰富的信息和资源等，这带来了曾经难以想象的成长和学习优势。

"弗林效应"表明，影响智力的，更多是环境因素而不是遗传因素。这使我们又重新回到争议起点：智力究竟来自先天遗传还是后天培养？不过，我们完全可以想象，聪明的人会为自己和孩子寻找和创造更适合成长的环境，从而进一步激发他们的智力发育。照此看来，对于"弗林效应"而言，环境因素的作用可以是双面的。良好的环境加上早期持续的努力可以提高智力。同样，糟糕的环境，加上人们的忽视，可能对智力的发展产生不利影响。

另一个问题是，"弗林效应"是否已经越来越不明显了，即现在所看到的增长幅度是否在逐渐降低？如果是这样，意味着下一代的得分不会比这一代更高，"弗林效应"仅是偶然现象，而不是一致的趋势。

第四章

认知：工作越复杂，智力越重要

> 众神的恩泽并不是雨露均沾，无论是优雅，美貌，智慧或口才，不会都赐给每一个人。
>
> ——荷马

由于智力与绩效密切相关，因此可以顺理成章地认为，深入理解工作中的智力有着非常重要的意义。智力测验可能会被误用和误解。不过，虽然智力测验不能百分之百地昭示未来和潜力，但这仍然不失为一个很好的指标。仅仅一两个小时的智力测验，比那些长时间的面试或观察，要有效得多（Nettlebeck and Wilson, 2005）。

需要说明的是，智力测验测量的是与成功和绩效相关的一般能力。这些测验有效，但不完美。如同家用验孕棒，虽然不能保证100%准确，但绝不应该弃之不用，尤其当我们没有其他更好的工具和方法时。从有效性和实际应用方面来看，智力测验和医学诊断颇为类似。在医学上，越重要的诊断，越需要多个检验来验证。进一步的测试可以得到进一步的信息，从而帮助人们做出更明智的决定。

当我们需要通过识别潜力来进行重大的决策时，往往决策失误的后果也会非常严重。这种情况下，就更需要使用多种工具、多个测试，以此精确测量影响潜力的多个因素。当然，这并不意味着，使用单一测试（例如IQ）有什么大问题，只是说，决策的影响越大，对待测试就应该越谨慎、越严格。高层岗位、战略职位应考虑候选人的智力水平，但也应考虑许多其他因素，例如工作经历、性格、能力和其他相关特征。

在一个人的整个职业生涯，乃至一生中，智力是相对稳定的。这并不是说智力绝对不可能改变，只是说它不像其他不稳定因素（比如动机）那么容易受到影响。受过较高教育的成年人往往具有较高的智力水平。收入和在组织中的地位层级也与智力有关。不过，这可能只是说聪明的孩子读了更多书，找到了更好的工作，并得到更快的提升。也有可能是聪明的年轻人知道教育对于事业与职业发展的重要性（以及学习新技能和结识其他聪明人的价值）。

教育和培训的目的是为年轻人传授相关的知识，导入特定的思维方式，启发他们的自律。教育固然需要，但单位领导真正想要的是提高员工的智力水平。常规的培训可以提高技能和能力，但不会对智力产生显著影响。可惜的是，在工作中唯一可能带来智力急剧变化的，往往是安全事故的副产品，例如头部受伤。

关于智力测试，奈特尔贝克和威尔逊提出了非常好的建议。首先，他们认为测试可用于识别某些类型的"例外"：发现特别优秀者，或特别迟钝者。其次，通过智力测验，可以了解某些方面的特别困难。例如，为什么一个人学习缓慢。不过，他们也提醒说，要全面评估，

第四章　认知：工作越复杂，智力越重要

必须参考其他素质和特征，智力并不一定是决策的唯一依据。他们总结道："我们对此类测试的支持，取决于两个条件。首先，它们必须与当前的、包括一般能力在内的多层次理论相一致。其次，孩子的文化背景必须与测试诞生的文化背景相同。"这个建议本是针对儿童提出的，但也同样适用于在工作中测试成年人。

智力与绩效：智力的预测作用超越文化差异

智力与推理能力、解决问题、适应性和学习成长密切相关，而这些正是在工作中取得出色绩效所需的所有特征。因此，可以使用智力来预测工作绩效（和潜力）。

科学研究表明，认知能力非常一致、准确地预测了所有工作（特别是复杂工作）的绩效。 智力对于医生的工作而言比对售货员的工作更重要。对于首席执行官而言，比团队主管更重要。不过，无论对于什么工作，一定水平的智力都是需要的，都能提高工作绩效。因此很多人深信，智力能最准确地预测（高级管理人员）工作绩效。所有最新的研究也都证实了智力的这种预测能力，这都突显了智力测试在选拔招聘中的重要性。

在英国，伯图亚等人（Bertua，2011）回顾了英国关于智力和工作绩效的研究。他们将8万多人参与的283个单项研究的结果汇总分析。结果表明，对于培训和工作绩效而言，智力测验是非常重要的预测指标。智力的相对重要性因专业而异。表4.1显示了，对不同岗位的工作绩效与培训绩效，依靠智力进行预测的效度（从0到1，其中1是最大的预测因子）。此表说明，对于技能要求越高的职业，智力的预测效果越显著；对于大多数职业的培训来说，智力都是获得成功的重要条件。

表 4.1 不同职业中智力预测的效度

工作职位	工作表现	培训效果
办公室职员	0.32	0.55
工程师	0.70	0.64
专家	0.74	0.59
司机	0.37	0.47
经营者	0.53	0.54
经理	0.69	—
技术人员	0.55	0.55
其他	0.40	0.55

旺斯等人（Ones et al., 2005）很好地总结了截至目前关于智力的相关研究。

·根据超过100万名学生的数据，他们得出结论：无论什么专业或学科，无论是中学阶段还是大学阶段，智力均能准确有效地预测学生的考试成绩和学业成果。

·通常，人们会根据上司评价或所获得的工作知识来衡量职业培训的成效，而这其实也可以由智力来预测，并且工作越复杂，预测就越准确。智力测验可预测工作绩效，无论什么工作岗位、工作条件和工作成果。也就是说，这不受职业和文化等因素的影响。

·特定类型的智力测验，往往并不比通用智力的测验更为有用。

·智力之所以可以很好地预测工作绩效，是因为它牵涉到学习的速度和质量,适应能力和解决问题的能力。

· 简而言之,就应用层面来讲,智力是一个人能否成功的最佳预测手段(之一)。

他们的结论是,从全球范围看,智力是预测工作绩效的最佳指标之一。尽管使用的测试有所不同,工作绩效和培训绩效的定义不同,所处的国家和地区失业率、文化环境不同……对于预测个人绩效和高潜力而言,智力仍然是测量个体差异的最好的心理指标。实际上,该结果与美国早期的数据惊人地相似(Hunter, 1986; Hunter, 1984; Visesvaran et al., 1996)。美国的研究结果显示,在不同文化环境中,智力对工作表现的预测均有十足的有效性,因此甚至可以轻松地设计出一种科学可行的人员选拔的通用理论。他们还指出:"对特定能力的测试,例如言语,数字,空间机械,知觉和记忆,都不会比智力测验更加准确有效。因此,我们可以负责任地再次重申这一发现的实际意义,即智力测验能够最准确地预测两项(绩效的)标准。"(见表4.2)

表4.2 智力对绩效和培训绩效的重要性

测试类别	绩效	培训绩效
GMA(综合智力)	0.62	0.54
语言	0.35	0.44
数理	0.52	0.48
空间	0.51	0.40
感知	0.52	0.25
记忆	0.56	0.43

戈特弗里德森认为，对于人事心理学家和管理者来说，了解智力在工作中的作用至关重要。在一篇非常清晰而重要的综述中，她概述了 g（即一般智力）在工作中的真正重要性（Gottfredson, 2002），非常值得在此介绍。

关于 g 对工作绩效的影响的主要发现——g 的效度：

·较高的 g，意味着在所有工作中，从所有绩效维度衡量，均有较高绩效。g 的得分与总体工作绩效评价的平均相关性约为 0.5（校正了数据收集和处理过程中的偏差后的结果）。

·g 对于绩效的影响并没有一定的范围限制，也就是说，g 值并不是只在某个区间内才会影响绩效，g 的影响是线性的：g 越高，工作绩效就越高。

·高 g 的优势不会随着工作经验的增加而弱化。即使对于经验丰富的人士，g 的效标效度仍然很高。

有时甚至随着经验的增长，高 g 的优势更加明显，可能是由于在经验整体较浅的群体中，经验水平的相对差异更大，从而掩盖了较高 g 的优势。

·对于更复杂的工作而言，g 可以更好地预测工作表现。其（修正后的）效标效度范围从最简单的工作的大约 0.2，到最复杂的工作的 0.8。

·相比非核心的"一般成员义务"绩效，g 能准确地预测那些需要核心技术的工作绩效。

·也许正是因为如此，g 预测客观绩效（工作知识或工作样本表现）比主观绩效（例如上级评估）更为准确。

g 相较"能做"因素对工作绩效的预测效用：

·特定心理能力（例如空间、计算或语言能力）对工作绩效的预测，相比 g 而言并不会更加准确。一般而言，在预测培训或工作表现的整个心理测试中，g 的贡献至少 85%~95%（交叉验证）。

·有时，特定的能力（例如文书能力）可以在 g 之外，增加预测的效力，但这仅在特定类别的工作中才会有效，并不通用。

·通用精神运动能力常常能用来预测绩效，但主要是在不太复杂的工作中。它的预测效度随着复杂性而下降，而 g 的预测效度却随之而上升。

g 相较"愿意做"因素对工作绩效的预测效用：

·g 对于核心绩效的预测效用要远远优于其他的"非认知"（与 g 较少相关）的特征（例如，职业兴趣和不同的人格特质）。后者对核心绩效的预测，几乎没有在 g 之外增加任何价值。

·对于其他大多数非核心表现维度（例如个人纪律和军人气质），g 的预测远不如人格和气质"非认知"特质的预测准确。当绩效维度既反映核心绩效又反映非核心绩效（努力和领导力）时，g 的预测效用与非认知特征的预测效用相同。

·在某些工作中，不同的非认知特征似乎可以有效地补充 g 的预测，正如有时可以通过某些特定能力的判断来预测有些工作的绩效一样。这些非认知特征中，只有一个像 g 一样具有普遍性：尽责 / 正直的人格特征。但是，它对核心绩效的影响远小于 g。

g 相较非认知特质对工作绩效的预测效用：

·g 对工作绩效的影响，主要是通过对特定工作知识的间接影响实现的。

·越是非常规的工作，越是培训不完备的工作，越是独立自主的工作，g 对工作绩效的直接影响就越显著。

·在经验丰富的工作者中，工作相关知识通常和 g 一样可以预测工作绩效。但即使对于这些经验丰富的工作者，通过工作知识来预测绩效并不具有普遍性（扣除其中 g 的成分）。工作知识的预测是高度针对特定工作的，而 g 的预测则是具有普遍性的。

g 相较"做过"因素（经验）对工作绩效的预测效用：

·同工作知识一样，特定的工作经验对于工作绩效的影响有时很高，但结果不具有普遍性。

·实际上，随着所有工作者的经验增加，经验并不能很好地预测绩效。相反，无论经验长短，g 的作用都非常显著。

·随着工作复杂性的提高，工作经验以及心理运动能力对工作绩效的预测准确性会下降。而 g 恰恰相反，工作越复杂，g 就越重要。

智力和潜力：略高于平均水平就"足够"了

没有任何一张列表能够囊括高潜力的所有特征。根本的问题是，**做什么事情的潜力？**尽管各种讨论高潜力的书籍和文章汗牛充栋，但对于高潜力或"天才"的定义，人们并没有达成共识。不过，几乎所有的公司和研究人员，在谈及高潜力的定义时，都会明显或不

第四章　认知：工作越复杂，智力越重要

明显地提及与智力相关的概念。比如他们会提到分析能力，出色的智力，认知能力，聪明，从经验中学习的能力等。这些典型的术语表明，他们真正在寻找的，可能正是智力。也许，这只是以某种特殊方式来回避关于智力测试的争议吧！

聪明的人学习更快。他们能够很快发现规律和模式，并很好地分析问题。他们往往更加好奇，知识面更宽。他们较少犯错，记忆力更好。因此，将智力视为才能的基础就不足为奇了。不过，仅凭智力还不够。

智力是必要的，但还不充分。很难想象一个不够聪明的人会被别人认为具有高潜力。然而，需要有多聪明呢？必须要有门萨会员那么聪明吗？在某种程度上，这取决于是在哪个领域行业。某些行业、领域比其他的行业和领域更加看重智力。

也许我们都认识一两个这样的中学同学或大学同学：他们极其聪明，然而在事业上却泯然众人。他们只是因为运气不好，没能找到用武之地，还是因为缺乏动力来做得更好？

现有的数据表明了以下几点。**通常在智商测试中，高潜力员工的得分比平均值高出一到两个标准差。位列前30%是一个重要特征，但是进入前5%或1%并没有更大的优势。适度的优势是有益的，但表现最好的人不一定是天才，仅凭天才不足以达到最佳的绩效。许多高潜力人士的学业并不一定辉煌。**有些人在学校表现很差，是因为他们对学习缺乏动力，而其后在生活或工作中，他们的激情、动力被激活，聪明才智得以发挥。同时，他们具有适合的性格特征，能使自己的愿景得以实现。很多企业家正是如此，在学校从未找到自己的用武之地，但在其后的人生道路上，他们的智慧和才华才真

正得到发挥。

高潜力人才内驱力强，有上进心，有理想，有拼劲。通常，他们的智力高于平均水平，但不一定是最聪明的。多年来，追踪数千名儿童的研究表明，卓越的智力不是成功所必需的，略高于平均水平的智力通常已经足够（Shurkin，1992）。

结 论

在某些领域，高潜力必须首先是聪明人。伟大的科学家，想象力丰富的工程师，出色的医生……聪明的人学习得更多，学习得更快。他们比其他人率先看到趋势和规律。

也许，潜在的销售明星可能与未来的物理学家有着截然不同的智力轮廓。然而，正如我们已经指出的那样，高潜力需要"足够显著"才能成功并实现其潜力（见图 4.1 所示）。

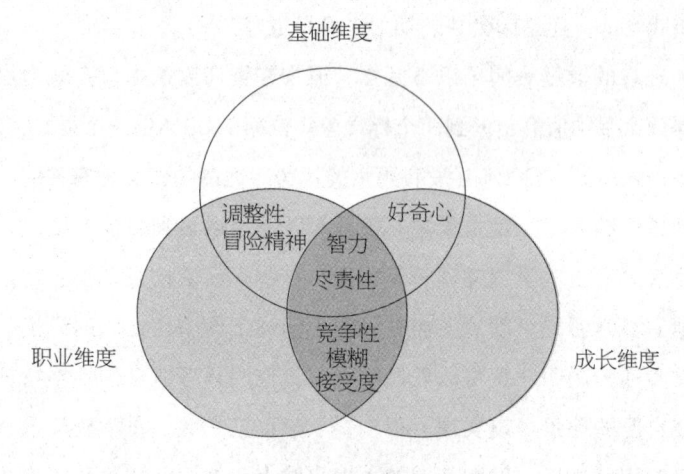

图 4.1　潜力的不同维度

第五章

性格：关乎行为、思考和感觉的稳定模式

> 子曰："见贤思齐焉，见不贤而内自省也。"
> ——《论语》
>
> 正是这种内在的个性，而不是文化、知识或才智，使得一个人能够庄重沉着地面对总统、将军或其他任何权贵。
> ——沃尔特·惠特曼

要识别高潜力人才，单位领导需要了解影响人们思考、行动和工作方式的内在模式。性格就是这么一种关于行为、思考和感觉的内在模式。一贯负责任、雄心勃勃、善于计划，这些意味着很高的尽责性，也是在职场中常常需要的，因此高尽责性是职场上难能可贵的品质。相反，冲动、随性、缺乏长期计划，则对应的是低尽责性。如果单位领导需要寻找善于计划和自我管理的员工，那么低尽责性可能是一个危险信号。

大多数工作都会或多或少涉及不同程度的压力。了解员工如何应对压力对于了解和评估员工的潜力非常有用。情绪激动、对批评

敏感且有较强攻击性的人可能适应能力低下。面对高压，他们会很挣扎。意志刚强，对情绪反应较弱的人在面对压力时往往能面不改色，则意味着具有较高的适应能力。他们可以更有效地应对高压力的任务和工作。讨论这些性格特质的关键在于它们是稳定的，相对可预测的，不会突然大幅改变。

性格特质既有趣又实用，它们有助于理解人们在工作中的行为方式以及这些行为方式背后的原因（Carver and Scheier，2000）。**如果能够了解某人的性格特质，就可以很好地预判这个人现在和将来在工作中会如何思考和做出反应**。有的人在压力下更容易感到压抑、愤怒并彻底崩溃；有的人善于做长期计划并且严于律己；有的人热衷于探索新想法和学习新事物。

日常生活中，当提到性格（有时通俗地称为性情）这个词时，人们常常指的是很多不同的东西。比如令人愉悦的性格，我们说某人的性格很可爱。也有更加隐晦的表达方式，比如我们说"强势的人格"，常常暗示某人有主见、好战或喜欢指手画脚。"性格"甚至可以指某些真实或虚构形象的特征和行为方式。**在心理学中，性格则是指思维、感觉和行为底层的稳定模式**。

案例分析：利用性格分析评估人岗匹配

对于个人而言，对性格的认知可以有各种各样的用途，例如，2016年下半年开发的一款性格分析工具，就是通过在世界范围内分析领导者的性格特征，来预测他们未来的绩效。这款性格分析工具使用的是高潜特质指标（ High Potential Trait Indicator，简称

第五章 性格：关乎行为、思考和感觉的稳定模式

HPTi），我们将在下一章继续探讨 HPTi。本章将通过示例展开如何通过性格特征来评估"人岗匹配"。

尽责性，18，低

此人尽责性极低。尽责性低的人常常自由散漫，不可靠。如果他们偶尔表现得雄心勃勃，通常是迫于外部环境的压力，而不是发自内心的动力，并且他们通常缺乏自律能力。

在领导岗位上，低尽责性可能会是个很大的问题，随着工作要求越来越高，他们常常难以完成自己的职责或管理他人。

调整性，30，低

此人调整性很低。低调整性的人往往容易情绪波动，难以控制自己的情绪，尤其是负面情绪。如果同时具有低尽责性，那么就比较容易犯错，并且犯错会使情绪进一步恶化，如此往复，进入一个恶性循环。

高调整性对任何领导者来说都是极为重要的，尤其对于那些需要面对很大压力的岗位来说。

好奇心，34，中度

专家建议，此人的好奇心相对较低。好奇心较低的人不太可能寻找新信息或尝试解决问题的新方法。他们容易拘泥于自己的惯用方法，不太可能听取他人的意见或寻求专家帮助。

对于任何需要快速学习，并听取各方专家意见的岗位来说，低好奇心是一个危险信号。

冒险精神，29，低

此人的冒险精神为中度偏低。HPTi 中的冒险精神指的是一种以建设性的、经过深思熟虑的方法面对风险，以及愿意面对人际关系问题和工作问题的意愿。较低的分数往往表示对风险采取一种更本能的被动反应方法，从而回避问题，或者面对风险本能地进行抨击。

对高级领导者来说，这个水平的冒险精神令人担忧，因为这通常会导致人们本能地做出错误的决策或回避最棘手的问题。

模糊接受度，69，理想

我们的专家认为此人模糊接受度较高。较高的模糊接受度通常表示某人在复杂的环境中，能够游刃有余地面对各种纷繁复杂的影响因素。有时，当有很多想法无法整合统一，相互关联，他们可能会显得有些难以捉摸。

这个水平的模糊接受度，对于领导者而言，是颇为积极正面的特征。

竞争性，88，过度

专家对此人的评价是，竞争性极高。如此高的竞争性是极为罕见的。这种高竞争性的特点是，始终期望自己成为赢家和最出色的人。

对于需要团队合作的领导岗位来说，这种过度的竞争性是非常危险的。

注意：这是根据此人的行为模式，结合 10 位专家的意见总结出的个人特征，并没有进行过个人访谈。

第五章　性格：关乎行为、思考和感觉的稳定模式

以上的示例，展示了如何通过分析性格特质来评估人岗匹配。不过这也提醒我们需要格外注意，要考虑许多其他因素，例如，他们过去有过成功或失败的经历吗？他们的价值观是否与组织文化相匹配？他们是否足够聪明，进而能胜任这份工作？是否有负面性格特质，可能会导致"脱轨"？在考虑性格特质时，结合这些因素非常重要。

不过，性格特质之所以有用，是因为性格的显著改变非常少见。除非通过专业的心理干预，或遭遇生活的重大变故，否则性格不易发生改变。不仅从科学的观点来看如此，在日常讨论中，人们也是这么看待性格的。某人可能情绪低落（意味着一个人的行为发生明显快速的变化），而情绪和心情却只是暂时的，这不是性格。形容某人"具有多重性格"，往往是指责其虚伪或欺骗，意味着非常不诚实。

性格是一种根本的、稳定的规律和模式，主要用来描述一个人如何思考并做出情绪反应，以及这些反应如何影响其行为。因此，性格是呈现给世界的公开的自我。

以下列举了一些关于性格的科学定义。尽管具体措辞略有不同，但半个多世纪的科学研究一直证明，性格特质是一种很有效的方法，能用来了解人们的行为，并预知他们在未来的生活和工作中的行为方式。

> 性格是人内在心理系统的动态组织，造就了人的行为、思想和情感的特征模式。
>
> ——奥尔波特
>
> 性格可以预测一个人在任何给定情况下的行为。
>
> ——卡特尔

049

能力孵化

　　性格是一组稳定的趋势和特征，决定了人们持续的心理活动（思想、感觉、行为）的共性和差异。这些共性和差异很难单纯解释为当时社会意义和生物意义上的压力导致的结果。

——马迪

人们定义性格的方式可能会有所不同，但其基本要素均包括：

· **性格特质直接影响人们的行为和工作绩效**。它们极大地影响着个人工作方式，与团队互动的方式，以及在组织中的工作方式。

· **性格特质相对稳定，这意味着性格特质不太可能在每天、每个月甚至每年之间发生很大变化**。性格特质可能会小幅变化，但不会像风滚草一样，微风一吹就四处移动，它们更像是风中的柳树，可以随环境弯曲和摇摆，但仍然牢固地扎根于不可动摇的基础之中。

· **一个人的性格可以且必须分为多个基本特质，每个基本特质的程度都处在一个连续的范围之内**。每个基本特质对于每个人都适用，虽然每个人在具体特质的程度上迥然不同。在此基础上，这些基本特质又相互作用，构成了整体的性格特质。

特质：大脑和外部环境之间的调节器

　　通过比较状态和特质，可以最好地突出性格的独特性和重要性。如果没有重大的心理干预，性格特质很难改变，其一致性源于大脑

第五章　性格：关乎行为、思考和感觉的稳定模式

的生理基础。例如，对压力的反应是一种性格特质，它控制着人们对压力的感知和反应方式。有些人生来就对压力更加敏感，因此容易顾虑重重，且非常不容易摆脱这种担忧。他们的抗压能力更低，因此会更频繁、更轻易地感受到负面情绪。或许，儿童时期的成长环境可能会影响一个人对压力的感知和习惯性的反应。

与特质不同，状态是对特定环境或事件的反应。状态发生在特定时间，可能由特定事件、思想或活动触发。状态有起点和终点，只是短暂的。例如，焦虑是一种可以由外部条件和内部性格特质引发的状态。有些人总是焦虑不安，有些人则只是对实际发生的事件或不好的预感而焦虑。例如，许多人靠近蛇或蜘蛛时变得焦虑不安。当靠近有毒生物时，适度的紧张不安是正常的。然而，有些人甚至只是想到爬行动物或蜘蛛，就会感到焦虑不安。事件、情感、思想或记忆都可能会引发焦虑感。焦虑是一种短期的状态，有开始就有结束。几乎每个人在生活中的某个时刻都会经历不同程度的焦虑。

人的大脑中随时都在发生的物理和化学反应，可以解释性格特质和心理状态。焦虑之类的心理状态是短暂的生化反应：化学物质急速地涌入，并沿着大脑的某个路径传播。这很像游乐园里的孩子，一会儿左冲右突，一会儿赖在某个地方不走。**性格特质本质上是大脑各结构中的硬链接。**或许是某种生化反应促成了心理状态发生的产生——阻断某个路径或打通某个路径。大脑中客观存在的生理结构和链接，决定了这些生化反应的频率、强度以及触发条件。**性格特质是大脑和外部环境之间的调节器。**

对压力的反应就像水坝一样。对压力的反应性低，就像存在一

座更高、更坚固的水坝，使压力得到控制。然而，水坝的高度总是有限的，如果水太多，压力太大，每个人都会难以承受。因此，性格特质是中介调节器，具有确定的、稳定的水平。当我们了解这些水平时，就可以更好地预测行为、绩效和潜力。

特质是连续的，大多数人的性格特质接近平均水平，如同图 5.1 显示的标准正态分布。大多数人的得分在中间区域，围绕平均水平。越往两端，越远离平均水平，人就越少。非常特殊的一些人，他们对压力的反应非常大，或非常小，这些极端的个例是非常罕见的。

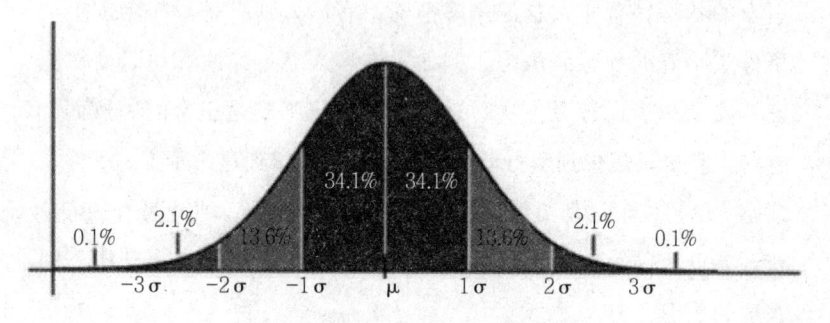

图 5.1 标准偏差，平均值和例外值

性格的这种分布特征，解释了为什么极端性格的人会比较容易脱颖而出，有的令人印象深刻，有的令人深恶痛绝。**与普通人相比，这些具备极端性格的人非常与众不同。在适当的时间、地点和位置，极端性格的人可能会有用，但恰到好处与过犹不及之间仅仅隔着薄薄的一层轻纱。极端性格在某些情况下可能有用，但在不当的环境中，走向不当的方向，则可能会变成一颗毒瘤**（我们将在第十三章中继续讨论这一话题）。

尽管人们可能会受到条件和环境的影响，但条件并非不可改变。

外部条件和环境与内部性格特质相互作用。特质是性格的各个方面，对于每个人而言，各特质都是清晰的，可测量的。每个人在各特质上，都会有或低或高的表现。性格特质在成年初期就已经形成，除非在特殊情况下，否则在人的一生中几乎不会改变。因此，基于有限数量的特质就可以描述一个人，所有个人都可以基于这些特质进行区分。一直以来，性格研究的关键就是找出最高效的描述性格的方式。

模型示例：类型理论和特质理论

科学史上性格理论主要分作两类：类型理论和特质理论。类型理论将人们分为不同的类别，其中人格类型的分类方法与人的出生地点分类方法雷同。甲出生在一个国家；乙出生在另一个国家。甲具有这种类型的性格，乙属于另外一种类型。典型的例子就是"A/B"型性格。表5.1简要概述了A型和B型性格。这里仅为提供一个性格研究历史上的示例，必须留意的是，A/B型性格的理论在很大程度上已被淘汰。

表5.1 A型和B型性格的比较

类型A	类型B
雄心勃勃	放松的
有竞争的	协作的
对压力敏感的	对压力不敏感的
积极主动的	反应性
有条理的	无条理的
有冲劲的	随意

在性格类型的模型中,每个人都有一个"类型",与一个类别相对应,这个类型代表了一组属性。**然而,如表 5.1 所示,类型模型倾向于将太多特质组合为一个"类型"。这种方法是狭隘的。原因是,比如并非每个积极进取和有条理的人都具有竞争性,反之亦然。**特质理论基于量化的测量来描述人。性格被描述为一定水平的某种特质,而不是将某人划分为某种类型。因此,如果阐述某人的某种特质,那么可以是"一点""很多""极度"或其他水平。类型将人描述为非此即彼;特质描述了不同的程度和水平(见表 5.2)。

表 5.2 特质和类型之间的差异

特质理论	类型理论
有关拥有不同数量的共性	有关天生的或后天学到的偏好
涉及测量	涉及排序
极端分数对于做区别很重要	中心点对于区分至关重要
正态分布	偏态分布
分数为不同特性测试的平均数(不太理解)	分数代表对正确排序的信心

MBTI:使用非常广泛的性格分类法

使用最广泛的性格测试是迈尔斯-布里格斯性格分类法(Myers–Briggs Type Indicator,MBTI)。MBTI 的推广和销售背后有一条完整的产业链,这促进了它的普及。然而,对于绩效和潜力的预测能力,MBTI 却没有太多的证据作为支撑。一些研究发现,一个人的 MBTI 类型与他们的认知之间有着一定的关联,但没有发现和行为之间的联系。尽管广受欢迎,但并没有什么证据表明它与工作绩

第五章 性格：关乎行为、思考和感觉的稳定模式

效之间有明显关系。

如果类别的定义和描述清晰、一致，MBTI 能发挥一定的作用（虽然弗海姆揭示了，MBTI 手册对人格类型定义是如何的不一致）。类型很容易理解，每种类型都具有很容易识别的原型。在工作中很有帮助，因为它使得同事之间讨论性格变得更加容易：您是这种类型，我也是，我了解您，让我们成为朋友吧。

不过，MBTI 常常遭到批评，因为被划分到各类型上的人，其性格得分总呈正态分布。这意味着 MBTI 的类型划分在性格分布的中间点切断，不同类型的截断点恰恰是相似性最多的地方。由于人为的分类，大量的非常相似的人被判定为截然不同的两种类型。如果真的存在不同的类型，我们可以预测人的某性格的得分是在两个不同的离散的组中。实际上，得分分布一端的人，比起分布在中间位置的人，相似度其实要低（Costa and McCrae，2006 年）。如果一定要让 MBTI 模型有效，得分的分布应该如图 5.2 所示，但实际上它们往往更像图 5.1。

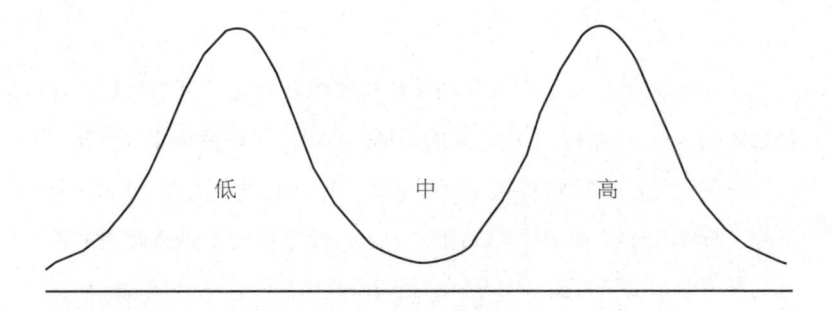

图 5.2 更能体现类型学模型的双峰分布

055

五因素模型：衡量性格的高效手段

心理计量学研究人员使用特质方法，首先确定了人格的三个维度，然后是五个维度，称为"五因素方法"（FFA）或"五因素模型"（FFM），也简称为"大五"。现在，业界已经形成了广泛共识，认为"大五"是衡量性格的有力手段。研究人员发现，在许多不同语言版本的研究中，都有类似于"大五"的性格因素（Goldberg, 1992）。然而，很多研究并没有涉足性格特质与工作成果之间的关系。对"大五"的批评很激烈，笔者将在本章后面进行介绍，但这些评论并没有影响"大五"在性格研究领域大行其道。

从一些研究者提出的关于"大五"的言论来看，我们可以使用五个因素（或者说五个维度）来简约地描述一个人的性格。对于各维度也可以在更详细的层次上（从构面方面）进行描述。这些性格特质相当稳定：到20多岁的时候，性格就已基本定型。**不过，人们普遍认为，通过个人刻意努力，即使不能改变性格，至少能够改变个人的行为。**性格是基于生理构造的，并且有证据表明性格受到遗传的很大影响。

更重要的是，一个人的性格特质是预测其行为的有力指标。性格会影响职业、伴侣和生活方式的选择。因此，了解性格非常重要。

尽管"大五"模型得到广泛研究和应用，但它并不完美。杰克·布洛克（Jack Block, 2010）总结了"大五"性格模型中尚待解决的关键问题。他指出了有关"大五"的最新研究应该关注的领域。例如，有关"大五"的描述特征及其发展方式的问题。"大五"模型孤立地看待各特质，但没有提供将性格作为一个整体系统的，更全面、

第五章　性格：关乎行为、思考和感觉的稳定模式

更动态的理解。如果对"大五"的批评的细节感兴趣，强烈建议您阅读布洛克的文章。

性格测评：必须在工作场景中进行测试和验证

性格测评是一个复杂而颇有争论的领域。重点在于，性格测评的效度既取决于测评本身，又取决于测评结果的使用方式。性格测评在预测未来工作表现方面的效度取决于测评、标准和用于验证测评的总体样本。**如果使用良好的、经过验证的测评工具，标准明确，测量准确，并且在理论上与所测评的特质相关，那么测评是最准确有效的。**此外，测评的使用者需要了解如何使用这个测评，以及为什么要使用测评。

经过100年的研究和讨论，性格特质的基本结构变得越来越清晰。不同的工作需要不同的性格特质，以及不同的特质组合。例如，成功的管理者往往情绪性低下（即对压力的反应性很低），对新思想和方法持开放态度，并且非常认真严谨。尽管这些只是基本特质，但对于几乎所有职业都非常有用。

性格测评最常见的方法，是要求人们回答一系列问题，并对此进行评估。因为这是最方便、最可行且最经济的方法。性格也可以通过访谈、测评中心、推荐人、同伴评分或行为观察来评估。**性格量表是自陈报告而不是测试，因此可能作假。如果足够聪明，并且有心欺骗，被测评者可以通过给出他们认为理想的答案，在性格测评中"作弊"。**

尽管可能出现"作弊"现象，但绝大多数人都是诚实的，愿意

提供真实的评分。此外,当使用性格测评的目的有益于被测评人(例如,提供洞察力、发展和学习的机会)时,大家往往会更加诚实。

性格测评的主要优点包括:

·**量化的信息**。测评将抽象的概念转换为数字,从而使个人之间的比较变得简单明了。然而,在面试中,我们常常对不同的候选人提不同的问题,答案也常常被遗忘,或者答案没有得到恰当的分析。

·**明确和具体的结果**。测评给出了明确而具体的结果,而不是参考文献中经常出现的含糊的陈词滥调。相比诸如"令人满意","足够"或"高素质"之类的术语,有效的分数更清晰地刻画了个人特征。

·**公平**。测评是公平的,因为测评可以消除腐败,偏心,名校校友圈人脉,以及其他根深蒂固的偏见。无论是否合乎心意,所有的关键特质都是从预先确定的、与绩效相关的特质中选出,然后再进行衡量的。

·**综合性**。测评可以涵盖性格和能力的所有基本维度,这是其他行为模式的根源。测评不仅涵盖了行为,还深入了解了思考模式。

·**科学**。测评是基于理论的实证。就是说,测评是可靠的,有效的,并且能够区分优秀、中等、平庸和低下。

结 论

性格是一个重要因素,能帮助我们理解,什么导致工作绩效的

第五章　性格：关乎行为、思考和感觉的稳定模式

优劣。不过，测评需要进行良好和科学的验证。使用测评的人必须具备相应的知识和经验。此外，用于预测绩效的性格测评必须在工作场景中进行测试和验证，并针对在工作场景的实际应用进行优化。

下一章将讨论高潜特质评估，这个评估更聚焦于工作场景，并经过专门的优化，用以识别高潜力人才。

第六章

领导力：领导岗位会放大人们的个性

看每个人如何接受他人的称赞，就可以知道每个人的性格。

——塞尼卡

充满活力的灵魂永远保持好奇心。

——塞缪尔·约翰逊

性格特质有助于在各种类型的工作中选择高潜力人才。不过，了解潜在的性格对于领导者尤为重要。我们常常寄希望于通过工作来提高能力，有的岗位的确如此，但领导能力并非如此。领导岗位不能锻炼一个人的个性，而是放大了个性。

上一章讨论了性格以及性格测评的一些不同方法。本章专门讨论一种性格测评，这个测评工具用在工作场景中，能帮助人们识别高潜力人才和领导潜质。先前的研究，例如特奥多雷斯库等（Teodorescu et al., 2017）发现，这个性格特质的测评——高潜特质评估，有效地预测了职业成功的客观指标（如薪酬）和主观指标（如员工满意度）。

第六章　领导力：领导岗位会放大人们的个性

在 2015 年的《欧洲商业评论》上，弗海姆解释了如何使用 HPTi 来帮助公司赢得"人才战争"。通过了解和评估员工的性格特质，预测员工在工作中取得成功的潜力，公司可以在发现、管理和培养顶尖人才方面获得明显的竞争优势。

将高潜力和性格的概念联系起来有一定的挑战，但基于我们对性格的了解，这也并非不可行：

第一，从成年初期开始，性格就相对稳定。性格无法学习，也无法传授，因此从根本上说，它并不是潜力的职业维度。性格是一个重要的常数，一个非常有用的早期指标。

第二，性格植根于神经系统结构，与脑结构和生物化学相关。尽管不是说大脑的某些"区域"中存在某种特定性格特征那么简单直接，这方面的研究仍然是方兴未艾，前景可观。

第三，性格特质相互作用会影响行为、情绪和思想。尽管这些概念都是独立定义的，但是它们并不是统计学意义上的独立。当考虑两种性格组合时，"高 A，高 B"与"高 A，低 B"在工作场所的表现可能非常不同。尽管两者的"A"相似，仅在"B"方面存在不同，且可以在每个维度上分别比较，但两者的性格特质存在非常重要的差异。不同维度间的交互作用产生了独特的思想和行为模式。

第四，某些性格特质可能更适合某些职业。不过，对于具体工作岗位，工作任务或职业而言，并不需要指明专门的性格特质要求，这点和对知识或经验的要求不一样。

因此，一个整体的潜力模型必须考虑到高潜力的高度可变的要素（例如学习适当的技能）以及非常稳定的特征，譬如智力。潜力的职业维度太局限于具体的职业或者岗位，不足以作为衡量成功的一般标准；成长维度和基础维度则更容易成为一般通用的标准，例如使用 HPTi 来评估高潜特质。

HPTi 是性格特质的六因素模型，该模型基于人们在工作中的思考和行为方式。HPTi 专门设计来衡量影响工作成功、高绩效和领导能力的性格特质。

我们将在本书中重新审视 HPTi，并将通过个人和团队分析，展示如何使用性格特质和 HPTi，进而向企业提供更多信息，帮助管理者做出更明智的人才决策，并获得竞争优势。在本章中，我们将详细解释这些特征，然后通过具体示例展示，如何在领导团队发展和多人评估等特定环境下使用性格测评，并在随后的章节中定义领导潜力。

HPTi：衡量领导者的六大特质

HPTi 有 6 个特质，每个特质都有助于预测潜质。不过，我们要再次提醒大家，"做什么的潜质"这一问题很重要。我们将详细解释每个特质，并将性格特质映射到希尔兹和丘奇（Silzer and Church, 2009a）的潜力模型上。我们还将讨论与每个性格特质相关的思想和行为。

尽责性

> 我注意到，如果对一个人吹毛求疵，他的缺点自然就会暴露出来。
>
> ——尼古拉斯·比洛

第六章　领导力：领导岗位会放大人们的个性

尽责性是成功的基本特质，对于领导力至关重要，并且对几乎所有岗位、所有工作而言，都是最有价值的核心性格特质之一。很少在职位描述中看到"尽责性"一词，但经常看见诸如"自我激励""自律""有条理"或"守时"之类的措辞，本质上就是在要求尽责性。尽责性的特征在于自我约束，条理性和调节自己冲动的能力（Costa and McCrae, 1992; Teodorescu et al., 2017）。

高尽责性的人热衷于制订日程和计划，并坚持按计划行事。他们希望既有短期目标，又有长期目标。他们通常可以激励自己开启行动，持续努力，并完成设定的目标。职场中，高尽责性的人往往守时，有条理，并总是能按时完成工作。高尽责性是事业成功的重要因素。在所有的性格特质中，尽责性一直与几乎所有工作中的出色绩效和成功相关联（Barrick, 2001; Linden, 2010; MacRae and Furnham, 2017b）。这个特征使有责任心的人从那些不那么认真的同事中脱颖而出。

高尽责性者在整个工作过程中几乎总是尽职尽责，随着人们年龄的增长，尽职尽责的倾向还会略有提高（Costa et al., 2008）。年轻时认真工作的人，很少到了年长后，变得不那么认真。因此，聘用高尽责性的人，意味着此人很可能在培训期间会努力学习，掌握必要的工作技能，工作刻苦勤奋，凡事必尽自己最大的努力。诸如尽责性之类的稳定的特质，对于一个人在工作中的行为和绩效至关重要。这是潜力的基本维度。如果想要聘用绩效稳定的员工，那么尽责性是预测其长期行为的绝佳指标。

尽责性对大多数职业来说都是有用的。然而，重要的是要记住（所有人格特质都是如此），高尽责性并不总是对每份工作或每项任务都必不可少，而且高尽责性并不总是意味着高绩效。平均水平的尽责性足以胜任大多数工作。尽责性对于每个职位上的成功都是有用的，但不是必需的。

低尽责性也有一定的好处，尽管这些好处不一定都与工作有关。一个例子说明了低尽责性的好处："我随和，适应能力强，不太操心将来的事情，因为我还没有开始考虑这么远。我不固执，不挑剔，因此我很快乐！"

在职场上也并非总是需要高尽责性，因为其他方面的领导力或高尽责性的同事有时可以弥补自己尽责性的短板。动机的影响也很重要。低尽责性的人可能会在计划、统筹和自我激励方面感到吃力，但是一旦受到激励，他们就会变得非常努力。如果独立负责长期计划、制定目标以及严格的日程安排，低尽责性的人可能会很痛苦。然而，在他们擅长且有激情的工作中，他们会表现出色。激励和动力可能来自报酬、个人兴趣、激情或截止日期，但动机必须被激发。低尽责性的人通常在开启工作和结束工作方面都感到吃力。然而，一旦投入他们感兴趣的工作，他们完全可以废寝忘食。威勒等人（Wille et al., 2012）在对本科毕业生进行的为期15年的纵向研究发现，高尽责性与高就业能力和较少的工作及家庭冲突显著相关。

调整性

我那时的生活变得阴沉且混乱。我就像个野人一样孤独，不和任何人交朋友，尽量不和任何人交谈，把自己封闭起来。在办公室，我从来不正眼看任何人。并且我非常清楚地知道，同事们不仅觉得我古怪，甚至我一直想象，

第六章 领导力：领导岗位会放大人们的个性

> 他们都很讨厌我……当然，我也讨厌所有的同事，而且鄙视他们。不过与此同时，我内心却很害怕他们。实际上，有时候我觉得自己不如他们。就这样，我时而鄙视他们，时而因为不如他们而自卑。
>
> ——陀思妥耶夫斯基《死屋手记》

调整性本质上可以被认为是一个人对压力的反应。（Costa and McCrae, 1992；Wille et al., 2012）。每个人都有所能承受的压力的极限，以及使他们感到压力的不同事物。有些人担心截止日期，有些人担心公开演讲，有些人不喜欢冲突，而另一些人担心自己的工资。其中的核心组成部分是人们可以忍受的压力水平。可以将调整性视为可以抑制一定程度压力的大坝，当大坝破裂时，人就会彻底失去方寸。有些人的"大坝"很高，能承受常人难以承受的紧张和压力，而另一些人哪怕是帽子落地，都会失去冷静。

极低的调整性本质上是对压力的过度敏感。这类人往往会反复出现消极的，有时甚至是非理性的想法或情绪。调整性越低，想法就会越消极、越不理性。调整性低的人即使只遇到很小的挑战，也会感到很大的压力。调整性低下的人会担心他们刚刚才说过的话，刚刚才做的事情，并且可能会不理性地纠结于不重要的事情。他们可能会担心同事如何看待他们，如何说起他们，或者为什么没有说到他们。他们可能会全神贯注于很小的错误，甚至在没有错的情况下坚持认为某事是错的。调整性低的人会将沉默理解为不赞成，将赞誉理解为挖苦，将小错误视作尴尬。**低调整性会加剧几乎所有消极的想法，并会阻碍积极的情绪。调整性在职场很重要，因为它几**

乎与工作绩效的所有衡量指标有关。在整合分析（元分析）中，巴里克等人（Barrick et al., 2001）发现，在许多职业中，高调整性与绩效的提高和团队合作的改善相关。

相反，高调整性的人不会沉沦于负面情绪。他们不会浪费时间去沉思无意义的事情，也不会为自我怀疑所困扰。这适用于所有类型的工作，对于要求苛刻的职位或领导职位来说，这一点尤其重要。要求更高的职位会带来更多的压力，这对于调整性低的人来说要困难得多。调整性实质上可以看作一种承受力，它能保证一个人应对压力而不被困扰。调整性低下的人会随着压力的增加而变得更加紧张和频繁地产生负面情绪。

调整性也是潜质的基本要素。压力是面对困难或危险时，伴有适应性生理反应的自然反应。然而，当这种反应过度敏感时（MacRae and Furnham, 2017a），就可能会使原本正常的心理功能成为工作绩效的主要障碍。很多人经常会遇到一个问题，在压力下，究竟该选择面对（战斗）还是避免（逃避）。在职场上，低调整性的人可能会好争论或回避。如果他们有清晰的自我认知，那么这种情绪反应可以帮助其找到压力源，并触发反应。理想状况下，这会使其找到一种应对压力的解决方案。然而，最坏的情况下，这反而会带来难以自拔的忧虑，从而影响工作绩效。

对于要求严苛的职业，譬如领导者职业，对压力的反应是一个有趣且至关重要的考虑因素。更高的职位会带来更大的压力，更多的问题和工作要求。另外，在这个时代，人们可能面对一些特别且巨大的挑战。当人们似乎能勉强应付当前岗位的压力时，并不意味着他们也能应对其他岗位，后者所带来的压力可能更高。

好奇心

> 年轻时不种下知识的"树",老来就不会有给我们遮凉的"荫"。
>
> ——《切斯特菲尔德》

好奇心是对新点子、新经验和新环境的开放态度。好奇心强的人更容易接受想法、思想和情绪。好奇心意味着愿意寻找新思想,尝试新事物,应用新技术新方法。好奇心与创造力以及智力等特性相关(Hogan, 2012)。

作为 HPTi 特质中的一项,工作中的好奇心专指对工作中的新思想、新方法、新手段的开放性。好奇心还代表了工作中的适应能力和灵活性,可以执行多项任务,探索新想法并不断学习。它还包括经验总结,创造力和创新的内容(Silvia et al., 2009)。在 HPTi 中,好奇心着眼于工作中表现出来的开放性。

贾奇等人(Judge et al., 1999)对由 530 人参与的"美国三项的纵向研究"进行了分析,发现开放性与工作满意度、职业发展状况和显性的职业成就中等相关。林登等人(Linden et al., 2010)证实,开放性与高绩效和学习成果相关。巴里克等人(Barrick et al., 2001)对性格和工作绩效的整合分析发现,开放性与培训水平中度相关,但与绩效的相关性不及尽责性和调整性。开放性更偏重潜力的增长维度,而不是基础维度。

好奇心强的人更有可能寻找新信息,并对培训或发展机会感兴趣。不过,仅凭好奇心不足以在培训和发展中获得成功。它可以帮助人们找到新机会并乐于接受新机会，但是要取得成功还需要更多。

模糊接受度

> 毫无疑问，无所作为有很大的优势，但是一个人不应该滥用它。
>
> ——安托万·德·里瓦罗尔

模糊性是大多数工作的常态。大型团体、复杂的组织结构、不良的计划和沟通不畅只是造成模糊性的几个因素。尽管有些人无法忍受模糊性，"我讨厌别人给我模棱两可的信息"；而另外一些人则在同样的情形下如鱼得水。

商业世界充满不确定性，确定清晰的情形反而罕见。没有足够的事实和细节，甚至有时候连法律程序和科学原理也不总是很清晰。我们大多数人都希望生活在一个稳定、有序、可知和公正的世界中。有些人对于模糊性和不确定性感到不安。他们费尽心思简化、整理、控制和改造内外部世界，以使之更加安全。通过使内在需求和感觉服从于教条化和简单化的外部行为守则（规则、法律、道德、义务等），从而将秩序强加于人，以此来减少冲突，并避免其他方式下因选择自由所带来的焦虑。因此，在不清晰和模棱两可的情况下，能够舒适和自信地进行决策，这其实是一个很大的优势。

模糊接受度（在心理学文献中通常被称为"模糊容忍"，Tolerance of Ambiguity，简称AT）描述了个人或群体如何处理和感知陌生情形、复杂性和不一致性（Furnham and Ribchester，1995）。作

第六章　领导力：领导岗位会放大人们的个性

为一个特质，高模糊接受度意味着享受模棱两可的状况，并在其中游刃有余。

接受模糊性的人在新的或不确定的条件下表现良好，在职责或目标不清楚时能够适应，并能在未知环境中学习成长（Furnham，1994）。通过研究大量的定性材料，麦考尔（McCall，1998）提出，适应模糊性是高素质人才的本质特征。赫尔曼等人（Herman et al.，2010）发现模糊性容忍涉及四个方面：**重视多样性，挑战性观点，陌生感和变化。**

当然，对不确定性过度接受和容忍，存在不可避免的弊端。这种宽容可能意味着，即使在确有可能的情况下，也不会付出努力来澄清事实状况。此外，他们可能不愿制定或实施规则、法律和程序，以使局势稳定。他们可能过分依赖非正式网络来获取信息，也过分依赖直觉思维。这样做本质上是对不确定性、灵活性和变更的过度容忍，以至于刻意地放弃了清晰。在规范的环境中，这可能会带来严重危害。

与其他所有性格特质一样，不同水平的模糊接受度可能适合不同的工作角色。有的岗位角色需要面对大量杂乱信息以及大量不清晰路径，高模糊接受度在这种情况下就非常有用。在某些工作中，较低的模糊接受度会更有帮助。模糊接受度较低的人喜欢清晰的描述、岗位说明书、具有特定成功标准和明确结果要求的任务。优秀的领导者都能理解高尽责性、低模糊接受度的员工的价值。他们需要明确了解流程和要达成的结果，然后始终如一地以恰当的方法完成工作。

在那些定义明确的工作岗位上，模糊接受度低的员工能够大展拳脚。然而，当觉得上司、客户或同事传递的信息不够明确时，他们就会倍感挣扎。高级别领导者可能会受益于高模糊接受度，因为领导者职位总是涉及相同事件的不同解释，内部和外部条件的不可预期以及错综复杂的信息。不过，即使同是领导者职位，也没那么简单。领导者职位囊括了从战略领导者（通常是CEO）到其他很多不同的领导者。高模糊接受度对有的领导者而言难能可贵，而对负责运营的领导者而言，低模糊接受度则可以发挥其作用。

冒险精神

> 挺身而言需要勇气；躬身聆听也需要勇气。
>
> ——温斯顿·丘吉尔
>
> 不要再浪费时间谈论什么才是伟大的灵魂。做自己！
>
> ——马可·奥勒留

面临恐惧、担忧或悲伤之类的负面情绪时，人们考虑和选择方案的能力，这就是冒险精神。冒险精神强的人，能够克服基本的本能反应，并做出最佳选择，哪怕是最具挑战性或最困难的选择。汉娜（Hannah et al., 2007）等人指出，勇敢（高冒险精神）的人用积极的情绪来减轻正面人际冲突所带来的恐惧。因此，不依靠本能，而是克服消极情绪并做出理性的反应，这种能力就是本书所要讨论的冒险精神，也可以描述为勇气。

勇气有多种类型，比如对抗腐败、欺诈和犯罪行为的道德勇气。常常需要相当大的勇气，人们才会举报职场中的不可接受、不道德或违法的行为，在各种情况下，敢于面对他人——这些人可能会给人带来心理上的伤害，例如霸凌、主动攻击绩效不合格的员工，这可以归结为人际关系方面的勇气。另外，有些工作需要身体力行的勇气。诚实的、公正的、敢于仗义执言的领导，总是能够得到大家的尊敬。

弗雷德里克森（Fredrickson，2001）开拓了积极心理学理论，提出消极情绪带来的冲动会制约人的绩效。恐惧可能会产生强大的动力，促使人逃避，因而限制了人们更全面地考虑各种可行措施。因此，勇气可以有多种多样的表现，包括有计划的冒险、人际对峙、解决问题或坚持道德标准。与同事讨论绩效问题可能很困难，但如果有足够的冒险精神，就可以冷静而理性地进行讨论（而不是回避或过于强势）。

勇气并不总是意味着采取行动。当对抗会适得其反时，勇气意味着沉默。无论行动还是沉默，所有这些勇敢的行为都有相同的认知模式，就是可以扩大相应措施的选择范围（Norton and Weiss, 2009）。他们发现，自陈式报告测得的勇气水平可以预测，真实面对恐惧时，人们是否会勇敢地做出反应。过度恐惧限制了我们可以采取的应对措施，通常会导致退避三舍或视而不见。有勇气的人则愿意面对困局，并在逆境中解决问题。当其他人不同意时，那些有勇气的人更有可能坚持自己的价值观。尽管遭到反对，他们仍然会坚持下去。需要注意的是，这并不是因为他们固执。有勇气的人有能力考虑每一个选择，而不是立即做出反应。他们的选择肯定符合其价值观，与公司目标一致，或适合当下情形。

勇气与情境因素相互作用，因此显然可归入潜力中的成长维度。如果所处的工作环境允许有勇气的人去挑战，那么他们就有可能获得成功和进步。同理，如果没有机会面对挑战或困难，勇敢的人就无法发挥其性格特质所蕴藏的潜力。

另一方面，"低勇气"在这个意义上不是怯懦，而是本能的反应或过度谨慎。勇气需要与其他特质相互作用，比如尽责性。那些勇气十足、尽责性却很低的人可能会选择自认为的最好选择，而不考虑是否有明确的目标或长期的计划。因此，这种人可能很鲁莽，喜欢寻求刺激；如果很严重的话，则表现为敌意或欺凌。

竞争性

> 尽我所能，去取得胜利！
>
> ——詹姆斯·劳伦斯（美国海军上校）

竞争性被放到最后，因为它最容易引起误解。竞争性时作为特质被我们讨论，意味着适应性竞争力，争取个人（或团体）认可、改进和提升绩效的驱动力。从建设性的意义上讲，竞争性与主导或强势无关。由于高竞争性与对压力的高反应性共同作用，这些极端的情形和不当行为才会出现。

良好的竞争性是实现目标、充分发挥个人优势的动力，并且可以帮助人们切实了解自己。过度的竞争性则意味着不惜一切代价取胜，所谓"不以成败论英雄"。

竞争性是具备领域特性的。因此，有的人在运动场上非常有竞争性，但在家庭、教室或工作上，则完全判若两人。几乎所有人都具有一定的竞争性，但有些是基于团队的，有些是基于个人的。

竞争性可以激发人的潜力，可以促使人们付出更多的努力，通过额外的努力以达成目标。高竞争性的个人更加雄心勃勃，以成就为导向并喜欢成为中心与焦点。然而，像其他所有事情一样，过犹不及。竞争性过度的人可能掩盖了各种不足之处。过度竞争性有其不利之处，常常会带来不良的人际关系，甚至诸如"路怒症"和事故。**不过，竞争性过低的人常常无法决策，无论是独立的决策还是对团队的决策提出异议。**

竞争性作为一种性格特质，强调对个人和团队成功的强烈渴望。虽然竞争性能促使一个人成为最优秀的领导者，但需要认识到，最优秀的领导者不一定是最激进、最霸气的。另外，竞争性不仅仅是个人的抱负，它也可以被引导到对团队或组织成功的关注上（Wang and Netemeyer, 2002），例如，成为公认的最佳团队领导之一，最高的生产力，最高的销售额，或最有爱心的慈善家。

某些性格特质产生负面效果的可能性很低，例如尽责性或开放性。然而，竞争性略微偏高就会带来某些适应不良的行为。很多竞争性偏高的人，懂得寻找渠道，释放和满足自己的竞争性，比如通过个人体育运动、电子游戏，甚至宠物竞赛活动。确实，高竞争性的人会找到全新方法在任何事物上展开竞争。**不过，只要竞争性得到适当控制和引导，高潜人才就能专注于工作，进而更具建设性地发挥他们的竞争性。**请参见图 6.1，了解这些特质与潜力的不同维度之间的关系。

能力孵化

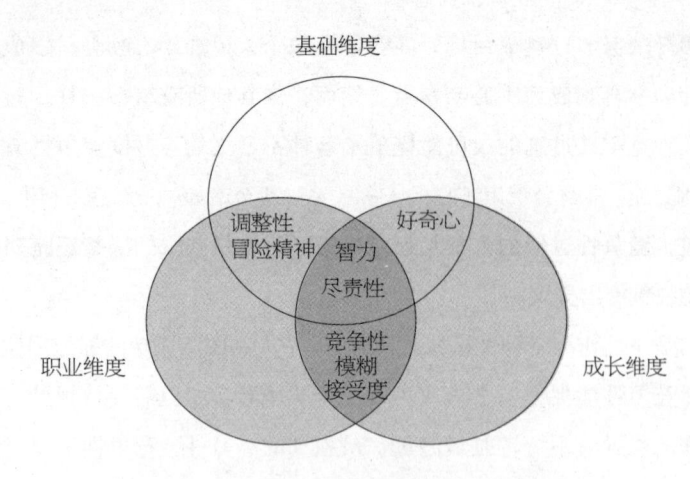

```
                    基础维度

            调整性        好奇心
            冒险精神   智力
                     尽责性
    职业维度                      成长维度
                  竞争性
                  模糊
                  接受度
```

图 6.1　潜力的不同维度与高潜人才性格特质

不过，正如彼得·琼斯（Peter Jones，2007）说的那样，网球和企业经营之间存在很关键的区别。企业经营不是要不惜一切代价取胜。在经营中，您需要找到双赢之道，而不是胜者为王。我希望我的业务伙伴开开心心地走出我的房间，而我自己也是同样的心情。

案例研究：劳埃德与萨里城市储蓄信用联盟

1986 年，在萨里城市储蓄信用联盟（Surrey Metro Savings Credit Union）濒临破产之际，劳埃德·克雷格被董事会带入该公司。这是一家小型的地方信用社，进行了一系列糟糕的投资，需要聘请一位具有知识和经验的领导者来扭转局面。在劳埃德的领导下，萨里城市储蓄的资产在 16 年内从 5 亿美元增长到 27 亿美元。该公司不仅在财务上得到了发展，而且在劳埃德的领导下，该公司成了加拿大最佳团队领导之一,位列加拿大第四,并且是加拿大最佳的金融机构。

在加入萨里城市储蓄之前,劳埃德就有在商业银行领域工作的经验。他担任过多个跨国职务,并且在加利福尼亚管理一个分支机构时,曾感觉自己深陷谷底。谈及这个非常有挑战性的角色时,他回忆了那种陷入深渊的感觉:"你必须这样做。你被派来这里任职,一切就都要靠你了!"不过,劳埃德最终出色地完成了这个挑战。他说,这段早期的经历显然很艰难,但同时也深刻地塑造了自己的职业发展。他把这个岗位当作关键的学习机会,学会做生意,学会管理人,学会依靠自己的能力和价值观,在困境中茁壮成长。他的成功为自己赢得了一系列的晋升,并从管理资产到管理人——转变为领导者。

劳埃德的HPTi特质(MacRae, 2014, 2016)显示了一些关键特点,这些特点在其一生中几乎没有变化。他非常尽责,面对挑战时,能精心计划,并积极采取措施应。他还勇于冒险,并且从公司和个人的角度来看,他的这些冒险是有计划的、有效的,也是成功的。

2002年,劳埃德促成了萨里城市储蓄银行和海岸资本储蓄银行(Surrey Metro Savings and Coast Capital Savings)的合并,进而使公司资产翻了一番以上。在他的领导下,海岸资本的资产从2002年的60亿美元增长到2009年的129亿美元。除了商业领域,劳埃德在慈善事业方面也是佼佼者。2008年,他被加拿大心理健康联盟评为"私营经济领域加拿大心理健康领军人物"。即使在他的"退休生活"中,他也继续积极从事慈善工作。他具有高潜人才的各种理想性格特质,同时,他的价值观也非常适合领导岗位。

非常关键的是,高潜力的人既应该有适合的性格,也要有很强的原则性和价值观。获得事业成功和成为优秀的领导者,必须通过建设性的成长,而不是依靠破坏性的手段。

异常:应该追求最优化,而非最大化

异常在某种程度上是一个统计概念。你可能异常外向或异常聪明。在任何标准上,异常高或异常低总意味着一定影响和后果。这个问题现在称为"频谱假设"。这意味着极端正常其实才是异常。根据定义,极端的人很少见,因此并不典型。几乎所有人类的特征,无论是创造力还是尽责性,通常都服从正态分布。分数范围可以用图6.2来表示。有极少的一些高尽责性的人是完美主义者,也有非常少的人极度卑鄙。大多数人都比较尽责,稍微有些没条理,但都处于中等水平:平均分。

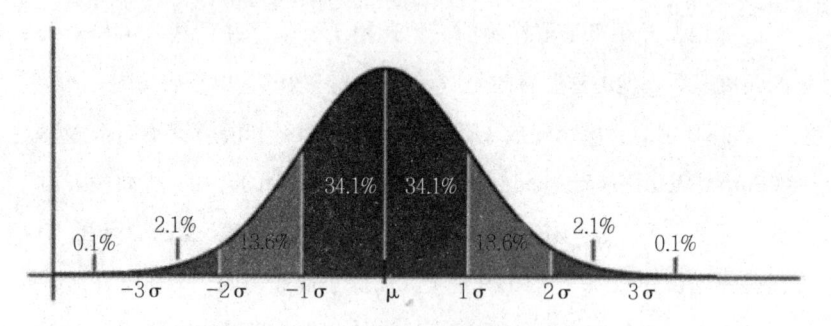

图6.2 标准差,平均值和例外值

甚至有些公认为有益和健康的东西也会过犹不及。自尊心如果过高就会变成自恋;天马行空的创造性思维会造成分裂。善于交际,乐观的外向性很容易演变为冲动性享乐主义。很多人认为,"美德"

第六章　领导力：领导岗位会放大人们的个性

与成功之间存在线性关系，这些优良品质多多益善。然而，很明显，领导者可能太过警惕，太过强硬，太过努力。这些错误均是由于人们所假设的线性关系，而没有考虑到边界。切记，过犹不及。

几乎人类的每个特征都是正态分布的。大多数人（68%）在平均值的一个标准差之内，几乎所有人（97%）都在两个标准差之内。很少的极端的人在超过平均值的两个标准差之外。从定义上讲，极端就是罕见的，仅存在于钟形图的两端。无论处于哪一个极端，通常都是有利也有弊。

总的来说，我们似乎应该追求的是最优化，而不是最大化，这样才不至于过分依赖长处，而使得长处最终成了弱点。因此，最好是"不要太多，也不要太少"。表 6.1 显示了 HPTi 特质，以及每个特质的高分和低分的优势和不足。

表 6.1　HPTi 高分和低分特征描述

HPTi 特质	维度定义			
	低		高	
	可被感知的积极面	可被感知的消极面	可被感知的积极面	可被感知的消极面
尽责性	随和 宽容 灵活 随性 轻松 体贴	粗心 缺乏紧迫感 浮躁 松懈 懒散 自由散漫	遵守原则 自我苛刻 讲求系统性 有决心 有逻辑 坚持不懈	偏执 过度追求完美 死板苛刻 不灵活 瞻前顾后 挑剔刻薄
调整性	敏感的 反应迅速 感知力强 充满热情的 感性的 富于表现力	容易激动 感情用事 神经质 容易羞愧 喜怒无常 冲动行事	克制 性情平和 镇定 自信稳重 沉着 情绪稳定	情感冷漠 反应迟缓 对人疏离 过于严肃 不热情 不活跃

续表

HPTi 特质	维度定义			
	低		高	
	可被感知的积极面	可被感知的消极面	可被感知的积极面	可被感知的消极面
好奇心	专注的 遵循先例的 可靠的 实际的 可信赖的 不冒进的	思想保守 墨守成规 缺乏兴趣 容易疑虑 不敢冒险 固执的	有创新精神 有创意的 思想开放 敏锐的 兴趣广泛 好问的	捉摸不定 前后矛盾 不按常理的 容易分心 不专注 做事唐突
冒险精神	谨慎的 小心的 有风险意识 愿意支持他人 乐于助人 能和睦相处	退缩的 回避风险的 犹豫不决 被动保守的 消极的 容易担心忧虑	胆大的 有战略的 有前瞻性的 直率的 勇敢的 有信心的	挑衅的 强势的 鲁莽的 直截了当的 自我为中心的 傲慢自大的
模糊接受度	思考缜密的 注重有序性 确保一致性 有条理的 简单明确的 精确的	循规蹈矩的 执拗的 拘泥细节的 不灵活的 狭隘的 处理问题简单化	宽容的 灵活变通的 善于洞察 随机应变的 适应性强 考虑他人感受	不明确的 善变的 不合逻辑的 过于抽象的 含糊不清的 让人感到迷惑
竞争性	合作的 愿意配合别人 顾及别人感受 谦虚的 不强求的 对人随和的	缺乏热情 胆小 过于宽容 过于顺从 过于沉默 难以被激励	目标导向 雄心勃勃 进取心强 有驱动力 坚定果断 愿望强烈	冷酷无情的 好斗的 对抗性的 倔强的 严厉的 敌对的

Copyright © 2016 Thomas International Ltd　　　　61-HPTi_Factors_0516_V2

第七章

趋势：性格测评的新方式

> 哦，这是将创意发挥到极致的灵感。
>
> ——莎士比亚
>
> 我喜欢愚蠢的实验。我一直在做。
>
> ——查尔斯·达尔文

数百年来，人们一直在尝试测试性格，但这些尝试并不总是成功的。在18世纪和19世纪（Nezami and Butcher, 2000），伪科学颅相学风行一时，它试图通过观察一个人的头骨上的凸起和起伏来测量性格。事实证明这是站不住脚的，直到今天，人们仍然对测量性格的技术和方法持怀疑态度。

20世纪初，更为有效和科学的性格测评出现了。尽管性格测评的普及程度几十年来起起伏伏，但总体趋势来看，特别是在工作场景中，性格测评更加广为人知了，应用也更加广泛了。在职场中，进行性格测评不再只是一门科学，它也是一个价值数十亿美元的市场。

现在，科学有效的性格测评在工作中已司空见惯，服务于很多具体的目标。例如选择、发展、保留、确定领导潜能，以及一系列其他用途。

如今，更多的新方法、新技术和新平台被应用到性格测评中。其中一些已被使用和研究了较长的时间，例如使用社交媒体来预测性格特质。诸如"游戏化"（以"游戏形式"进行心理测量）等其他方式，则尚处于开发的早期阶段。

互联网：万变不离其宗

许多人相信，互联网的普及可以为许多人提供更快捷、更方便、更便宜的测评。这样可以节省面试评估所用的时间和旅行费用，甚至使得当天给出聘用书成为可能。因此，企业现在开始在其网站上进行招聘。电子申请表可用于收集数据并进行简单的初步筛选。那些不符合基本条件的人会很快被拒。使用软件，将候选人对各个问题的回答与"理想"人选的画像进行对比，就可以判断人岗匹配程度。不过，并不是每个人都可以访问互联网。在互联网接入程度上，地理位置、年龄、受教育程度、民族、收入和性别差异都会有一定的影响，因此这会引发关于公平性和合法性的思考。

无论是电子化的方法还是面对面的线下方法，都具有各自的复杂性和局限性。参与者同样有可能作假（社会赞许性），例如印象管理、信息遗漏和夸大等行为。查普曼和韦伯斯特（Chapman and Webster 2003）指出，基于网络的新测评技术正在改变评估和选聘的流程。这种改变也许可以提高效率，启用新的筛选工具，降低成本，规范人力资源流程，扩大人才库，提升组织形象并提高申请人的便利性。

不过，选择互联网方式也会产生意想不到且无法控制的影响。互联网的使用确实吸引了大量申请者，但也可能会增加筛选难度。太多不适合的申请者很容易让人力资源部门被过量信息淹没。对评估者和申请者而言，也因此缺失了人际互动所带来的价值感和尊重感。另外，在线测试还可能引发对作弊行为的担忧。由于存在这些不利因素，一些组织完全拒绝使用在线招聘的方式。

然而，可以设计出更好的在线评估系统吗？某些群体是不是被排除在外？结果与纸笔测试是否有所不同？

是的。答案和问题本身一样复杂。不过，要始终记住最重要的一点：稳定的基本特征不会改变。互联网和信息技术可以影响价值、文化和社会互动，但人的基本特征将保持不变。即使在一个看似多变的世界中——文化和媒介不停变化，心理特质这样的关键要素现在不会变，将来也不会变。

社交媒体：利用网络信息应注意的五个关键点

在过去的十年中，社交网站（SNW）的使用蓬勃发展。Facebook 成立于 2004 年，最初只是一种小型的、供大学生在线互动的数字化社区。截至 2017 年春季，Facebook 声称有超过 20 亿活跃用户。Facebook 是最大的社交网站，拥有最广泛的用户数量（以及很多内嵌的社交网络服务）。

运用社交网站评估潜力的优势在于，社交网络有大量人际互动的信息：发布有关自己和其他人的照片和其他信息。社交网络存在的底层逻辑是互动，因此记录了大量的人际关系、沟通交流和有关行为的数据（Skowron et al., 2016）。许多用户公开发布他们的信息，因此很容易被找到。此外，社交网络具有标准化的格式，其中有很多帖子涉及个人信息，实时事件，还有想法和行为。另外，照片也会分类存储到特别的位置，根据标记照片中出现的人，就可以轻松整理照片。

围绕人们的行为和互动，结合他们发布的大量信息，就可以分析其中所体现的特征。对于评估性格等特征而言，这无疑是一种不错的方法（Chorley et al., 2015; Shen et al., 2015）。例如，研究发现，性格外向的人在 Facebook 上有更多的"朋友"（Karl et al., 2010）。阿米凯-汉博格和维尼茨基（Amichai-Hamburger and Vinitzky, 2010）的其他研究发现，低尽责性的人更有可能公开发布一些有争议的行为。

克鲁彭等人（Kluemper et al., 2012）发现，评估者可以通过分析人们的 Facebook 个人资料准确地判断一个人的性格特质。他们发现，相比起对性格进行自我评估，独立的第三者评估更加准确可靠。他们还发现，考虑智力因素，根据其 Facebook 个人资料对性格进行的独立评估，并据此预测绩效，这样做的准确性为：开放性 8%，尽责性 6%，情绪稳定性 4%。

其他在线平台也尝试采用标准计算，而非人工判断来量化人的行为表现。例如，通过结合个人或公司的所有社交网络活动，网站 Klout 会给每个人一个分数（总分 100），以此来评价其在社交媒体中的影响力及其在商业、时尚、政治和电视媒体等关键领域的影响力。

第七章 趋势：性格测评的新方式

不过，给个人影响力打分会带来问题，尤其是当计分公式秘而不宣的时候。这意味着，尽管我们大致了解评分方法，但无法确切知道为什么评分过程中要考量某些具体的行动、行为和人脉关系。随着社交网络用户的数量和共享信息量的增长，我们将看到更多的公司对公开信息进行量化、打包和分析，并根据收集到的信息做出判断。当然这些指标是很有趣，但应该谨慎地分析和解释。

尽管专家评估对于做出聘用决定很有用，但人们在使用诸如 Klout 之类的评分时，应始终保持谨慎，如同谨慎聘用猎头公司或测评中心一样，务必在使用之前充分了解其功能和作用。当然有些工作的确需要较强的社交媒体的影响力，但由于隐私保护的原因，一些数据和实际证据不能公开，因此无法计算和检验社交媒体分析的效度和实用性。"隐私问题"是数字媒体和在线交流中经常出现的热门话题。尽管有些人并不担心自己所发布的公开信息，但另一些人则认为，自己发布在网上的信息应该是隐私的，并且（有点矛盾地）不希望公司或组织使用这些信息。尽管尚未对这个话题进行广泛的研究，但早期研究表明，随着 Facebook 的发展，隐私问题已成为个人和媒体关注的焦点。人们将个人信息放在网上时已经越来越谨慎了。例如，2005 年，格罗斯和阿奎斯蒂对 4000 名学生进行了一项大型研究，结果发现，超过 50% 的学生会公开他们的家庭住址，而超过 40% 的学生公布了他们的电话号码。2009 年的一项研究表明，只有 10% 的人公开了家庭住址（Fogel and Nehmad, 2009）。2012 年时，另外一项研究表明，大约 1/3 的学生最近修改了他们的隐私设置（Dey et al., 2012）。

尽管有些人越来越关注隐私，但仍有人完全不介意，他们继续公开个人资料以及详细的个人信息,并定期更新照片和个人动态。费尔达等人(Fer Werda and colleagues, 2015)发现,Instagram 个人资料、照片和应用于照片的滤镜可用于预测性格特质。这些方法对于招聘人员确实有用,不过需要考虑一些关键点:

· 个人特征、价值观和性格特质千差万别,也许公开个人资料的人与不公开个人资料的人之间本就存在很大差异。

· 尽管有些人可能在无意间公开了个人信息,或者本身对此并不介意,但有些人可能会刻意用社交网络来维护积极正面的自我形象。自恋的人特别乐于表现出积极的形象和自我吹嘘。要吸引潜在的团队领导,人们很容易就能建立起一个能打动别人的形象。

· 不同的社交网站具有非常不同的目的,这导致不同的行为。人们使用 Facebook 的主要原因是与朋友保持联系(Wilson et al., 2012),而其他社交网络则是为了约会,发布互利的信息,向潜在团队领导或同事进行自我介绍(例如 LinkedIn)。就像在现实世界中一样,社会环境和场合也会影响行为。

· 尽管有些人可能没有刻意保密自己在网上的信息,但他们可能还是不喜欢团队领导在网上查找他们的个人信息。

· 团队领导或其他感兴趣的第三方越多地使用 Facebook 收集用户的相关信息,人们就会越紧张,就越会采取措施保护自己的网络隐私。这可能会导致人们限制公众对其信息的访问,提供错误或误导性的信息,以及更正面的自我宣传。由此将造成一个困境:数据越有用,越有价值,用户公开共享数据的可能性就越小。

当然，对于通过社交网络的状态对人进行分析和判断而言，最后一点构成了一种障碍。不过，在衡量任何类型的人类行为方面，这个悖论其实是固有的：人们越是了解有人在观察自己，就越会刻意地改变自己的行为。最近的研究表明，随着社交媒体的普及，越来越多的人将自己的个人资料设置为受限隐私，或完全不发布个人信息。显然，面对隐私资料和经过修饰的个人资料，人们是没办法以此评估性格的。

大数据：特质并不能未卜先知

对于英国在2016年的公投脱欧，以及美国总统大选令人惊讶的（对许多人而言）选举结果，有人说，大数据和数字化性格分析是决定结果的因素之一。大数据是通过收集海量数据，对比分析各种各样的变量，通过创建复杂的模型，以此来进行预测（Chamorro-Premuzic et al., 2016）。

捕风捉影的文章，多数被冠以耸人听闻的标题。然而，这些报道并没有令人信服的证据来证明，大数据和在线性格测评决定了2016年美国大选结果。

然而，这些肤浅的议论既有趣又值得引起注意，而且它们还得到了有限的（但绝不是确定的）证实。有证据表明，根据某人"点赞"或对社交媒体上的某些产品、页面或消息的认可态度，可以帮助其他人理解和预测这个人的许多行为与特点。科辛斯基等人的研究（Kosinski et al., 2013）发现，通过一个人在Facebook上的"点赞"可以预测此人的很多情况，准确率异常高。比如，在将近6万人的样本中，预测一个人是民主党还是共和党选民的准确率达到了85%。

接着，他们发现通过"点赞"同样可以评估一个人的性格特质，准确率为50%~75%（说服力差强人意）。剑桥分析的想法和卖点是，可以基于对人们的性格特质的自动在线分析来框定目标选民。针对特定性格的人，可以发送特定的消息。

在商业领域，当然也可以这么办。例如，剑桥分析的宣传语："对于高度紧张和认真的听众，您需要传递理性且涉及安全感的信息：入室盗窃的威胁和枪支的'保险政策'就非常有说服力……对于保守且亲和性高的受众，例如那些关心传统和习惯以及家庭和社区的人们，谈论价值观就比单纯传递信息更加有效。"（Nix，2016）

这些宣传语听起来令人难以置信，既聪明又狡诈。问题是，这一切真有效吗？这种方法真有可能影响消费者，购物者甚至选民吗？也许有些道理，但涉及科学的确凿证据时，似乎就"雷声大雨点小了"。的确有充分的证据表明，在线数据可用于对个人进行画像分析（Park et al.，2015），但在猜测的背后，没有确凿的证据证明，分析的结果可以用来左右选举的结果。

性格特质虽然有用，可测量，并且与一系列线上线下的行为相关，但并不是对未来和命运的未卜先知。

结 论

新的数字化性格测试无疑是一个有用的、前途光明的工具，近几年来已经取得了长足的发展。这些测试可以用来在工作中发现、

第七章 趋势：性格测评的新方式

管理和发展人才。性格测试是工作场景中最实用、信息最丰富的手段之一。同时，一些新颖的测试性格的方法可以作为自陈式量表的补充。不过，对那些认为性格测评无所不能的言论，那些认为性格测评可以用来进行思想控制的猜测，有必要随时保持质疑。正如，撒切尔夫人曾引用的戈德温·迈尔的名言："从不预言，尤其是关于未来。"

第八章

经验：发展和成长的重要组成部分

> 人的睿智和他们的经验成正比，而不是他们的经历。
> ——詹姆斯·鲍斯韦尔

许多实际经验丰富的人认为，不管在教室里看PPT，还是看线上视频课，其实都不能学到所有你想要的东西。你无法通过观看教学视频来学习骑自行车或游泳，无法仅仅通过阅读健身杂志就成为运动健将。因此问题就成了：我们从经验中得到的是什么？学习管理和领导力的最好的方法是什么？这些可以传授吗？如果可以，怎么做？

从早期的学习开始，经验就是发展和成长的重要组成部分。即使对于儿童和低年级的学生，如果根据他们的能力水平设计体验式学习，那么他们也可以从中受益（Subotnik et al., 2011）。给那些精益求精、不断发展技能的学生提供适当的条件，可以提高他们的表现，并从小就增强自信和动力。工作中的成年人也是如此。

工作和个人经验对理解和潜力开发如此重要，其主要原因有两个。第一，积累的经验（或未能积累经验）随着时间的推移会影响潜力的发展轨迹。第二，经验上的差距总会越来越大，且缺乏经验的人很难弥补和追赶，因此没有经验的人可能会落伍，难以与经验丰富的同行竞争。

有心人可以进入一个良性循环：从经验中获取知识、见识和技能，而这些知识和技能使其更容易获取更多的经验。经验最丰富的员工有机会获得更多的经验。当然，有"锦上添花"，就有"雪上加霜"。人们也可能进入恶性循环：由于缺乏经验，所以得不到机会，得不到机会，就更不可能得到经验，个人发展因此会严重受限。这里的问题是两面的：首先，个人是否有意愿，积极地争取机会以获得经验；第二，可以得到的机会有哪些。

如果在早期就积累下与未来职业相关的经验，或年轻时就体验过成功和成就，那么这种人往往会取得更高、更全面的成就。有些人经常参加社区、学校或工作中的竞赛（无论是音乐、运动、辩论、绘画还是其他才能），并能取得不错的成绩，这些人就在这些领域积累了经验。此外，他们还学到了如何拓展人脉，增强影响力和说服力等软技能，这些技能适用于职业生涯的各个方面。这就是为什么要认真研究业余活动，因为通过这类研究可以洞悉人的活力、动机、热情和经验。

另外，团队领导非常看重经验，格外青睐那些有动力和勇气、主动积累各种经验的人才。像这样的工作要求并不罕见："需要3/5/10年的类似岗位经验。"许多年轻人或应届生常常被困于一个悖论中：没有经验就无法找到工作，但是没有工作又哪来的经验？

与许多基本特征（如性格和智力）不同，团队领导和员工需要共同努力，才能创造机会，积累经验。人们可能无法大幅改变自己的性格，但可以把握学习和积累经验的机会，这些机会非常有用，甚至能改变命运。这对于开发高潜人才至关重要。

1万小时理论：努力加能力，才能造就人才

马尔科姆·格拉德威尔提出了一条广为流传的经验法则：1万个小时的工作（或大约10年）使一个人成为某领域的专家。这个法则告诉我们，无论基础、能力或资质如何，在适当指导下，通过（仅仅）1万小时的积极和结构化的练习，任何人都可以成为专家。显然，该法则的魔力来自练习：练习的次数越多，完成任务就会越快，越熟练。

马尔科姆的经验法则告诉我们，实践不仅可以使人完美，而且可以造就人才。因此，如果你练习了，但仍未赢得奥运金牌，没有出现在卡内基音乐厅，没有创办一家成功的公司……这一切并不能证明你根本没有才华，它或许只意味着，你缺乏足够的练习或练习方式不正确。自己的才华只有自己才能成就。

实践成就精英和专家，带来卓越绩效，这种说法当然有一定的合理性。无论在运动场上，在考场中还是在办公室，这都是必要的，但还不够。优秀的教练，勤奋的工作和科学的练习方法，都有助于成功。然而，有了这些就足以取得真正的成功吗？

其实，在大多数领域，实践和练习的作用都有局限性，且任何人都无法突破这种局限。对每种运动来说，有些运动员（仅从某个角度）往往在生理上存在一定的先天优势。对于运动员之间非常真

第八章 经验：发展和成长的重要组成部分

实而明显的差异，用"练习强度"很难解释。随机选出10个人，对每个人都精心指导，然后让他们进行艰苦的1.5万~2万个小时的训练。最终，某些人可能成了明星，其他人则只能勉强完成项目。即使完成10万个小时的训练，身高150厘米的跳高运动员的成绩也很难超过身高190厘米的对手。这是先天因素的差异造成的。

当然，人才不是天生的或一成不变的。潜力需要塑造。种子很重要，但土壤、肥料和养分也很重要。

另一个值得考虑的是，有些人比其他人学得更快。1万个小时练习绝非易事，但如果有足够的动力，勤奋又尽责，那么完成起来自然就水到渠成。正如本书第三章在讨论"天才"时提到的那样，有些人的出众源自自驱力——非比寻常的自我激励能力和对卓越绩效的渴望。他们发自内心地热衷于反复练习，而其他人则总是勉为其难，"三天打鱼，两天晒网"。有些人宁愿与朋友和家人共度时光，而不愿意独自一人或与教练一起练习。其他人则喜欢练习，但并不渴望达到很高的境界。他们将其更多地视为一种爱好或消遣。这些选择和偏好绝对没有错。不过，要取得很高的成就，内驱力是非常必要的。

此外，还要注意一点，即很少有高绩效人才是完全靠自己取得成功的。大多数高绩效人才都感恩自己的朋友、父母、伴侣、同事或导师。除了父母，老师或教练外，所谓"近朱者赤，近墨者黑"，结交优秀的同伴，成功的动力就会增强。如果没有这些，"1万小时法则"无异于缘木求鱼。

因此，可以说人才并不是天生的。努力加能力，才能造就人才。能力越薄弱，需要投入的努力就越多。两者都有最低底线。经验积

能力孵化

累是建立在一定基础之上的，要提防经验太多而基础不牢。

对于经验而言，真正问题不在于它的重要性，而在于何时、如何提供何种的工作经验？通过经验，我们需要抓住哪些工作中的重点？然而，首先要回答的是，什么样的经验才真的重要？

刻意练习：将高潜力转化为高绩效的关键

并非所有经验都是平等的。经验的积累需要深思熟虑，有目的性，并且专注于提升和发挥潜力。"熟能生巧"绝非一遍又一遍地重复做事，而是有意识、有思考地进行精心设计，进而培养洞察力、增加专业知识，并扩大（而不是缩小）关注点和能力（Colvin，2008）。

重复可以帮助人们掌握特定的技能，这是大多数驾驶员都能体会到的。不断重复所形成的经验，能将技能变成无意识的机械活动，经验丰富的驾驶员可以轻松地换挡、使用方向盘上的按钮和控件、观察交通信号灯和交通情况等。

开车时，大多数人都曾分心过，因为自己要思考其他问题或与他人交谈。同样，人们也迅速转回到专注状态，特别是遇到恶劣的条件，例如糟糕的天气或不熟悉的路况。这是一项相对困难和复杂的任务，此时经验被自动忽略，推到脑后。

显然，每天在相同的道路上驾驶同一辆车，这并不能帮助我们提高技能或开发潜力。我们永远不能指望，据此赢得印第安纳波利斯500大奖赛或摩纳哥大奖赛。它可以使任务变得更加自动和轻松，但这与刻意练习不同。如果任务几乎不会发生变化，那么简单的重复练习就能让你对此更加擅长。以德国的伊沃格罗奇为例，他保持了一分钟内用牙解开最多吊袜带的世界纪录。达到这样的"成就"，显然需要大量的重复练习。当然，这个技能的应用范围非常有限。

刻意练习对于将高潜力转化为高绩效至关重要。开始新工作，学会演奏乐器，学习新语言或学习完成某事的最佳方法，等等，经验都是必不可少的。每个人刚刚进入特定领域时，技能和知识都非常有限（甚至没有）。学习语言是获得知识和经验的过程。任何人都可以通过书本和自我练习学习语言的基础知识，比如背诵单词，记住语法规则。然而，如果不和其他人进行交流练习，就不可能流利地使用一门语言。

语言是双向沟通的过程，因此如何使用语言可能因地区（方言）而异。在什么情形下，与谁交谈，这些将决定人们应该使用怎样的语言。能够流利地运用某种语言就像熟练掌握了某种技能。专业的演讲者可以根据听众的不同，调整自己的发言方式。就像用母语进行对话时，人们往往更能够察觉他人语音、用词和语言的微妙之处，从而改善沟通。这必须通过练习，练习和更多练习来完成。练习越多样化，就越能应对复杂的局面。不同情况拓宽了经验，在这方面的刻意的、努力的练习无疑能带来更大的进步。

对于任何工作，以上的结论都适用。虽然在复杂性和难度上，不同技能或职位各不相同，但（几乎所有）都需要练习。许多人在工作前受过多年的良好教育，初入职场却受困于一些看似微不足道的细节，例如太多的文字工作，爱挑战的同事，各种拖延，死板的流程，等等。在学校，学生基本不会遇到类似的情况，因为教育的核心目的并不是让学生提前适应职场中的日常挑战（有时是例外）。

只有经过刻意练习，拥有全方位经验和不停实践，人们才能掌握一种技能。当达到一定的绩效水平时，个人能力的发展通常会放缓。之所以出现这种情况，要么是员工没找到新方法来持续改进，要么是因为工作没有给他们提供机会。一些经理和领导者可能会认为，只要绩效达到满意水平，就没必要继续强化员工能力了。

在和同事讨论刻意练习时，埃里克森讲到了一个经典案例——19世纪后期的电报员如何通过练习来发展技能。以相同的方式重复完全相同的任务，在绩效达到一定水平后，电报员就无法进一步提高了。半个世纪后的研究表明，这种技能瓶颈并不是无法突破的。培训技术方面的改良可以帮助人们突破原有的瓶颈。

显然，核心问题还是，重复执行相同任务能将个人表现水平提高到一定程度，但只能提高到某个程度，而且只能在相同的任务范畴内。不管电报员在工作中重复多少次，这一切都无法使其成为更好的踢踏舞者。这个比喻看似很愚蠢，但想想人才发展中常见的情况：绩效最高的电报员将获得晋升，并被任命为直属经理。然而，这样做的理由是什么呢？对于电报员而言，管理和激励员工其实与跳踢踏舞差不多，因为这和他原来的任务"风马牛不相及"。

知识和经验是相对的，因此必须要进一步考虑它们如何转化为技能。同龄人中知识最渊博的学生可能成绩最好，但这并不等于在工作中能取得卓越业绩。正式教育是一个特殊的环境，有特定的学习任务，并致力于培养通用能力。最优秀的学生毕业后往往会踌躇满志，觉得自己是领域内的专家。然而，一旦遇到那些看似不必要的复杂因素，难以完成工作时，他们会很恼火。

真正的高潜力需要学习，如在不同环境中通过实践来掌握技能。

最好的经验往往能帮助人们顺利完成工作，无论身在何处，无论遇到什么障碍，都可以不断提高绩效。面对镜子时表现得很出色，一旦到了陌生环境、面对陌生听众时，却哑口无言，这样的演说家肯定难称优秀。

真正的专家往往拥有极为丰富的经验，因此即使面对工作延误，繁杂的文字工作，不懂变通的同事或死板的流程等障碍，他们也能够驾轻就熟。高绩效意味着学习了解系统，适应系统需求，并在需要时掌握新技能。缺乏经验的员工（学习过基本技能，但在现实世界中没有运用过这些技能）往往认为，处理各种障碍并不属于自己需要掌握的技能。然而，经验丰富的职场高手都懂得，如何一边应对眼前的问题，一边避开系统性障碍，因为这是工作的一部分。显然，经验造就专业，因为高手早就预料到了各种情况，并学会了如何应对。

晋升路径：普通人涉及的三种经验

弗海姆（Furnham，2012）认为，往往以三种类型的工作为路径，人们走上了管理层和领导岗位。当然，并非每个人都继续沿着各个路径走到底，毕竟有的人并不喜欢按部就班。如果需要的话，通过教育和培训，技术专家也能成为公司的战略领导者。只能说，对于个人的职业道路以及大型组织中的职业路径而言，这是三条最常规的路径。小企业的领导者和创业者通常会从事这三种工作的一部分或兼顾全部。

技术工作

要获得技术技能，可能需要数年紧张而严苛的教育和培训，再加上长期的学徒训练。新手医生或驾驶员、会计师或精算师、厨师或木匠，他们都必须具备相关技能和经验，才能做好各自的工作。

许多首席执行官都是训练有素的会计师和工程师。有些人从营销工作、研发工作起步；还有一些曾是人力资源人员、技术人员、销售人员或推销员。在不同岗位能获得什么技能，这通常取决于自身能力和抱负。

大多数人的职位与他们的技术知识和技能有关，相关的领导岗位也大概如此。显然，独特技能是必要选项。获得这些技能可能很容易，也可能很难；也许需要多年的培训，也许可以在几周内就能达成。

技术工作主要是根据技能和知识进行评估。因此，在获得"认证""特许""资格"的认证后，年轻讲师、律师或土地测量师等就比较容易找到一份（好的）工作。认证是对复杂技能的公认描述，是对所需能力的快速认可。

长期来看，事业的成功通常会体现为职位上的晋升。首先就是成为高级"X"，例如高级火车售票员、高级家庭医生、高级讲师等。晋升基本上有两种情况。第一种情况，技术人员因为其能力、技能和知识得到认可，因此伴随着晋升，他们会被要求在同一领域内完成更复杂、更困难和要求更高的任务。第二种情况，晋升可能只是对多年工作的一种回报，因此其工作内容基本没有变化。

当然，还有另一种非常不同的晋升。这涉及管理职责，从管理自己过渡到管理他人。这意味着自己独立完成的工作变少，而更多的工作需要通过监督、激励他人来完成。新晋主管经常自己做很多工作，而忘记了他们新的角色是管理他人。本质上，下属需要他们的帮助、指引和教导。愤怒的客户或不满的员工也经常要求"找负责的领导"。

管理工作

负责管理工作的核心当然是管理人员。他们的职责就是通过下属达到最佳绩效，并为下属谋取最大利益。他们需要计划、组织和控制的能力，除此之外，他们还需要激励更多员工投入工作的能力。工作满意度、投入度和敬业度在很大程度上取决于管理者的能力。这些将在第二十二章"保留"中详细讨论。

对于许多人来说，关键问题其实是"放手"。管理工作少了"用手"的部分，更多的是"用心"。管理是关于帮助、激励和支持他人完成任务，是与他人一道并通过他人来实现目标。因此，人际交往能力以及团队合作能力是核心。

从技术工作向管理工作的转型，有优势也有劣势，这取决于工作本身，个人的能力和抱负，以及公司政策。一些组织对培养人才有非常清晰的想法，例如让人才在组织内部不停流动，以此了解组织的运作方式、系统以及人员。在其他组织或环境（例如工会）下，晋升和报酬是依据服务时间的长短，而不是能力或潜力来决定的。如何帮助技术型人才转型成为优秀的领导者是许多组织的重要任务。

战略管理工作

从人员管理岗继续往上晋升,也是对个人努力、能力和潜力的一种认可。第三类工作是战略计划工作,通常认为这是事关全局的工作。在此阶段,某些高级经理或总经理会脱离具体管理工作,开始专注于从宏观角度管理人员和体系。其任务变成了方向性的指导。战略关乎未来,因此战略管理者必须学会"读取未来的信号"。往后会发生什么?对公司有哪些机遇或威胁?任何组织都不能骄傲自满,停滞不前。第三级的战略管理工作关注的是未来。

这主要是向外展望而不是向内审视。战略管理者既要着眼于未来,又要着眼于当前,他们需要在竞争中环顾四周。面对技术、客户期望、人口以及法律的变化,一个成功的组织可能会在一夜之间一败涂地。

战略管理者的工作是规划通往未来的路径。既包括分析,也包括规划。然而,也许最重要的是,这项工作需要领导者去推行他们的计划——行动、远见和价值观。任何人都无法理解和相信的战略,即使再出色,本质上也是一个失败的战略。

战略管理者需要经常通过充满魅力的演讲和清晰的文字来统一思想和激励员工。他们需要激发全体员工的信心。他们必须有诚信,能够鼓舞人心,传递他们的战略并赢得其他人的支持。

然而,什么样的经验才能帮助一个技术人才有效管理人员和系统呢?不同的经验又会如何影响潜力呢?

第八章 经验：发展和成长的重要组成部分

应用：知识和经验如何组成新业务

有用的经验可以大致分为两类。**第一种是主动的、以能力为中心的经验。**这是关于发展一项技能（或相关的一组技能）的经验，例如通过练习一种乐器或一段音乐就可以提高演奏这个乐器和这段音乐的能力。然而，在管弦乐队中排练相同的音乐，就必须与其他音乐家保持默契；在观众面前演奏，则需要保持舞台形象，在演奏的同时创造融洽和谐的关系。有些人可以掌握一项技能，但他们不一定能将其灵活应用到更多的场景。这类经验与职业密切相关，需要通过大量实践才能积累起来，且它们对于某些技能的建立和运用有非常直接的关系，例如人际交往、计算机编程、写作以及音乐能力。能直接运用的经验可以帮助我们深刻地把握和理解各种场合，使特定技能应用得更加广泛、巧妙和优雅。

第二种是间接起作用的经验。在某些不同的场景，我们必须懂得如何正确应用适当的技能组合。这种经验可能与特定的工作或职业无关，但它能拓宽人们视野，进而保证人们能将才智应用于不同的情形。在某个工作场所或团队中，或充分发挥和运用已有技能，或通过毫不相关的体验，学习看似无用、实则在未来会有用的知识，这就是情景体验。连续创业者邓肯·班纳蒂提供了一个示例：

正是源于滑雪事故，我才成立了班纳蒂健身俱乐部。当然，我受伤的腿需要锻炼，但最近的健身房离我有25分钟的车程。于是，在进行康复训练时，我就开始算账，并下决心要建自己的健身俱乐部，为周围的人们服务。现在，我们在英国拥有60多家健身俱乐部。

能力孵化

另外，我还建立了一个连锁日托中心"Just Learning"，因为当时我在达灵顿，需要送孩子们去托儿所，但所有托儿所都需要排号等待，这说明了"供不应求"。于是，我建立了自己的日托中心……当我从一个创业项目转战另一个项目时，我能够重新运用我在人力资源和人才发展方面的基本原则。

这个示例很好地展示了，那些看似无关的知识和经验如何组合成为新的业务构想。创业者可能会从对本地市场的了解，客户需求的第一手经验，个人爱好以及相关服务中找到灵感。这不仅适用于创业者或领导者，也适用于任何工作。更广泛的视角，对更广泛问题的更深入了解，这些都能提高潜力。由于狭隘而封闭的视角故意忽略外部的或不同的信息，因此会严重制约人们的表现。

第九章

错觉：不能简单地靠过去业绩判断未来

> 忙碌不等于勤奋。
>
> ——塞涅卡

对于谈论经验而言，最简单的评估方法往往就是参考过去的表现、取得的资格和成就。绩效通常等同于潜力。麦考尔洞悉经验对于发展成长的重要性，他专注于研究经验对潜力的作用。谈到决定潜力的因素时，他说道："首先要得出的结论是，不管潜力是什么，最终还是取决于绩效。"（McCall, 1998）

确实，潜力最终取决于绩效，但我们需要一种方法来预测，谁可能会取得更好的绩效（更高的潜力），以及谁将从什么样的经验中获得最大收益。"事后诸葛亮"是很难应用于招聘和选拔的。准确区分绩效评估标准和潜力的定义很重要。当然，最终还是应该以绩效结果作为验证潜力的标准。对潜力的识别最终应通过对比高潜力和低潜力人员的绩效来进行评估。如果那些被确定为高潜力的人最终绩效不佳，那就有问题。然而，这不等于说，只能通过过去的绩效来判断未来绩效。

能力孵化

通过最终绩效来评估技能或特征，其结果可能与潜力之间并不匹配，这就是绩效错觉。换句话说，假设某人在某件事上表现出色，就因此判断他会在另一项任务上表现出色，这就是一个巨大的错误。这方面最常见的情况就是，技术或专业技能与领导技能之间的不匹配。无论是护士、会计、技工还是教授，在现任职位上表现最好的人通常被认为最有可能得到晋升，从而管理和领导他人。

案例：护士和护士长的职责差异

以护理为例，该职业很具有挑战性和专业性。在寻找护士长时，备选名单上往往都是那些绩效最佳的护士。拥有优秀而稳定的绩效、奉献精神、亲和力和人际交往能力，这样的人似乎是护士长的最佳人选。然而，尽管职位名称中都带有"护士"一词，但它们根本就不是同类工作。这就像把眼科医生误认为是直肠科医生一样，结果可能令人不快。表 9.1 摘录自护士和护士长职位的实际工作描述。

表 9.1　护士和护士长的职位描述示例

护士	护士长
编写患者护理计划	维持护理政策和程序
观察和记录患者情况	启动、协调和执行政策和程序
检查和管理药物和注射	招聘、培训、带领护理员以及辅助员工
在紧急情况快速响应	维持年度预算、计划支出
保留患者记录	辅导、咨询和规范员工行为
照顾患者	制定和解释护理理念及标准
与患者及其亲属沟通并缓解他们的焦虑	与患者沟通并制定多学科团队策略

第九章　错觉：不能简单地靠过去业绩判断未来

根据护士的职位描述，将绩效最优的护士升职为护士长，就是绩效错觉的绝佳示例。人们容易相信，工作中绩效最高的人，最有能力担任更高级别的职位。然而，实际上，二者职责完全不同。这种假设之所以如此普遍，是因为某些使人胜任一个岗位的基本素质，也能使人在另外的岗位上表现优异。例如，聪明的人适应能力强，学习速度快；尽责性高的人喜欢长期计划，有条理，并且擅长设定目标。这些特征有利于大多数工作的绩效。不过，绩效错觉会将导致高绩效的其他特征（例如尽职尽责）与岗位所需的实际技能和专业知识等混为一谈。

对于护士而言，其主要职责包括与患者建立融洽关系，帮助患者规划护理，检查进度，监控和管理治疗，与患者就健康问题、日常和手续事务进行合作……护士长则负责聘用和评估其他护士，管理预算，监控服务质量，指导员工，管理纪律。尽管职位之间有明确的联系，但这些工作需要完全不同的技能。当然，关于什么才是好护士的知识以及第一手的护理经验是非常优秀的资历，并且对于就任护士长很有用，但这些都不是保障在护士长职务上具有高潜力的核心指标。在高级护士方面的工作经验并不能直接用来预测作为护士长的潜力。

职位 A 和职位 B 的工作内容重叠越多，过去的绩效就越能用来预测其未来绩效。因为，两个职位之间的相似性越大，相互之间可转移的技能就越多。然而，晋升的目的通常是让人选履行全新的职责，从事更复杂、要求完全不同的新工作。

解决方案:深入分析可迁移的经验

与其评估过去的总体绩效,更为有效和恰当的方法是列出当前职责和未来职责,以比较两者的相同部分。

表 9.2 显示,在许多方面,当前的绩效是良好或优异。然而,在新职位中,这些工作内容并不是很重要。因此,根据当前业绩没办法判断其在新职位上的潜力,因为在新旧职位重叠部分,此人的绩效恰恰最低。

表 9.2 目前和潜在的绩效评估示例

责任	目前表现	目前绩效	预期绩效
A	良好	√	
B	满意	√	√
C	优秀	√	
D	未知		√
E	未知		√
F	良好	√	
G	可接受	√	√
H	优秀	√	
I	满意	√	
J	未知		√

在未来职位的某些关键领域已经表现得出色,且有能力从经验中学习其余的部分,那么对此人的晋升可能是个有利因素。在当前职位所需技能方面业绩出众,但对于适应未来职位并没有表现出太多潜力,那么(至少可以说)这很可能就是一次具有挑战性的过渡。在这两种情况下,了解性格和智力等基本特质都是很有用的。在切实了解真实的职位信息后,尤其是从自己信任的管理者和同事那里

第九章　错觉：不能简单地靠过去业绩判断未来

得到这些信息后，许多绩效良好、自我认知清晰的人就会非常清楚，自己是否愿意和适合担任新职位。

晋升到新的和截然不同的工作岗位，也会使获得晋升的员工面临严峻挑战。当过去的大部分技能和经验对新工作没有用时，人们很可能会感到沮丧、困惑和难过。可以迁移到新职位的技能越少，落差和挫败感就越强。

发展和刻意练习一套全新的技能需要应变能力（情绪稳定）和毅力（尽责）。当人们对自己工作的自豪感和满意度来自他们在某些领域的能力时，他们就更不愿意在新技能上努力了。如果不能使用原来的那些技能，他们就会感到失望，甚至对新职责强烈不满。如果在缺乏帮助和支持的情况下，被突然调动到新岗位，那就更令人担忧了。许多出于善意的晋升只会产生适得其反的效果，这就是很重要的一个原因。

选拔团队领导者或管理者时，企业总是倾向于在内部成员中选择。尤其，对于低级别管理职位而言，外部人员通常缺乏业务经验且可能与其他员工并不熟悉，因此他们似乎不是很理想的选择。此外，从企业内部挑选候选人，还可以参考其以前的经验和过往绩效。无论是否有意识，大部分人还是希望选择一个自己认识并愿意与之共事的人。

心流：在挑战和回报间取得最佳平衡

由于存在不同的部门和不同的角色类型，所以绩效错觉总是会发生。一个特定岗位的高绩效者其实并不能够自动或者一定转换为

105

另外一个特定岗位上的高绩效者。如果发展途径及职业规划很差劲，或这一点完全被忽略，那么这种情况就很容易发生。

麦克雷和弗海姆（MacRae and Furnham，2017）列举了一组高潜力的物理学家的故事。尽管他们的工作极其具有挑战性且要求很高，但他们还是表现出了很高的敬业度。之所以能维持这么高的敬业度，完全是因为他们极好地用到了自己高超的特殊技能。虽然工作很有挑战性且要求极高，但这同时也非常令人兴奋和激动人心。这组科学家在工作中表现出了使命感和决心；他们用自己天赋和能量来面对挑战。

特定的工作通常提供了这些机会，因为工作会在挑战和回报之间取得最佳平衡。这种投入精神可以被描绘为心流状态。心理学家契克森米哈赖（Csikszentmihlyi，2008）有本书叫《心流》，在书中，他讲到，在面对挑战时，如果人们能全身心投入，那就会有最佳感觉。在心流期间，尽管工作可能非常有挑战性，但人们因为非常享受工作而忘掉了时间，从而感觉更有能力、更敏感和更自信。这种工作有它本身的回报：本质的激励。心流提升了人们心境，排除了各种干扰，并且让人们充满斗志。那么，什么是心流的先决条件呢？契克森米哈赖认定下面的因素通常能催生心流的体验：

·清晰的目标、期望和可识别的规则。目标应该是可以达到的，且与人的能力和技能相一致。挑战和技能要求都应该维持在高水平上。

·专心致志。强烈聚焦在一个特定的关注点（一个人全然投入工作，就有机会聚焦并且深度钻研）。

·失去对自我意识的感觉，意识和行动完全融合。身心合一。

第九章 错觉：不能简单地靠过去业绩判断未来

・主观时间感变化，一个人对时间的主观体验改变了。工作相比时间更加重要。

・直接和及时反馈（成功和失败在工作中是显而易见的，以至于行为如果需要改变就可以被调整）。

・在能力水平和工作挑战之间是平衡的，不是太容易或者太难，而是处在"最佳平衡区"。

・对环境或工作有掌控感。

・工作的本质是值得的，所以这是轻松自如的行为。

・缺乏对身体需求的感知（延伸一下，就是一个人已经达到了非常饥饿或疲惫程度，但自己却浑然不觉）。

・沉浸于工作，认知的焦点聚焦于工作本身，行动和意识完全融合。

瓦勒朗（Vallerand et al., 2008）等人认为心流是激情（融洽）产生的结果。因此如果想让一个人在工作中产生心流的体验，那就需要有一个清晰的目标、合理的期望，人们有完成该目标的强烈意愿、精力和技能，且对于绩效表现给予有规律的和特定的反馈。

心流是保证员工敬业的重要依托。相反，当一个人从一个他们感觉有心流的岗位晋升到新岗位时，如果感觉不到心流体验，问题便会层出不穷。导致这现象的原因不一而论，要么是员工过于乐观，要么是管理经验不足，要么是人们错误理解了不同类型的潜力（绩效错觉）。

我们并不能够马上发现这些现象。人们也许试图在工作中按着职业梯队一步步晋升，这个过程通常会耗费几年甚至几十年，对这些人来说，该方式看起来是唯一有效的高潜力发展轨迹。一些人在晋升后马上就意识到了问题，而很多人需要很长时间才能意识到，他们在技术和专业岗位上才是最愉快和更加敬业的。比起做管理者，很多人更情愿做自己喜欢和热爱的技术工作（MacRae and Furnham，2017）。

与在合适的岗位所表现出敬业精神相比，绩效错觉会导致人们很快丧失热情。对于一些人来说，心流状态体现在领导岗位，与此同时，很多人的心流可能更体现在技术、销售或教学的岗位上。就此而言，任务拓展、工作观摩或其他的发展经验就非常有价值了。通常，受益于工作实践，我们可以洞察工作岗位的实际工作状况。在下一章，我们将详细地讨论以下内容：如何避免出现这些问题，得到相关经验，最重要的是如何能够从失败中吸取经验教训。

第十章

学习：有设计的举措才能快速积累经验

成功的秘诀在于坚守初心。

——本杰明·迪斯雷利

教训：从失败中能得到更多宝贵经验

对于任何技术，最有趣的莫过于弄明白错误是如何发生的，以及在哪里发生的？（Perry，2013）

你从失败中学到更多，还是从成功中学到更多？你从他人的错误、惨败、灾难、"战争故事"中学到更多，还是从他人的成功故事、巨大的成就中学到更多？研究表明，人们从失败中能学到更多的宝贵经验。事实上，套用 HR 的行话来说就是"差错管理训练"（error management training）——从自身或他人错误中学习效果更好。尽管有人争辩说，"无差错学习"（errorless learning）有助于技能练习得更加快速，且轻松快乐。然而，事实上，"错误暴露训练"（error exposure training）可以教会人们更有效地应对意外情况。这种训练方法让人记忆犹新。这一观点也得到众多论据的有力支撑：

- 错误有助于理解基本原理，对于打通底层逻辑十分必要。
- 错误令人印象深刻：一旦人们知道了来龙去脉，就会"吃一堑，长一智"。
- 错误强调"三思而后行"。全神贯注，心无旁骛，这有助于集中精力，找准问题并提出可行的解决方案。

然而，"战争故事"又是什么呢？它是人们在艰难困苦中历练成长的故事。老兵谈论失败的战争；事故应急人员谈论严重的过错；经理们谈论无人问津的产品或混乱的兼并收购。我们可以从他人的"战争故事"中收获更多。

一项关于消防员的训练研究就有力地佐证了这一点。一组消防员进行错误暴露训练——描述错误案例及严重后果；另一组则通过零差错案例学习。同时，还将这些案例，设计成难度不一的各个版本。然后采取对比分析——一方面考察消防员在初次面对特定情境时，他们所采取恰当的行动举措的数量；另一方面考察真实情境下消防员能否准确识别问题。对比不同小组的绩效表现，结果显示通过错误案例学习的消防员，后来表现更好：尤其是从他人在解决复杂问题时所犯的错误中能学到更多。

每个人在职业生涯中都会犯各种各样的错误，有大有小，轻重不一。大部分人和组织都不愿意公开这些错误——除了那些哗众取宠之流。通常，个人、团队、组织都会文过饰非、求全责备，这不足为奇。事实上，错误在所难免，一次犯错绝不意味着职业生涯的终结。关键在于如何面对错误，在这一点上，高潜人才与低潜人才存在巨大的差异。

第十章　学习：有设计的举措才能快速积累经验

高潜力人才会从错误中学习。他们承担责任，反躬自省以确保"经一事，长一智"；资质平庸之辈更容易一而再，再而三地犯错；因为他们要么不敢担当，要么不明白失败之缘由。

高潜力人才聪明伶俐，有能力解决问题。他们情绪稳定，敢于承认错误，也清晰地认识到搞砸任务不代表个人失败。高潜人才愿意汲取更多经验教训，精益求精。他们努力寻求领导和同事给予他们公开坦诚的反馈——告诉他为什么犯错，同时也会努力寻求各种帮助以解决难题，这种支持性的环境对于高潜人才的不断成长大有裨益。不可否认的是，即便一个人聪慧、上进、志向高远，拥有一切积极的性格特质，但仍然有可能怀才不遇。因此，个人内在因素虽然很重要，但仅凭个人特质并不足以克服重重逆境，获得成功。

经验很重要，对高潜力人才的成长进步尤其如此。然而，具备相关经验不代表一定会取得高绩效或一定会成为高潜人才。经验只能靠时间慢慢积累，很难立竿见影。举例来说，某位员工对社交媒体非常有兴趣，在业余时间运营小博客，或者活跃在Facebook、Twitter、Pinterest和其他社交平台上。他花了多年的时间在社交媒体上与人互动，对每个系统的运作方式和不同平台的规则都了然于胸。同时他自己也喜欢在社交媒体上做一些小生意，并很关注企业由于社交媒体运用不当而失败的案例。对他现在的工作表现而言，这个兴趣爱好几乎没任何促进作用，甚至偶尔会因为一两个"点赞"或者评论导致分心，进而影响工作。

始料未及的是，他的老板突然参加了一次社交媒体工作坊，并决定全面拥抱社交媒体。那么，他就成了公司里唯一一个对社交媒

111

体有所了解的人，这一经验将成为他的巨大优势。他开始承担新职责，表现蒸蒸日上，因为新职责恰是他的兴趣和专长所在。这就是为什么广泛的经验对成功来讲必不可少，同时对组织来说，将知识背景各异的多样化团队聚集在一起，更是重中之重。

实践：实习经验和学徒经验

实习项目和学徒项目类似，所不同的是实习生的工作安排往往比较随意，也无固定薪资可拿。通过实习，学生往往可以收获到一定的实用性技巧。这种需求与日俱增，但用人单位无心也无力满足。当然，不可否认的是，某些用人单位已经注意到使用实习生好处多多：不用付薪就有力争上游的年轻人随时可用。那么，我们不禁要问，实习项目到底发挥着什么样的作用？谁从实习项目中受益更多？用人单位和实习生各自的期待是什么？以及这些模糊的期待究竟如何澄清呢？

显而易见，某些技能在学校里不易获得。书本学习和应对考试是一回事；理解概念和实际使用这些技巧又是另一回事。睿智老到的团队领导对此心知肚明。学生们抱怨没有经验所以找不到工作，而没有工作他们又无法积累经验。显然，解决方案是通过实习积累经验，但应该积累什么样的经验呢？实习项目究竟应该首先满足团队领导的需求还是实习生的需求呢？

几年前，在走过许多弯路后，许多高等院校终于认识到短期训练班大有裨益。然而，读一个四年制本科学位（不是三年制学位），用其中1/3的时间来实习，这种安排到底是利大于弊，还是弊大于利

第十章 学习：有设计的举措才能快速积累经验

呢？这个问题还没有明确结论。当然，我们需要思考的关键问题其实是，真正受益的是谁？概括来说，精巧的实习项目有三方面的益处：

- 第一，培养年轻或新兴人才。
- 第二，帮助领导找到合适的人才。
- 第三，加速了从培训到就业的转型路径。

从这个意义上而言，实习既是选才也是试用。精明的领导对此洞悉无疑：选择态度，培养技能；而不是选择技能，培养态度。面试时，想看清一个人的态度是很难的。然而，在实习期间，这些却一目了然，因为在实习期间，一个人根本不可能一直假装自己工作积极、兴致盎然。

因此，关键点在于，提供实习机会时，公司应该考虑哪些因素，例如：实习生向谁汇报，为什么？实习期间公司该提供什么样的经验？实习生的成长路径是否设计好？参照推荐信和各项评估，实习成果如何？另一方面，许多实习生抱怨不能发挥所能，总是去处理一些琐碎的工作，既不知道公司对他们的要求，还时时被人监督。显然，双方都需要澄清期望。如果有一个论坛，供需双方可以讨论他们各自的需求和期待，这个建议可行吗？

与实习相比，学徒项目往往经过了精心设计，学习成果清晰，培训目标也一目了然。许多学徒制既要求学习标准的书本知识，也会邀请实务经验丰富的人传授经验。此外，精心设计的学徒项目还涉及政府和用人单位的通力合作：创造便利，让受过良好培训的学徒，更快迈入正式职场。因此，学徒项目往往包含标准化的学习成果、工作场所的历练，以及技术的熏陶和设备的使用。大家普遍认为，

能力孵化

德国人、奥地利人和瑞士人的学徒项目堪称模范。这些项目不仅仅传授技巧，而且助力学徒成为专家。同时，它们还勾勒出一条清晰可见的路径，加速人们从培训到实际工作的转型。关于学徒制信息和国别差异，经合组织（OECD）撰写了一系列精彩的报告，详细介绍了不同国家/地区的最佳实践和指导建议，具体请参考《为工作而学习：经合组织职业教育与培训政策评价研究》的报告。

类型：六种至关重要的学习经验

优秀的领导者总是强调经验的价值。在不同的环境中拥有广泛的经验是成功的基础。在不同时代、不同民族、不同企业、不同部门，这一点都得到过验证。他们还提到，具备以下6种学习经验至关重要。

早期工作经验

早期的工作经验到底有什么，这一点因人而异，但有一点是相似的：这段经验都让我们受益终身，不论是早期的兼职工作，志愿者工作抑或是在学校的实践工作。不过早期的经验对有些人来说，是积极的心理体验，他们很享受这份工作，甚至找到了一生的热情所在，或者学会了终生可用的技能；对于有些人来说，这一切不过是令人乏味或沮丧的暑期工作罢了。

对于有些人来说，正是这些极度乏味的工作经历促使他们极力避免将来从事类似的工作。不论如何，人们都可以从早期的工作经验中获益匪浅。可能是领导或同事启发了他们，教会他们在未来工作中能够运用的技能或应该抱持什么样的工作态度。或者，过去糟糕的经历，教会他们不想从事什么样的工作，不想成为什么样的人；又或者激发他们需加倍努力，以免将来从事同一岗位。毫无疑问，对于高潜人才（比如具备聪慧、尽责的特质）来说，他们可以汲取多方面经验（不论正面或负面；不论成功或失败），并以此获取成功。

他人的工作经验

高潜力人才可以从他人的工作经验中受益良多，主要是从直接上司或导师那里，当然也可能是从同事和伙伴那里。如同早期的工作经验一样，这段历练快乐与痛苦并存。事实上，不论是不堪回首的往事，还是悠然自得的经历，都让人记忆犹新，受益匪浅。优秀的老师和领导自然不用说了，即使从差劲的老师和领导身上，那些好学上进的人同样会有所收获。这些人举止轻浮、品行不端，做了错误的示范，展示了导致个人失败或者组织失败的负面行为。高潜人才可以从中学到"己所不欲，勿施于人"。

从中可以得出核心要义，那就是要确保优秀的领导者担任高潜人才的导师。某种程度上，高潜人才也有责任去寻求可以共事、效仿的导师。高潜人才应该敏锐地意识到组织中的发展机会，并了解谁（上司、老师、同事）愿意或有兴趣指导他们。对他们来说，一方面应该充满好奇，接纳包容，另一方面也需要注意，切不可操之过急和苛求他人。

短期任务

从事短期项目或临时的项目管理工作非常有益。这需要人们走出舒适区，处理各种意想不到的难题，所以这个阶段往往突飞猛进。对于某些人来说这更是难得的机遇：命运给了他们一个学习新技能或寻找志向的机会。

初露锋芒

这通常是指第一次升职，不管是外派工作或部门内部的升迁。这类经验之所以很重要，是因为人们必须处理陡增的风险，一切都变得更加复杂、新颖和模糊。此外，新职位的压力更大，而且最终的责任需要你来承担。突然间，你需要直面管理的种种挑战。因此，最佳的做法就是，当高潜人才一进入组织就需要全面考量，可以给他们布置一些具有挑战性任务，帮助他们做好准备。

各种困境

应对各种困境，无论是处理职业危机或个人危机，都能带给我们许多真知灼见。比如，如何善用技术，如何识别谁是忠诚的员工，以及如何获得总部的支持？经过各种困境的磨砺，人们就会像久经沙场的战士一般，面对所有事情都会风轻云淡。困境好比试金石，它既能激发出一些人的勇气和智慧，也会让一些人惊慌失措、裹足不前。它能教会人们，如何欣赏一个健康且幸福的组织，如何区分需求和欲望，如何做好压力管理，如何秉持坚韧不拔的品质……

第十章 学习：有设计的举措才能快速积累经验

领导力发展项目

一些人读过MBA，但很少有人记得具体学了哪些课程（尽管这些课程价格不菲），几乎早忘记了自己曾做过的360测评。不过，大部分人还会记得自己的教练，其原因要不就是他们的教练很棒，要不就是教练很糟糕。显然对于培训师、商学院教师和教练，这些信息都令人非常沮丧。

某种程度上，领导力是通过后天培养和发展的，而不是先天馈赠的。领导力主要通过各类工作经验来习得，当然有些经验价值更大，因为它们通过与众不同的方式教会了我们很多道理。对于高潜人才来说，他们似乎可以不受制于公司的政策局限，千方百计去获得更多宝贵的经验。

体验式学习需要花费很长时间，而且时机选择很重要。技能的获得，见识的增长，都不是一帆风顺的。事实上，有些经验无关紧要，甚至会让你养成错误的习惯。

有三个因素会导致体验式学习的效果不明显。首先，年轻的经理和老板都希望加快学习进程——成本更低、效果更好、见效更快。比如，一分钟经理人、MBA一日训和短期课程蔚然成风。其次，许多人力资源专业人士认为体验式学习的方式剥夺了他们的主导权，因为他们更偏好可以"掌控"的领导力发展项目。第三，有些人将经验视为考验，而非促进他们成长的练习。

总之，想要快速积累经验，就必须经过深思熟虑的设计：目标要明确，时机和对象选择要恰当。最佳的做法是，一方面有适配的工作机会，一方面需要优秀的老师、导师和教练的支持，两者相得益彰。换言之，仅仅有工作机会是不够的。当然，即使受人指点，大多数人也不大可能成为奥运会运动员、诺贝尔奖获得者、跨国公司 CEO 或开宗立派的艺术家。不过,对于那些聪明上进的人来说,如果能辅以良师益友的指点,无疑收获会更大。

第十一章

文化：影响群体行为的信息

> 为了让人们在工作中感到快乐，有三件事是需要的：他们需要适应工作，他们不能做得太多，他们必须有一种成功感。
>
> ——约翰·罗斯金
>
> 人不仅要做好事，更要以正确的方式做好事。
>
> ——约翰·莫利

有些心理学概念生动有趣、用处很大且测量准确性很高。这些概念具有广泛的普适性，甚至在动物身上也可以被精准测量。智商便是如此，它是工作中预测绩效和领导潜力最有效的指标（MacRae and Furnham, 2014）。研究表明狗的智商差不多与2岁的孩子是同等水平（Coren, 2009）。黑猩猩聪明一些（Hermann et al., 2010），乌鸦就更聪明了，有些乌鸦可以解决5岁以下的儿童都无法解决的问题（Cheke, 2012）。

如同解决问题能力、语言一样，智力和文化在动物的进化上也发挥了重要的作用。以上观点对本章意义重大，因为不仅人类存在文化，其实其他群居动物同样存在。猿猴、黑猩猩、某些鸟类，甚至某些鱼类和鲸类都体现出了文化的印记。

当提到黑猩猩和鸟类"有文化"时，我们当然不是在说各种艺术，也并不指各种政治话语（political discourse）。文化在这里指的是，可以通过社会传播，并且影响群体整体行为的信息（Laland and Hoppitt，2003）。

一致性：不同狒狒群体的类似规则

对灵长类动物的研究给我们提供了一个洞察文化的极佳视角，研究表明文化可以在不同群体之间保持高度一致性和稳定性。萨波斯基（Sapolsky，2006）阐释了两类迥然不同的狒狒群体是如何发展和维持各自文化的。一些狒狒群体有威权主义和暴力倾向，地位高的雄性狒狒互相攻击，并欺负那些无辜的旁观者和其他身材弱小且地位较低的狒狒。在这种侵略性文化中，社会地位基本上是由体力决定的。赢得战斗可以提升社会地位，而战败则意味着社会地位降低。这个例子并不难延展到工作场所——许多人将管理者视为一群好斗的狒狒。

另一些狒狒群体亲和友善，合作意识很强，而且还表现出了很多亲社会行为。总体上来说，这类群体极少发生"霸凌行为"，战败的狒狒不大可能去欺负小狒狒或雌性狒狒。雄性和雌性之间展现了更多的亲社会互动行为，并且对社会地位的变化更加宽容。只是地位相似的群体之间偶尔会出现暴力，而不是地位最高的群体欺负那些地位最低的群体。

这项动物研究有一个很有趣的发现——即使群体中没有任何年长的成员存在（de Wall, 2004），狒狒的群体文化仍然表现出了惊人的一致性。尽管团队成员的确存在个性差异，但群体的规则和恰当的行为方式将会被年轻一代和新成员永续传承。总之，侵略性文化滋生暴力相向；合作性文化促成团结协作。

文化变革：恒河猴和短尾猴的协作

文化当然也会改变，但只有在对系统造成重大冲击时才会出现。回到其他灵长类动物的研究上，我们就会发现，许多重大文化变革的案例都源于灾难或外部干预（比如科学人员对这些群体的研究）。

萨波斯基曾对一群遭受了巨大灾难的狒狒进行过研究。充满暴力倾向的狒狒群起初经常光顾旅游营地的垃圾场，寻找食物。紧接着，一场疾病（可能跟垃圾场里受到污染的肉类有关）暴发了，一半的狒狒在这次疾病中死亡，其中包括很多特别有攻击性的狒狒。这种改变立即对群体文化产生了深远影响。侵略性文化随着这些狒狒的死亡而迅速消亡。即使群体的数量又恢复如初，但友好和合作性文化却被保留了下来，传承至今。

另一例重大文化变革的案例是关于不同文化群体的合并的。（如果将上一个例子比喻为"裁员"，那么下一个例子就可以被视为"合并与收购"。）

当两组截然不同的群体合并时会发生什么？德瓦尔和约翰诺维奇（de Wall and Johanowicz, 1993）提出了这个问题，并围绕猕猴做了研究，结果很令人惊讶。他们将两组不同种类的猕猴幼崽放在一起,这些猕猴看起来相似但文化迥异。恒河猴不管是雄性还是雌性都具有侵略性,且"专制、蛮横、等级观念严重";短尾猴则信奉"平等主义",几乎没有侵略性,即使在打斗后也会和好如初。很有趣的是,属于不同文化的同一种类的猴子,在冲突后重修旧好的行为也不同。短尾猴典型的和解行为是拥抱,其中一个(通常是地位低的猴子)翘起后腿,另一个(通常是地位高的猴子)拍一拍它的腰臀(de Wall and Ren, 1988)。

研究人员发现,当两个群体合并时,协作风格便应运而生了。他们解释说,轻松友好的环境,比激进且具有侵略的文化对生存更有益,也是更成功的策略选项。

当然,第二个研究的结论在工作场所中并不完全适用。以戴姆勒·奔驰公司(Daimler-Benz AG)与克莱斯勒公司(Chrysler Corporation)之间的合并为例,这也许是有史以来最灾难性的联盟之一(亨利八世或伊丽莎白·泰勒的婚姻除外)。当时,通过这次规模巨大的合并,一个巨无霸企业诞生了,销售额超过1300亿美元,市值超过900亿美元。理论上来讲,一切都完美无瑕。戴姆勒拥有德国标志性的奢侈品牌,譬如梅赛德斯;克莱斯勒则能高效生产廉价的美国汽车。彼时,经济正在蓬勃发展,合并双方的盈利能力都很强,可谓强强联合。

然而,如果把德国的奢华与美国的高效与灵活结合起来,会发生什么?显然,损失惨重。这是民族文化的冲突,也是企业文化之间的冲突。事实上,合并自始至终从未成功。戴姆勒公司的文化被描述为"保守、高效、安全",克莱斯勒公司的文化则被描述为"大胆、多样、创新"(Applebaum et al., 2009)。这样的两种文化很难真正融合，双方的领导者也不可能精诚团结。9 年后，两家公司还是分道扬镳了，戴姆勒公司不得不支付 6.5 亿美元，以此摆脱最初耗资 360 亿美元得到的公司。

价值观：影响个人选择的底层标准

价值观主要来源于或明或暗的社会和文化需求。价值观体系是对过去关键经验的一种总结，明确了何谓"正确"，何谓"错误"，并提供了判断标准。价值观未必经过刻意建构，但它能让你迅速感知到，环境是否和自己匹配。重视诚实的人不喜欢被人欺骗，说假话会让他们感到内疚或不自在。重视传统的人在遇到熟悉的情况会感觉很安全，而且会不自觉地排斥创新和不熟悉的环境。

价值观是一种持久的信念，它代表了是否偏好某种特定的行为和/或结果。价值观一旦被内化，就会有意识地或无意识地成为指导行动的准则，如：对某些事情和环境有自己的态度；认为或判断他人的言行举止和态度是否合乎情理；对自己或他人的行为进行社会比较和评价……

价值观体系与以下诸因素都密切相关：文化起源、宗教、专业背景、政治倾向、成长环境、年龄、性别、个性和教育背景（Feather，1975）。这些价值观最终可能决定你的职业选择和职业行为。价值观往往（按顺序排列）与职业选择和成功有关，诸多研究都证明了这一点。

在 2010 年出版的《异类：不一样的成功启示》一书中，马尔科姆·格拉德威尔描述了价值观和家教可以影响几代人的职业选择。

能力孵化

通过绘制 19 世纪移民美国的波兰制革工人的家谱,他发现许多移民家庭都展示了类似的特点。他们都从父母那里传承了类似的价值观,例如自主、职业操守以及偏好特定的社会经济地位(见图 11.1)。

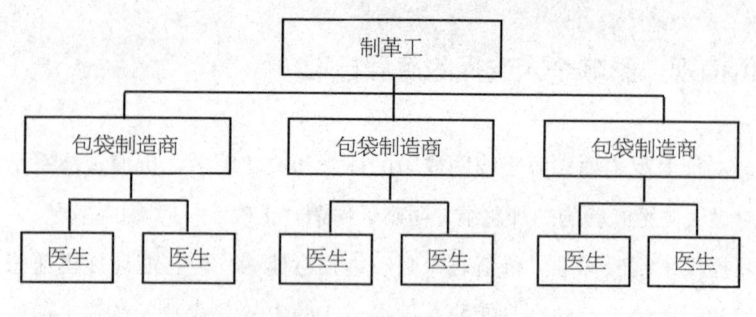

```
                制革工
       ┌──────────┼──────────┐
   包袋制造商    包袋制造商    包袋制造商
    ┌──┴──┐      ┌──┴──┐      ┌──┴──┐
   医生  医生    医生  医生    医生  医生
```

图 11.1　家谱的例子

比起其他心理学概念(psychological constructs),对价值观进行分类和描述更为容易,因此其方法有很多。从另一方面来说,价值观还是一个社会学概念,不同时代、不同文化其价值观的描述也是不同的。

罗克奇的价值观模型(Rokeach Model)最为著名(参见本段后的清单)。他提出,价值观有两种类型:工具性价值观(instrumental)和终极价值观(terminal)。前者是实现后者的方法。关于这个模型有大量文献,最早的可以追溯到 60 年前。人们普遍推测,天才与高潜人才在终极价值观和工具性价值观两方面都与众不同。不过,目前似乎缺乏相应的实证研究。

- 舒适的生活(安乐的生活)。
- 多姿多彩的生活(令人兴奋的、积极的生活)。

- 有成就感（持久的贡献）。
- 和平的世界（没有战争和冲突）。
- 美丽的世界（自然与艺术的美）。
- 平等（人人享有平等机会）。
- 家庭保障（照顾亲人）。
- 自由（独立、自由选择）。
- 幸福（知足）。
- 内在和谐（摆脱内在冲突）。
- 成熟的爱情（性和精神上的亲密关系）。
- 国家安全（免受攻击）。
- 愉悦（一种愉快、悠闲的生活）。
- 救赎（拯救，永生）。
- 自重（自尊）。
- 社会认可（尊重，钦佩）。
- 真正的友谊（亲密伴侣）。
- 智慧（对生活的成熟理解）。

霍根（Hogan，1973）认为，价值观可以有效预测动机。高潜力人才的价值观是什么？有两个方面需要考量。首先，这取决于他们所处的行业或部门。其次，取决于他们从事的工作类型，是技术类、管理类还是战略类的。最近的一项研究表明，对于大多数商业领域的高潜人才而言，"认可度"和"享乐主义"方面的测评得分比较低，而在"权力"和"从属关系"方面的测评得分都很高。他们很少仅仅追求个人的享乐（尽管有些人如此），大部分都更加重视地位、影响力、工作本身以及为公司创造的价值。

　　清楚地了解高潜力人才的价值观有助于洞悉其动机。它还可以提醒人们：同事之间和整个组织可能存在价值观冲突。我们的研究表明，高潜力人才在工作中重视"兴趣"和"参与度"更胜于"报酬"。

第十二章

心理元素：动机和态度

人们普遍认为，痛苦和无聊是人类的两个死敌。

——叔本华

当一个人只想谋生时，就不可能进行高贵的思考。

——卢梭

组成：深入了解高潜力的七个概念

我们可用的心理学概念与测试数以百计。显然，其中一些有助于我们了解高潜质。以下我们总结了至关重要的几点。

控制感

控制感是将意图和行为结合起来的因素之一。**那些相信可以控制自己行为的人，往往更加主动，寻求更多主导权并投入更多精力以取得成功。**是感觉自己能控制自己的行为和结果（内在控制），还是感觉外部力量控制着他们的结果和行动（外在控制），这就是控制感的核心。该理念存在一个假设，即每个人对于能否控制自己的生活都有一个大概的预期。

内控者相信自己的行为、个性和努力是推动事情进展的决定因素，而外控者则更相信自己无法理解或控制的外部神秘力量，比如运气、机会、命运等因素。在面对工作中的威胁时，相比外控型管理者，内控型管理者较少感到压力，并且处理问题更加得心应手。

自20世纪60年代中期以来，研究成果一再表明，内在控制（工具主义）既是成功的原因也是成功的结果，而外在控制（宿命主义）则是失败的原因和结果。研究结果表明：

- 动机：内控者更相信良好的表现是个人努力的结果，他们相信自己有能力胜任工作。
- 工作绩效：内控者表现出色，源于他们付出巨大的努力。在面对复杂任务的情况下，他们寻找信息，且表现出更高的个人职业效能。
- 工作满意度：内控者工作满意度更高，部分是由于他们取得的成功，部分是由于他们认为自己努力是成功的主要原因。
- 领导力：内控者更喜欢上级采取参与式管理风格，与同事相处更依赖个人的说服力，他们更加关注任务，而非社交。
- 工作知觉：内控者对环境有掌控感，对工作角色更具安全感，他们也会寻求更多工作表现的反馈意见。
- 离职率：具有较高工作满意度的内控者，其离职率与外控者离职率不相上下。（不过人们往往下意识地认为内控者离职率更低。）然而一旦他们对工作不满意，离职的可能性反而更高。他们相信，自己有能力并且也采取了实际行动去解决问题；而外控者深感无能为力，只能待在原有的职业路径上打转。

有大量证据表明，人格特质和认知能力与控制感（无论是一般知觉控制还是具体工作领域的控制）密切相关，这不足为奇，例如，那些责任心更强的人内部控制感更强。因此，自我控制感可能会缓和或调节特质、能力和工作成果之间的关系。通常来说，那些尽职尽责的人往往更有信心控制某些局面，反过来，他们更有可能做好计划，采取行动并取得成功。

新教传统伦理

德国社会学家马克斯·韦伯（Max Weber，1905）认为，某些遵守传统伦理（PWE）的人往往注重成功。这些人对休闲追求不屑一顾，往往比较保守，且对浪费时间、挥霍精力和财富痛恨不已。

尽管关于传统伦理的论证和研究层见叠出，但传统伦理到底由哪些成分组成，却鲜有明确的说明。总之，传统伦理的要义可以总结如下：

懒惰被普遍认为是禁忌，而勤劳被认为是道德理想；浪费是恶习，而节俭是美德。雄心和成功被视为上天恩惠的标志；贫穷意味着懒惰。

彻林顿（Cherrington，1980）列出了新教伦理的8个属性。职业道德更广泛的意义通常是指以下一项或多项信念：

・人们用繁重的体力劳动来充实自己的生活，这既是日常责任，也是道德义务。对于某些人来说，这意味着艰苦的工作，但努力和劳苦本身才能带来价值，这是唯一可以接受的生活方式。

・无论男女，皆应把大量时间投入到工作中，而在个人娱乐和休闲方面，仅花极少时间甚至不花费时间。

- 工作的人应按时上下班，力争不迟到、不旷工。
- 高效工作，并生产大量的商品或提供更多服务。
- 应为自己的工作感到自豪，并做好本职工作。
- 员工应该对自己的专业、团队、公司负有责任。
- 力争取得成就，并持之以恒追求进步，争取获得升职。声誉卓著，赢得受他人敬重的高阶职位，这才意味着足够优秀（a good person）。
- 人们应该通过诚实的劳动来获得财富，并通过节俭和明智的投资来积累财富。节俭光荣，铺张浪费可耻。

传统伦理的核心价值观是"道德、自律、延迟满足、克制和努力工作"。不管从个人还是国家层面来说，这种价值观都带来了经济上的成功。因此，某些人如果秉持传统伦理的价值观，那么就极有可能取得不凡的成就。有人最近从传统伦理中归纳出了7条衡量标准，可以基于这些来预测人们的未来表现。

- 工作至上：对工作本身的信念；工作是生命中最重要的部分。
- 自力更生：追求在工作中独立和成功。
- 努力工作：坚信努力工作是美德，废寝忘食。
- 休闲：坚信有效休闲（productive leisure）。
- 道德与伦理：工作中具有强烈的正义感。
- 延迟满足：面向未来的能力和延迟奖励。
- 珍惜时间：强调有效利用时间。

第十二章 心理元素：动机和态度

工作热情

在 20 年的时间里，瓦勒朗及其同事（Vallerand and colleagues, 2008）致力于研究工作热情心理学。**他们将工作热情定义为"人们热爱某些活动，认定其重要，并将时间和精力投入其中的强烈倾向"。随着时间的流逝，人们发现某些活动似乎可以满足他们对胜任、自主和联结的内在需求。如此一来，人们变得充满激情，身心合一。**瓦勒朗认为，工作热情可以分成两种，"健康和谐式"与"不健康强迫式"。他认为"健康和谐式热情"意味着自我接纳及自我认同。如果某项活动对人们很重要，那么当人们自由地接受它们时，这项活动就会内化为私人的事情。拥有健康和谐式热情，人们就会认为，虽然工作是重要的，但并不是一切，事实上工作仅仅代表了自我身份的一部分，它需要与个人生活的其他方面保持协调。这些人习惯于"我是滑雪者"这样的表述，而不是"我喜欢滑雪"。另一方面，"不健康强迫式热情"则源自某些特定因素，例如自尊、兴奋或自我接纳。这种工作热情很容易让人"欲罢不能"，因为这也许是心理回报的唯一来源，例如成就感和自我价值感。从这个意义上来讲，工作狂是"不健康强迫式热情"的标志。

该理论还表明，"健康和谐式工作热情"意味着更加灵活。这也就意味着，通过专注、专心、心流和积极情绪这一系列过程，人们将变得更加投入，即众所周知的敬业度高。另一方面，"不健康强迫式热情"会催生僵化和相互冲突的任务目标，从而降低敬业度。"和谐式热情"主导活动，"强迫式热情"则被活动所控制。前者促进良性适应，而后者阻碍了良性适应。

那么，该如何激发"和谐式热情"而不是"强迫式热情"呢？

131

为员工提供健康、灵活和安全的工作环境。在这种环境中，员工的意见得到重视。这样的环境将创造条件，促进"和谐式热情"……组织的支持似乎促进了支持自主的环境，使个人能够以自主方式将工作任务内化为与自身定位一致的活动。

工作幸福感

"幸福"一词可以表示多种含义（快乐、满足），因此，许多心理学家更喜欢"主观幸福感"（SWB）一词。这个概括性术语体现了一种总体评价，它包括自尊、喜悦、成就感。本质而言，它是人们对自己生活的评估，因此每个人自己最有发言权，如"根据我自己的标准，我的生活一切都顺利吗？"

另外一种观点认为，主观幸福感有三个主要组成部分：总体满足感，积极的情绪体验以及没有负面情绪体验，如愤怒、焦虑、内疚、悲伤和羞耻等。更重要的是，主观幸福感涵盖的范围很广，如从狂喜到悲伤，从心满意足到一片消沉。它关乎长期状态而非一时的心境。此外，主观幸福感可能是精神或心理健康必要的标准。

关于幸福的本质和起因，众多研究人员也是众说纷纭。阿盖尔（Argyle, 2001）指出，不同的研究人员识别出截然不同的幸福感要素，如生活满意度、积极情绪、自我接纳、与他人积极的关系、自主和对环境的掌握。幸福也包含了喜悦、满足和其他相关的积极情绪。梅耶斯（Myers, 1992）指出，幸福的人具有稳定和不稳定的特征。他们充满活力和创意、果断、灵活并善于交际。通常他们更宽容，充满爱心、信任和担当。他们更能忍受挫折，并且乐于助人。简而言之，他们心理健康，喜欢行善事。迪纳（Diener, 2000）将主观幸

第十二章 心理元素：动机和态度

福感定义为人们如何从认知和情感上评估他们的生活。它包含了评价维度（正向—负向）和享乐维度（愉悦—苦闷）。

认知需求

研究表明认知需求（NFC）与智力和人格特质相关。卡乔波和佩蒂（Cacioppo and Petty，1982）提出，认知需求是一个稳定的性格特质，它与人们是否乐于并从事复杂的认知活动密切相关。有点类似于 HPTi 特质的好奇心这个指标（请参阅第六章）。**在遇到问题时，认知需求较高的人倾向找出相关信息。他们同样会不停反思，使用更理性的论点并且更愿意接受新想法。相比之下，认知需求偏低的人，倾向于使用认知捷思法，依靠他人来获取信息或意见。认知需求不是一种思考的能力，但确实与各种内在动机的测量紧密相关。**例如，田中等人（Tanaka et al.，1988）给出了他们所标记的三个因素：认知持久性（享受从事认知任务的乐趣）、认知自信（对参与认知活动的信心）和认知复杂性（偏好复杂或简单的信息处理需要）。

典型智力投入量表

戈夫和阿克曼（Goff and Aokerman，1992）开发了典型智力投入（TIE）量表，用自陈量表的形式测验个体在智力方面的典型表现，而非最高表现。较高的分数意味着更倾向于从事智力活动。TIE 量表的样本项目是"您喜欢思考复杂的问题""我不喜欢抽象思考（反向计分）"和"我阅读量很大"。

TIE 概念的重要性在于它提出了个人在智力投入上的差异。两个智商得分相同的人或最佳绩效相同的人，可能在智力投入或典型绩效上都有所不同。TIE 理论假设，对成人技能和知识获取而言，个人的智力投入水平具有积极意义。该理论暗示了典型绩效和最佳绩效一样，都能预测未来的心智能力；简单来说，性格偏好而非能力能够解释成人心智能力的差异。TIE 测量了典型绩效的某些方面，是其他现有的人格特质量表所没有包含的。因此这对于扩展我们对个体差异的理解有潜在价值，特别是有助于我们理解哪些特质或倾向性因素能够预测教育方面的成就。

企业家精神

许多（但不是全部）高潜人才具有企业家精神。这一概念由各个不同要素组成，其中包括成就导向。那些高成就导向的人倾向于：

- 对生产方式进行控制，确保产出大于消费。
- 为自己设定难度适中的目标。
- 拼搏奋斗，内在成就感驱动。
- 希望获得定期的关于绩效的具体反馈。
- 乐于担当，解决问题。
- 积极主动、乐于探索。
- 不断研究环境中的各种机会。
- 将增长和扩张视为成功的最直接标志。
- 持续改善（日本的"kaizen"概念）。

企业家群体表现出了许多清晰可见的行为模式。他们往往积极主动并善于抓住机会。他们始终追求高效率和高质量工作，往往自我驱动和乐于竞争，同时对他人和业务关系也给予极大的关注。

动机：激励因素和保健因素

　　动机是一种"激发行动的力量"（Parks and Guay，2009）。60多年前，由赫兹伯格领导的一群心理学家建立了重要的动机理论，时至今天，仍然具有现实意义。赫兹伯格等人（Hertzberg et al., 1959）的双因素理论解释了激励人们工作中主要的两类因素：一类与工作满意度直接相关的，比如在工作中取得成就，独立自主和对工作的自豪感；另一个则与工作不满意相关，如公司政策，管理不善，工资缺乏竞争力或补偿不足。

激励因素
　　例如有挑战性的工作，认可他人的成就，承担责任，有机会做有意义的事，参与对公司有重要意义的决策。以上种种都带来了极大的满足感，这些源于工作本身的激励因素通常被称为内在动机（intrinsic motivation）。内在动机通常包含如下3个剖面：

　　• 自主（Autonomy）意味着专注投入、积极参与、自我挑战和个人发展。那些受到自主驱动的人希望他们从事的工作是自己的激情所在，有助于职业发展或是自我表达。

　　• 成就（Accomplishment）意味着被取得的成绩、获得的进步和可见的成功所激励。它通常与晋升权力地位和认可相关。高成就驱动的人渴望自己的成绩被众人所知，不论是公开场合，还是公司内部/团队内部。

- 联结（Affiliation）意味着社会责任、知识传授、教学指导以及与人合作。那些重视联结的人更喜欢与他人合作，喜欢传递他们的知识和经验，以及重视工作的人际因素。

保健因素

例如职业安全、工资、福利、工作条件、高额的报酬、保险支付和带薪休假，这些其实并不能给人带来正面的满意度或动力。这有点儿出人意料，然而如果缺乏这些要素，则会导致不满意。这些其实与工作本身无关，因此通常被称为外在动机（extrinsic motivation）。外在动机的3个剖面是：

- 职业安全（Security）涉及工作安全，人身安全以及保持一致性和规律性。这可能意味着在一个稳定、声誉良好、组织文化鲜明的公司里从事稳定的工作。重视安全性是关注稳定性、一致性和可靠性。

- 报酬（Compensation）包括物质报酬例如薪水、保险、奖金、津贴和其他易于衡量的收益。它还可能包括使工作和生活更惬意的要素：方便的地理位置，更舒适的办公室或更理想的工作节奏。

- 工作条件（Conditions）包括安全保障和个人便利等因素。工作条件要求工作适合个体的生活方式，并提供满足他们需求以及更加舒适的环境。

因此，职场当中，一个有趣而常被提及的问题是薪酬的重要性。金钱在工作中的作用是什么？当然，这是工作的重要组成部分，如果

第十二章　心理元素：动机和态度

没有得到报酬大多数人都不会从事任何工作（尽管少数人依然会）。

结　论

　　了解工作中的动机和态度有助于探究人们为什么做（或不做）某些事情。本章我们以薪酬为例，详细讨论了薪酬在工作中发挥的作用。在许多文化中，薪酬可能是禁忌话题，也常常引发大家去探究个人隐私。然而，不论是个体、公司甚至整个国家都要承担责任——管理绩效并确保伦理行为落地。同理，洞悉人们在工作中的动机和态度也是为了更加有效地管理绩效，并保证行为符合伦理规范。

第十三章

脱轨：负面性格导致的领导力灾难

> 公职人员任命错误导致三重伤害，一有损公共事业；二使皇室蒙羞；三剥夺了追求进步之人建功立业的机会。
>
> ——腓特烈大帝

人们究竟为何脱轨，为何失败，这个话题非常有趣。对于负面性格的研究有助于厘清，为什么过度自信的人会自我膨胀。为什么孤芳自赏、自我陶醉的人反而最终众叛亲离。一般而言，诸如自恋、欺凌、操控、撒谎和奉承这样的负面性格，或许能帮助人们在职场中取得成功，但这些特质和行为只会带来一时的荣耀，最终必然导致人们折戟沉沙。

近些年来，人们愈发认识到研究失败领导力（有时被称为领导力脱轨）的重要性了。前几章我们主要关注积极特质和理想的工作成果。重点放在高潜人才如何取得成功，而非什么导致高潜力人才最终失败了。理想的特质对于预测高潜力非常重要，但有时具有理想特质的个人也可能具备负面性格，进而产生了破坏性影响。

第十三章　脱轨：负面性格导致的领导力灾难

能力欠缺或经验不足可能导致领导力脱轨。具备相关经验和亮眼的过往业绩，但缺乏理想特质——例如聪慧、尽责、灵活，也会导致最终的脱轨。**然而，如果理想特质走向了极端，就有可能使得"冒险精神"变为"寻求刺激"，使得"自信"发展成"自恋"。**

导致领导者脱轨还有一个因素，不过这个要素常常被忽略。**人们在选择高潜人才时往往仅仅关注到入局要素（selecting in factors），但完全忘记了可能导致失败的出局要素（selecting out factors）。换言之，人们倾向于关注理想特质而完全忽略了导致人才误入歧途的负面性格。**"出局要素"意味脱轨的特质。这些特质很多，例如傲慢、偏执和情绪极度不稳，等等。它们都有助于识别领导者脱轨，却通常被忽略，不管在能力清单上（competency checklist），还是岗位说明书中，这些消极特质都鲜有提及。在此需要注意的是，忽略这些特征后果不堪设想。正如劳埃德·克雷格所说："检查推荐信，进行彻底的背景调查，千万不要聘用混蛋。"

消极特质或负面性格会抑制领导者的潜能发挥，影响其职业生涯，甚至让整个组织蒙损。不过，请不要忘记，理想特质和消极特质可能同时存在。聪明的人也会很残酷；开放性高的人会过于求新求变；魅力十足的人可以诱导人们做出不雅之事；追求进步和具有奉献精神的人在错误的事业会投入很多精力，竭尽全力地追随"有毒"的领导者（toxic leaders）。

还有一个问题值得关注，**到底是做什么的潜力？**忽视这一点是极其危险的。在相关研究中，我们可以重新构建这个问题，那就是一旦发生领导力脱轨，**其潜在的危害是什么？**脱轨可能仅限于个人事业，但也可能轻而易举蔓延到整个团队、部门或组织。估计有超过 50% 的经理面临着"脱轨"问题（Dalal and Nolan, 2009），其负面影响则因位置和权力而异。

脱轨类型：可恶，狂妄以及可悲

领导力脱轨的表现各不相同，原因也不尽一致。人们在工作中陷入困境，有时仅仅只是工具不足，或经验欠缺。有时是他们自身的特质导致他们急功近利或甘愿自毁。另外，艰难环境也会诱导出人性当中未曾注意到的消极面。本质上，脱轨的领导者可以分为三种不同的类别（Furnham, 2010）。

可恶型领导者
首先来看工作中的负面人格，"可恶"意味着人格特质的功能失调，这会导致他们故意破坏、行事不端、缺乏职业道德或专断独行。他们很可能会欺骗他人或明目张胆地侵害同事的利益、组织的初心、股东的权益或社会的道德。他们自带破坏性，一旦无法遏制，必然遗祸无穷。可恶型领导者和导致领导者脱轨之"可恶"的因素，主要是指自私自利，将个人利益凌驾于他人利益之上。他们通常坚信权力必须"为我所用"。

高潜人才的可恶型脱轨

这些人千方百计滥用职权，故意引发混乱或乐此不疲伤害他人。他们可能会公开表现出攻击性或欺凌行为，虽然不具备领导者潜质，但却善于表演，表现出很高的潜质来。他们"捧高踩低"——吹捧老板，讨好客户，欺负下属。即使能力平平，但他们的野心却无限膨胀。他们既贪婪又寻求刺激，认为违背法律和道德义务根本不值一提。这种人要么完全不在乎后果有多么严重，要么就是享受这种"杀机四伏的局面"，这无疑会将团队带入万劫不复之地。

狂妄型领导者

不同于故意破坏，狂妄型领导者存在某些心理顽疾或心理极不稳定。在职业生涯早期，这些倾向或许帮助他们脱颖而出，但最终他们也会由于这些问题而遭遇失败。还有一种可能性，因为身居高位，所以他们必须面对挑战和压力，这会滋生出某种心理疾病。

在《傲慢综合征》中，戴维·欧文描述了大权在握并沉醉其中时，领导者的行为和价值观是如何扭曲的。如果长时间凌驾于权力之上，领导者的态度和行为将会危害极大，这就是"傲慢综合征"。这些很容易使人成为糟糕的领导者，并因此承受压力，心理方面的问题也将会伴随权力而显现出来。

高潜力人才的狂妄型脱轨

初看起来，这些人似乎拥有成为卓越领导者的一切理想特质，然而，少量的消极特质却潜伏着种种危机，尽管它们处于休眠状态或隐藏状态。最初，他们可能内心笃定、高度自信，善于自我营销，不断取得职业进步，及至身居高位，掌握大权，他们反受其害。曾经令人心生喜悦的职业进步变成了一种自我强化和自我标榜。自信心变成了声嘶力竭的自我证明，而丝毫不管不顾如何提升生产效率。这并不是说大多数人都会发生这种情况，但难以应对的复杂情况会激发人性当中最消极的一面。

可悲型领导者

可悲型领导者的脱轨并不是有意为之的。一些过往表现一贯出色的乐观主义者，在缺乏能力去应对难度更大、挑战更高的新角色时，就会不知不觉陷入这种脱轨状态。显然，乐观或缺乏自我意识导致了这种很常见的脱轨。很多人会误认为自己是高潜人才，或者他们的上级没有意识到他们无法胜任更具挑战的新角色。问题的核心还是，人们不明白成为高潜人才应该具备哪些要素。这就是所谓的"误报"（false positive）：认为自己或其他人具备某些要素，实则并不存在。

高潜力人才的可悲型脱轨

这些人没有得到准确的评价，智力、经验和其他人格特质往往被高估。要么是因为测评工具信度、效度有限，要么是测评师不够老到。由于担任再怎么努力也无法胜任的职位，他们最终被迫离开或被撤职。当然，或许他们本来也不希望从事太有挑战的工作，只是想安于现状。

环境：坏苹果还是坏桶

领导者脱轨不仅与个体的内在因素有关，也可能由于各类事件和势力的裹挟，可悲型领导者更是如此。脱轨是源于个体内部还是外部力量，这其实是一个至关重要的问题。内在因素要么是能力缺乏，

第十三章 脱轨：负面性格导致的领导力灾难

要么是心理顽疾和道德缺陷；外在因素则通常包括缺乏监督，品行不端的行为得到奖励，默许不道德的行为，以及相关领导的"示范"。许多人都有这样的经验，尤其是在职业生涯早期，当成为某组织或群体的一员时，周围情况或社会压力可能会极大地改变他们的行为；新的工作要求，新的环境和期望都会影响行为，当他在新的情境中无所适从时，这一点会更明显。

关于脱轨到底源于内部还是外部，一直争论不断。心理学家认为脱轨可以归因于人们的性格特质，而社会心理学家则更加强调外部因素——认为社会境况影响了个体的行为。然而，毫无疑问，这两者都很重要，因为人们行事既有个人的特定倾向，也会受到外力的影响。

菲利普·津巴多向我们展示了外部境遇如何快速有力地改变一个人的行为，或者说"坏桶"如何创造了"坏苹果"。这就是具有里程碑意义的斯坦福监狱实验——仅5天时间，24名心智正常、身体健康的大学生就变成了可怕的俘虏和监狱看守。一开始，这些学生被随机分配为"狱警"或"囚犯"。在一次模拟逮捕中，囚犯从家中被强行带走，并被关押在斯坦福的一个临时监狱中。狱警配备了制服和武器，并负责逮捕、管教和惩戒"囚犯"等。几天之内，监狱就变成了津巴多书中所描述的"人间地狱"。

事实上，与"囚犯"相比，"狱警"的内在性格特质并不更加具备侵略性和攻击性，但他们的行为却更加残忍和暴力。作为研究者，津巴多教授自己也被深深卷入了自己所扮演的角色——监狱法官，并且无法自拔。他强调，暴力行为大肆蔓延是由于自身监管不当，而对实验必须进行完毕的承诺，导致他无法中断实验，尽管实验存在道德问题。事后看来，他承认应该更早就结束这项实验。

这是一个"坏木桶"创造出"坏苹果"的典型例子。终止实验之后，津巴多强烈倡议，在心理学研究中，道德监督和约束是必须的。后来，津巴多翔实审视了道德败坏行为产生的原因——"正常"和"健康"的人究竟是怎么转变成"坏蛋"的。他代表美国军方对曾在伊拉克阿布格莱布监狱（Abu Ghraib）犯下虐待和暴力罪行的部队进行调查。经过研究，他认为，缺乏监督且不健康的组织文化会让大部分正常、健康的高潜人才举止不当，甚至胡作非为。在阿布格莱布一案中，一群士兵费尽心机侮辱和折磨伊拉克囚犯。他们这么做是任意妄为，理应为此承担责任。

那么如何阻止不良行为蔓延滋生？我们强烈建议采取自上而下的方法。在阿布格莱布，军事狱警没有接受过任何专业训练；他们体格健壮，每周工作7天，每天连续工作12小时，几乎没有任何喘息机会，没有时间运动，饮食也不规律。狱警每天生活在恐惧之中，害怕囚犯以及各种外部攻击。由于无人监管，缺乏训练，他们更加精疲力竭。这里需要说明一下，我们并不是主张，人们无须为自己的行为负责，而只是强调，系统性的外部因素可能致使人们的行为发生翻天覆地的变化，甚至会肆意妄为，例如被领导者忽视，无人监管和身处险境。

第十四章

干预:"淘汰"和"选拔"同等重要

成功和幸运的错误称为美德。

——塞涅卡

公司之成败,似乎皆系于领导者一身。史蒂夫·乔布斯死后,他的讣告电文将苹果的成功全部归功于他:"正是因为他,苹果的产品——即使很大程度上其他品牌也在做同样的事情——才卓尔不凡。"正如领导者脱轨不会凭空发生,领导者的成功也离不开恰当的环境、合适的时机和有力的合作者。

历史上不乏臭名昭著的领导者,他们将企业或自己的生活推向深渊。最经典的例子莫过于安然公司(Enron)了。眼见他起高楼,眼见他楼塌了。1999 年 4 月,《纽约时报》发表了一篇名为《激发想法——安然正在鼓励内部的创新、创业精神》的文章(Salpukas, 1999),该文盛赞安然公司,也对总裁杰夫·斯基林在公司内部大力推广创新文化极尽溢美之词。到 2001 年,几乎见不到《纽约时报》对斯基林正面的描述了。 随着美国证券交易委员会启动正式调查,杰夫·斯基林这位将安然业务带入前沿领域的领导者被扫地出门。紧接着就是法斯托也被迫离职。"欲戴王冠，必承其重。"从安然的失败中，我们能吸取什么教训呢？这个在后文再讲。我们先来审视一下导致领导者脱轨的基本要素，然后再探究该如何有效预防领导者脱轨。

毒三角：导致领导力脱轨的三个要素

领导者脱轨有三个基本要素。阿德里安·弗海姆在其《董事会上的大象》一书中介绍了"毒三角"（The toxic triangle）这一概念。他认为这三角相互作用，最终导致领导者脱轨。

毒领导

毒领导（Toxic leaders）从乌烟瘴气的毒环境中诞生，也有可能营造毒环境，或者投入这样的环境中。他们并非能力不足，只是滥用权力为自己牟利。他们包藏祸心、图谋不轨、蓄意破坏，且报复心极强。他们对挑起事端、侵犯他人乐此不疲。他们对自己的所作所为眼明心亮，并且能够创造出一种文化，完美匹配自己的愿景或目标。毒领导可能魅力四射，充满活力，且对自己的成就过度吹嘘。

毒领导对于操纵他人可谓"得心应手"，并且有本事给别人"洗脑"——只有他们才适合掌控全局。他们可能别有用心地在人群中传递"正能量"，而这不过是为了自我包装而已。然而，对他们来说，获得追随者似乎毫不费力，因为他们可以毫无顾忌地误导、欺骗以

第十四章　干预："淘汰"和"选拔"同等重要

及兜售过于简单的解决方案。

他们对员工投其所好，并操纵他人为其所用。对于毒领导来说，他们并非领导公司，他们就是公司。据说，在回应议会议长时，路易十四有过一句名言"朕即国家"。这话实际上是由伏尔泰创造的，不过它确实揭示了毒领导的本质。毒领导为达目的会不择手段。如果不加遏制，他们最终将把公司带入万劫不复的境地。

合谋者

没有下属的积极支持和有力协助，毒领导也不会取得"成功"。这是因为领导者可以影响关键人才决策，他们可以建立起忠实的"合谋者人才高地"，或许称为人才沼泽（talent swamp）更为恰当吧。因此，领导者可以利用职权，改变整个组织及其文化，以便满足个人的特殊目的；他们需要下属能够坚决执行他们的命令，当然，在必要时，他们也会毫不留情地将下属抛弃。

毒领导或蓄意破坏，或暗藏杀机，但仍不乏众多追随者，这其中有很多原因。野心勃勃的人倾向于支持毒领导以保全自己的位置，毒领导也乐于利用他人的野心，给予不切实际的承诺。许多追随者将这些领导者奉若神明，毒领导也对他们的需求了如指掌，仅仅一场充满激情的演讲就能牢牢抓住人心。很多时候，有毒的领导者会利用追随者的自私自利，并通过过度承诺来确保下属忠心。

追随者与毒领导沆瀣一气，要么出于盲目的忠诚，要么出于个人的小算盘。明知是不齿的勾当，一些追随者仍会积极与领导人合作；其他人则会努力工作，因为他们笃信领导者的愿景是千真万确的。

充满威胁的环境

当身处特定的环境、组织和时代时,毒领导更容易"崭露头角"。一切顺利时,毒领导想获得深远的影响力,难如登天,而危机四伏时,毒领导确实更有机会崛起。经济大衰退、社会大混乱愈演愈烈,人们迫切需要的是极端解决方案。毒领导经常利用真实或想象中的威胁来营造一种"我们"和"他们"的氛围。对于不甘寂寞之人而言,成为圈内人(in-group)可能吸引力十足。此外,生活在面临威胁的环境下,毒领导及其追随者往往会转嫁责任。例如:"一切不好的,都是别人的过错,我们要让他们付出代价。"一旦毒领导获得权力,他们将夸大外部威胁以促进内部团结,并确保下属献身于领导者个人的事业。

毒领导以貌似清晰简单的解决方案打动人心。他们毫无顾忌地去误导,去撒谎,尤其是当真相对他们不利时。他们会不择手段以获得权力,尤其当人们缺乏安全感或受到威胁时,无耻的领导者便会乘虚而入,掌控全局。

生活在面临威胁或不确定的环境下,追随者会更加倾向于寻找简单的解决方案。毒领导恰恰善于营造氛围,使外部威胁看起来比实际情况更糟糕,并提出貌似简单可行的解决方案。他们掩盖困难,并将自己的思想和权柄当作解决一切难题的良方。

在"严监督、严监管"的环境下,毒领导难以为所欲为。他们需要寻找职权不受监管或控制的环境。此外,毒领导经常设法破坏传统的监管结构,规避监督,甚至出于自身目的去挟持监控架构。他们经常试图破坏人们和系统结构的信誉,从而将自己塑造得更加值得信赖。

第十四章　干预："淘汰"和"选拔"同等重要

这自然带来了一个重要的话题：我们能做什么来防止高潜人才脱轨呢？显然，必须在两个关键领域采取措施。第一个关键领域在个人层面，我们必须识别出个人脱轨的潜在因素，并警惕负面特质。个人层面的脱轨因素实际上可以分为两类：潜在的悲剧性弱点（potential for hamartia）和潜在的自大傲慢（potential for hubris）。前者是致命错误（fatal errors），后者是致命缺陷（fatal flaws）。第二个关键领域是系统层面，只要必要的制衡机制落实到位，就可以有效防止高潜人才脱轨。

解毒剂：防止领导力脱轨的四种办法

有 4 种防止脱轨的关键方法。当然，这些都不能确保万无一失，但组织可以结合使用这些方法，发展组织弹性，降低有毒的领导者掌权的可能性，并审核他们掌权后是否更具破坏性。一旦他们冲动行事，破坏组织，就免除其领导职位。

适当的监督

良好的公司治理至关重要：它既能赋予领导者足够的灵活性来完成工作，同时又能确保领导者不要越界或滥用职权。良好的公司治理无法根除领导者脱轨，但可以减少其发生的概率，并降低领导者脱轨的损失。领导者需要足够的自由空间，但非无限的权力。在管理首席执行官时，董事会需要紧密的联系，充分参与，从而识别出预警信号；他们也需要具备能力和勇气，以便在关键时刻介入其中。

精心设计的选拔机制

有些脱轨因素很容易被识别出来,在选拔过程中就能将其筛选出来。这就需要评估者必须既熟练掌握人才评价的工具和方法,同时又能格外注意识别脱轨因素。对领导者脱轨因素的测量,人们的兴趣日益浓厚,并且已经研发出了信度和效度很高的测量工具,以评估负面人格,尤其是压力下的行为模式。(毕竟,领导者总是面临各种压力)。此外,良好的背景调查足以识别出那些显然易见的领导者脱轨行为,并将其淘汰出局。

个人支持

朋友、配偶、值得信赖的教练或导师可以减缓或防止领导者脱轨,这一点尤其适用于某些人,这些人的表现无法持续卓越,或身处恶劣环境时很容易制造事端。他们需要可以信任并仰仗的支持网络。不幸的是,那些最需要朋友或同事给予诚实反馈的人往往对此十分抵触,他们不愿倾听或没有朋友愿意支持——因为不良行为,他们失去了可靠的朋友。这时就需要一个娴熟、勇敢的教练、同事或董事会成员来面对这些高级管理者,并帮助他们避免脱轨。

自我意识

并非所有的脱轨都是无法避免的,脱轨也不是个人特质的必然结果。领导者可能会因制度和情境而逐渐堕落。几乎任何人都可能陷入毒三角而导致失败。了解情境对个体认知的重大影响,尊重独立性,承认错误并敏锐地观察环境的变化,这些都有助于避免脱轨。此外,过去的失败经验可以提供强有力的保护,从而使高潜人才避免脱轨。

判断修正：防范"可悲型"领导者脱轨

脱轨并不总是源自玩世不恭、故意作恶或功能失调。古希腊神话中许多英雄人物因错误判断而导致了失败（Hamartia）。这些英雄的失败显然并不是源于内在的性格缺陷。亚里士多德甚至认为，判断错误是击败史诗般的英雄的唯一方法：当然这是在解释事情为何失败，而非强调个人是失败者。

导致这一切的，可能仅仅是因为他们被置于无法胜任的职位上。由于无法做好本职工作，准备不足或缺乏足够的指导，他们可能会崩溃和愤怒，并拉其他人下水。无奈之下，他们也可能被迫转岗或直接离职。

发现人们无法保质保量完成工作并不困难，难的是找出原因并进行改变。可悲型高潜人才一旦发现自己无法胜任，便开始向后退缩。如果还有些自知之明和勇气，他们能够大方承认新职位并不适合自己。

人们追求成功，获取更多收益和认可，这无可非议。同样地，很多人——尤其是在职业生涯早期，会高估自己，这也很正常。适度的自信是健康的，但雄心壮志并不总是与才能和潜力相互匹配。准确地识别潜力，意味着能够降低可悲型领导者脱轨的概率。良好的选拔手段应该能发现自我意识所没有的东西（这就是为什么说，正如下一部分将要讨论的那样，并不是每一种测评方法都是同样有效的）。

在工作中，尤其是在那些野心勃勃的同事之间或上下级之间，很容易形成一种共生性妄想症。他们彼此高估对方，坚信各自大有潜力可挖，尤其是在一次美妙的晚餐或微醺之后。这并非有意操控，而是当人们的关系牢不可破时，更容易信任对方的判断。通常，上级的赞美会增强员工的信心，而员工过度自信则会吹嘘自己的能力。

如果双方都越界，那么积极的互动关系和自信可能会导致脱轨情况。这可能是相互欺骗，不过谁都不想承认（也不相信）他们错了。当然我们并非要压制相互信任的工作关系，而只是说，人才决策——人才选拔和发展，必须依靠客观证据。具有讽刺意味的是，越相信自己了解一个人，越难以做出真正客观的决定。在这种情况下，对于聘用和晋升决策而言，外部建议和外部监督始终都是值得推荐的。请永远记住本书关于经验的教训：好朋友或好的志愿者不一定能成为一个好员工。

有时，仅仅强调积极正向，并鼓励成功，这种管理文化也会变得非常有害。俗话说："世上本无坏蛋，只是恰巧态度恶劣而已。"这话其实害人不浅。平衡是至关重要的，一方面要赞赏积极，一方面也要适度关注负面。了解潜在的负面特质并将其筛选出来将会改善整个人才选择流程。

对可悲型领导者脱轨所进行的干预，虽然看起来没那么新鲜，但须知这种脱轨其实是导致领导力失败的温床。这种领导者只是好心办坏事，抑或是过度乐观和力求上进而误入歧途。在职业生涯当中，每个人都走过弯路，但并不致命，如果提早发现，代价极小。关键还是让人们意识到这种潜在风险。如果人们没有意识到，他们正一步一步地走向自我毁灭，或者对他们留下的毁灭痕迹视而不见（或有意识地将两者隐藏），那就意味着更严重的脱轨——狂妄型和可恶型领导者脱轨将会绵延不绝。

傲慢自大：识别和淘汰"狂妄型"与"可恶型"领导

可悲型领导者脱轨要么由于过度乐观，要么由于选择标准不当，识别这些并不复杂；然而，狂妄型和可恶型领导者却截然不同。他们夺人眼目、令人信服，曾经助力其不断进步的特质，现在也加速其沉沦。如果说可悲型领导者是关于判断错误的，后两者则与性格密切相关。亚里士多德认为："傲慢的乐趣，来自欺压他人的过程中，自己感觉到的优越感。"

傲慢并非精心谋划的邪恶，它不一定是有意为之，但仍然极具破坏力。傲慢自大和错误判断的本质区别在于，这不仅仅是能力不足导致的领导力失败。傲慢本质上不是被动的，也不是偶然的。事实上，这些行为特质不仅支配着人格，而且还支配着业绩表现和潜力。这些负面特质可以伪装成理想的特质，这构成了识别潜力的严峻挑战。自恋可以伪装成信心；偏执的微观管理者可能看起来非常尽责；善于操纵的人会确切地知道该说些什么以及怎么说，他们能够投其所好和包装自己。

最初，几乎所有引人注目的脱轨者都被所在组织误判为"具有高潜力"。这些人的特质在职业早期就表现得非常鲜明。任何关注潜力的人都应该意识到这些。然而，某个阶段的"资产"特质却会成为另一个阶段的"负债"特质，例如那些浅薄的迷人特质，最终可能导致失败。

能力孵化

负面特质和领导者脱轨隐性成本巨大，这一点显而易见。大公司一旦发生领导力脱轨，股票价格就会剧烈下跌。如果对这些错误不闻不问，任其发展，最终可能成为公众事件（或内部笑话）。脱轨在造成严重结果之前，实际上是一个漫长过程。员工和同事可能会士气低落、敷衍了事、效率低下，更糟的是成为同谋。一旦这些问题没得到解决，它们就会发酵。具有负面特质的领导者更专注于自我利益，而非公司改进。有些人离开组织，剩下的人则消极怠工，或无法正常开展工作——由于那些难题并未解决。人们离开时，知识资产和社会资产随之流失，组织能力也被削弱；人员流动又增加培训和发展成本，并在组织内部滋生有毒的文化和氛围。

从负面特质及领导力脱轨所引发的后果来看，我们应该汲取一条教训：淘汰与选拔同等重要。在挑选过程中，列出不理想特质很重要。否则，这些消极特质很容易被忽略，或将被当作优势而非劣势。这并不是说具备这些消极特质应直接或彻底淘汰，只是当对比候选人的适配性时，应该将它们纳入考量，如果两个候选人的能力旗鼓相当，各自的弱点可能是区分和选拔人才的绝佳参考。

人的一些负面特质是很难改变的。例如，在工作初期，因为某些原因，人们会过分谨慎，但通过经验的洗礼，这一点是可以得到修正的。然而，如果在很早就表现出过分谨慎的特点，那么他可能不适合空降到标准很高且要求迅速行动的职位。

案例分析：安然倒闭的教训

安然公司的案例，完美展示了一个企业兴衰的历程。事实上导致其最初成功与触发其轰然倒闭的特征非常相似：公司的贪婪文化，有毒的领导，道德沦丧和违法的行为一夜间让千亿美元的公司破产。

针对安然公司的案例，达西尔维拉（da Silveira，2013）最初提出了6点建议，以改进公司治理和防止脱轨。随后麦克雷和弗海姆（MacRae and Furnham，2017）对这些内容做了进一步延展。

• **书面政策与实际做法之间的差距**。安然和许多组织一样，有正式的治理结构、执行程序和审计实务。虽然都是官方发布并有据可查，但人们都置若罔闻。此外，正式的做法和非正式做法千差万别，尤其是实际行动公然违反道德准则，这些都会造成严重的问题。

• **成功的幻觉**。像安然一样，许多毒领导热衷于对自己或所在组织进行积极而广泛的报道。他们经常以此来塑造成功的形象，即使没有真凭实据或实际情况并非如此。创造成功的幻想后患无穷。散布错误信息导致人们无法根据真实的信息做出明智的决定。

• **激励不当的行为**。从长远来看，奖励短期的不道德行为而非长期优先考虑的事项，最终必然导致问题重重。在安然，高管们在重压下追求表面高利润而不得不撒下弥天大谎。应该激励员工和领导为公司的最佳利益而工作。

• **沽名钓誉而不务实**。安然依靠的是所谓的商业名望和夸大的声誉，而非实际的商业成功。他们放弃了打造自己的品牌而千方百计与哈佛商学院这样最受人尊敬的机构结盟，以给自己撑门面。他们也非常善于获得广泛而积极的媒体报道。然而，生意实际上没有成功，公司或领导者注定要失败。

能力孵化

- **盲目信任和贪婪**。快速致富计划、传销等方式注定要崩塌，但人们总是盲从于自己的偏见和贪婪。例如，购买安然股票似乎可以一夜暴富。事实上，对于安然公司的巨大泡沫，投资者也难辞其咎。当公司的增长或业绩让人难以置信时，投资者应当对此进行翔实的审查。

- **监管机制形同虚设**。对公司和个人来说，在没有任何监督和审查的情况下赚取巨额利润而逃避制裁，这种情况并不罕见。事实上，安然公司同样如此。如前所述，适当有效的监督系统是防止脱轨的重要组成部分。

结 论

在各组织系统中，我们可以看到一致模式，这些模式引发或催生脱轨和破坏性行为。"毒三角"无论是在小型企业，还是在跨国公司都屡见不鲜。有效的治理结构和监督，以及恰当的制度有助于识别个人脱轨的可能性，同时也可以预警并确保组织的系统和结构不被损坏。短期内，不道德和破坏性的行为能够获得丰厚的回报，这对人们吸引力十足，但从长远来看其造成的损失却不可估量。

第十五章

暗黑特质：竞争障碍者、马基雅维利主义者、自恋狂

> 作恶不难，形式无限。
>
> ——帕斯卡

清单：暗黑特质的十种表现

常见的暗黑特质列表如下。这个清单当然并没有囊括所有，但仍然有助于你更深入地了解负面特质：

·**傲慢**：他们认为自己绝对正确，方式永远最佳，自我最为重要。他们从不承认自己的失败，即使他们丝毫没有做出贡献，却总把所有功劳归于自己。

·**自我**：无论是好是坏，他们都需要成为焦点。他们的思想、感情和情感常常被人津津乐道。他们总是（大声地）问，为什么所有的问题都要堆到他们的面前。他们往往没有自知之明，认为别人把问题推给了他们，却没有意识到，是他们制造了大部分的麻烦，并且可能成为周围人不断发生冲突的根源。

·**阴晴不定**：他们可能喜怒无常，也可能以商业冒险为乐。他

们可能会给出指示，然后很快就会莫名其妙地改变主意。在重要活动的前一晚，他们总会有全新的想法。他们的情绪像娃娃的脸，说变就变，前一分钟高兴，后一分钟生气。或者，他们做出的决策经常使企业陷于困境。

· **过度谨慎**：犹豫不决和不确定性使他们驻足不前。持续的高压将击垮他们的决策能力。在某些情况下，谨慎可能是好事，但是过分谨慎将导致无法做出决定，尤其是至关重要的决定。他们总是不厌其烦地向别人征求意见以确保决策万无一失。如果可能，他们就会不断推迟重要的截止日期和决定。因他们难以履行重要职责或不敢做出决定，许多机会都白白浪费掉了。

· **多疑猜忌**：他们总是不自觉地做最坏的假设。他们倾向于相信，别人的错误是蓄意破坏。他们将他人的成功视为对自己的正面威胁。无论发生什么，他们都假设最坏的情况。

· **孤僻**：他们将自己和同事孤立起来，尽可能避免与同事互动，并尽力封闭自己，或故意让自己处于某种情境，可以完全忽略他人。这是一种歇斯底里式的自我强迫式孤立。

· **哗众取宠**：他们喜欢与众不同和标新立异，以此引起众人的注意。他们会渲染出细微的差别，因别人注意到他们的独特之处而倍感高兴。这一点可以归结为"过度寻求关注"，并且和工作完全无关。

· **消极抵抗**：他们反对决策，但不表达分歧。他们保持安静，**不断退缩或生闷气**。然而，出于个人原因，他们不会争论。他们的沉默很容易被误解为同意。总之，他们抱怨、生闷气，但避免直接对抗。

第十五章 暗黑特质：竞争障碍者、马基雅维利主义者、自恋狂

·完美主义：他们有一种执念，所有的事情都应该做到最好，但往往陷入琐碎细节中，小事做得很好，大事却不停出错。在开始撰写报告之前，他们甚至总纠结于页边距是否对齐。他们宁愿迟到40分钟，也不会让自己看起来很邋遢。他们无法按时完成工作，因为他们的工作从未完成过。他们不断地做出改变，导致要解决的错误接连不断，并且专注于无关紧要的细节。

·取悦他人：他们想得到所有人的喜欢和欢迎。相较于完成任务，他们更看重结交朋友。他们觉得自己心怀善意：想结交朋友，且不惜一切代价维护关系。他们是可爱的工作伙伴，但却不善于做出困难的决策。

所有这些特征都是负面特质在工作当中的微小体现。以上大多数特质可能都是相对良性的，在某些工作中，甚至大有裨益。然而，在承担更高角色或更具挑战的任务时，这些特征便会造成极大的挑战。适度的取悦他人可能很讨人喜欢，但从更高层次来看，它也可能会导致，为避免冲突而牺牲业务绩效。

对于可恶型领导者脱轨的研究，人们认识到，存在"暗黑三性格"亚临床精神病。他们自私自利，毫无同情心。因此，他们不感兴趣、不适合也不擅长处理需要某种互惠的长期关系。成功的职业生涯和卓越的领导都需要一定程度的互惠互利。

领导者需要为公司的成功和利益而放弃个人的欲望。有负面特质的人没有能力或不愿意延迟满足个人欲望，因此这个差异可能是导致脱轨的关键因素。这些人可以归类为精神障碍者，马基雅维利主义者或自恋狂。实际上，这三个特征不乏相似之处，其中包括缺

乏同理心，喜欢操纵他人以及所谓的道德败坏。暗黑三性格导致人们追求自我目标和剥削他人。总之，这三个特质都包含为了享乐、权力或名誉而故意剥削他人。

对于自恋狂来说，人生至高目标莫过于改善自己的形象。自恋狂不仅关心权力，更关心如何利用权力和影响力赢得众人的赞赏。当且仅当他们能够代表一家公司时，自恋的领导者才比较看重组织的成功。自恋狂踩着权力的阶梯，不断攀登职业高峰，所谓的领导地位对他们来说只是一种让自我感觉良好的方式罢了。自恋狂会取得一时的成功，因为自恋的特质能产生强大的动力，可以不惜一切代价实现目标，然而，捍卫自己的声誉和形象会导致隐藏错误而不是解决问题，或专注于自我保护，而漠视公司需要处理的优先事项。

马基雅维利主义者可能是富有魅力的剥削者。他们追求权力，并认为道德无足轻重，不过是可资利用的诡计罢了。像自恋狂一样，马基雅维利主义者对成功也很在意，但并不一定追求他人的赞赏。他们从权力和影响力中获得满足感，不论他人是否注意到自己的权力。自恋狂利用影响力换取个人形象；马基雅维利主义者通常很乐意与自恋狂做交易。

精神障碍者是剥削者。他们寻求刺激，喜欢操纵他人并甘愿为此冒险。马基雅维利主义者和自恋狂利用他们的才华满足私欲，精神障碍者可能会利用他们的才华故意折磨他人。他们享受别人的不幸，且以标新立异为乐。精神障碍者不仅仅是古怪或是剪了一个非传统的发型，他们还喜欢故意违反社交和文化规范，而这纯粹是为了让别人震惊和不安。精神障碍者可能会"功成名就"，因为他们毫无芥蒂地利用任何社交工具来"得其所好"。

第十五章　暗黑特质：竞争障碍者、马基雅维利主义者、自恋狂

精神障碍：缺乏"良心"和"同情心"的领导者

精神障碍者喜欢权力，支配他人，因此自然而然对领导职位趋之若鹜。显然，他们缺乏两个关键要素：良心和同情心。在亲和力（agreeableness）和责任心（conscientiousness）方面，他们得分极低。其症状通常表现在两个方面。首先是社会情感（socio-emotional）方面，他们肤浅、缺乏同情、极少内疚或忏悔，对欺骗和操纵他人乐此不疲，同时以自我为中心、好大喜功。其次是他们的社会行为偏离，因为他们很容易感到无聊透顶，且缺乏自我控制。在儿童时期，这些人就表现出诸多行为问题，成年后则开始具有反社会行为倾向。

黑尔（Hare, 1999）在一篇有关白领精神障碍者的文章中指出，很多人都是"信任贩子"，他们通过魅力和胆识获得他人的信任，然后残酷无情地背叛他人。这些人摇身一变，就能成为学者、宗教领袖、医生、警察或作家，并利用自己的职位便利违法乱纪。巴比亚克和黑尔（Babiak and Hare, 2006）相信，我们大多数人每天都会与精神障碍者打交道。很多人符合精神障碍者的基本特征，但并没有表露出严重的反社会行为。他们表现出许多不当行为模式，但还不构成犯罪；非常擅长形象管理，并极度向往不稳定、混乱、不断变化的情境，以便浑水摸鱼。这些人似乎天然自带补偿性因素，例如利用高智商和高地位逃避法律制裁。自陈式人格量表给出了相关行为种类的清晰描述（Benning et al., 2003）。

这些因素似乎可以归结为两个维度：一个与高负面情绪有关，另一个与低行为约束有关。本尼等人（Benning et al., 2005）进一步

向大家指出了精神障碍者的两个侧面：强烈的支配意识（油嘴滑舌、华而不实、欺骗、抗压力性低）和反社会倾向（攻击性、反社会性、低自控）。这表明在精神障碍者群体中，也许可以区分出这两组人来。

具有支配意识的领导者表现出明目张胆和始终如一的态度，漠视和侵犯他人的权利。这些人通常遭遇过重重苦难，并有过险象环生的经历。具有反社会倾向的人则非常冲动，根本无法提前计划。他们被"困在当下"，烦躁不安且攻击性十足，总是攻击他人。最令人沮丧的是，他们毫无忏悔之心。只有在对自身有利的情况下，精神障碍者才能维持一段关系——这种关系注定难以持久。如何对付这些人呢？多特里克和开罗（Dotlick and Cairo，2003）提供了4条建议：

· 鼓励他们对自己的行为负责，对其违反规则、无视后果的行为要问责。

· 鼓励他们认真考虑，他们必须真正遵守哪些规则，而不是违反哪些规则。

· 请君入瓮，让他们为自己的行为付出代价，这会对他们有所帮助。

· 向教练倾诉，可能会让他们受益。我们会建议采用复杂的选择技术来淘汰他们，或者让他们远离管理职位。

霍根（Hogan，2001）则注意到，这类人往往胆识过人，沉着冷静，因此其他人会觉得他们魅力四射，甚至让人无法抗拒。在那些期望大胆冒险的行业，他们似乎是非常理想的高级管理职位人选。巴比亚克和黑尔（Babiak and Hare，2006）认为，精神障碍者在商界

确实大行其道。通过问卷调查,他们总结出了企业精神障碍者所表现出的10个特征:

- 给人的感觉是优雅、精致、迷人。
- 将大多数对话转变为对他自己的讨论。
- 诋毁和贬低他人,以建立自己的形象和声誉。
- 一本正经地向同事、客户或业务伙伴撒谎。
- 认为受其操纵和迷惑之人愚不可及。
- 机会主义;极度讨厌失败,为赢取胜利不择手段。
- 冷酷及精于算计。
- 行事不道德、不诚实。
- 在组织中形成一种权力网络以谋私利。
- 对于做出"对公司、股东或员工产生负面影响的决策"毫无悔意。

精神障碍者很容易被误认为是理想的领导者:优雅、精致且魅力四射。他们可以将自己的阴暗面掩盖得天衣无缝,如欺凌、不辨是非和操纵他人。

重要提醒:揭示问题根源的三个指标

重要的是要记住,并不是所有的脱轨都因为负面特质或故意渎职。领导者和专家可以像其他人一样成为环境的受害者。领导角色不仅涉及权力、影响力和威望,还可能成为替罪羊。这是做领导的风险之一。当一个公司或组织遭遇广泛责难时,最高级别的领导自然会成为指责的对象。领导者必须承担最终责任和后果。众所周知，最佳领导者不是组织内部耳目遍布的独裁者。卓越的领导者不可能无所不知，也不应该寻求无所不能。因此，事情一旦出了差错，人们往往关注外部因素而忽略内部各种问题。

领导者有一种独特的乐趣，那就是组织成败皆系于一身。这就是为什么区分"好人"和"合适的人"是如此重要。无论是因为自己的错误还是环境所致，领导者很容易误入歧途。有些领导者经验丰富、具备许多积极特质，但他们可能会忽略厄运将至的重要迹象，从而一头扎进必将失败的道路。或者，领导者可能会看到预警信号，但心有余而力不足，终致无力回天。

有时发现失败之预警信号，着实困难。因此，有意识地寻找领导者犯错的故事，并看看他们是如何处理失败的，这一点至关重要。看看他们在应对困境时，如何坚持直到转机出现。他们是否从失败中汲取了教训，并且运用在未来的工作中？正式面试显然不是向人们询问过去失败的最佳时机，因为这样的环境需要特定的呈现方式。然而，对于内部候选人来说，或许可以在非正式且真实的背景下讨论以前的失败。

如果此人认为自己从未失败过，或者不愿意承认失败（不会将失败称为失败），那么，其前行路上可能问题重重。如果未来有更严重的挑战，他们可能意识不到（或者他们可能不愿意承认）自己已经处于脱轨的路上。其他人应该批判性地评估自己的业绩表现，认可自己和他人的成功，并且能够及时改变方向。承担责任、道歉并承诺（诚实地）下次做得更好，永远不要低估这种能力的重要性。

有三个关键指标有助于揭示问题。精神科医生说它们是所有人

第十五章 暗黑特质：竞争障碍者、马基雅维利主义者、自恋狂

格障碍的根源，例如自恋狂、精神障碍者、强迫症和偏执狂。如果提问方式及收集数据的方式得当，这些问题并不难发现。

第一，这个人"建立关系"吗？ 过去和现在，无论是在工作场所还是其他环境中，他们都能够建立和保持健康的人际关系吗？他们是否有成熟的社交技能，足够的情商理解，享受与朋友和熟人的关系，并从中受益？他们是否建立了互相支持的团队？

尽管他们看似魅力四射，但精神障碍者无法维持各种关系。在人生道路上，他们总是撒谎、忽悠和欺骗，让别人伤痕累累。自恋狂之所以不建立人际关系，是因为他们只沉迷于自己：对阿谀奉承要求太高，以至于毫无时间与他人互动。通过背景调查及仔细的提问，就不难发现一个人的关系管理水平。问题的核心不仅仅是通过"社交网络"建立关系，而是具有发展和维持健康、互惠关系的能力。这些在学生时代就可以初见端倪。

第二，他们有自我意识吗？ 对比其他人的评价，他们是否有合理准确的自我评价？他们对自己的才能有合理的认知吗？他们是否严重高估或低估自己对别人的吸引力或自己的道德水准？

使用多源反馈（有时也称为360度反馈），有助于解决这个问题。大多数人高估了自己的优势，低估了他们的"发展区域"。这都是正常的（在统计学意义上），甚至可能表示"心理上是健康的"。问题的关键还是在于差距到底有多大，有无本质的区别：在多源反馈中，他们自己的观点和其他人的观点之间的差异大小和性质；自我评价和其他行为（心理学）测试结果之间的差异大小和性质。

自恋狂往往会严重高估自己的能力、魅力和决策能力；精神障

165

能力孵化

碍者则认为自己品德高尚，愿意为他人谋取利益。许多脱轨的领导人发现，强大的自尊心曾经帮助自己青云直上，然而一旦被看穿，他们就会一落千丈。

第三，有适应和灵活性问题吗？ 成功不同于失败，它可能是一个差劲的老师。个人也好，组织也好，有了过去的成功经验，就会依葫芦画瓢，希望能够一如既往地取得好的结果。从经验中学习的能力是成败的关键标志。

第三部分 Part 3

测评—技术和应用

第十六章

测评：认识潜力的方法

> 你若精彩，天自安排。
>
> ——福西昂

在前面的两部分，我们讨论了预测高潜力领导者的不同指标，以及为什么如人格、智力以及经验这些要素会导致工作中潜在的成功或失败。测评（assessment）建立在上述假设之上，据此可以评价人们是否具备相关特质及各个特质的得分高低。换言之，一个更加务实的问题可能是，谁更具备高潜力，以及是什么类型的高潜力。事实上，测评有助于回答下述问题：你如何吸引这些高潜人才？你是否可以辨别他们？用什么工具可以去芜存菁？在识别高潜力人才方面，如果存在一个值得信赖的对正确的特质进行评估的工具，那真可谓大有裨益。

有人会说，他们可以凭借自己的经验、知识、心理意识或其他一些特质，直观地发掘高潜力。然而，直觉并不绝对靠谱，个人意见也不是识别高潜力的最佳方式。假设有很多毕业于一流大学的候选人，他们的工作经验都非常抢眼，这时候应该怎么识别谁会最终脱颖而出呢？在识别高潜力人才方面，什么方法效果最佳呢？本章将对测评做一番概述，并试图回答这些问题。

案例分析：如何挑选高潜力的技术专家和经理

想象一下，你刚创办了一家前景非常光明的公司。为了扩大业务，你准备聘用两个高潜力人才。你需要一个熟悉互联网的技术专家，同时也需要一个经理，以应对棘手的客户服务。在读完本书前两部分后，现在你已经了解了很多东西，比如潜力以及不同职位要求的不同特质。你有特定的目标和足够的专业能力，知道在这两个关键岗位上做出成绩所需要的技能。假设出现了大量求职者，他们才能卓越、兴趣浓厚，那么，你该如何找出填补各职位的最佳候选人呢？答案是测评。

测评是一个流程（Cohen，2012），涵盖了找到各种信息的总体方法。通过综合来自各种相关源头的信息，人们就可以据此得出一个清晰的画面，以判断谁更适合这个岗位。显然，测评既是一门艺术，也是一门科学。结合各项测试（test）——用于了解候选人不同的特质，就可以创建一个测评（assessment）。测试通常有非常具体的目的，基于多方面的测试或信息源。一个设计良好的测评能够回答更广泛的问题（MacRae and Furnham，2017a）。

测试：用单一的独立测量工具，测量某个特定的行为或态度。

测评：结合了多种理论来源的信息（通常是测试）来解答更广泛的问题。

——改编自伊恩和弗海姆

能力孵化

测评可以被用来发现人岗匹配度。它包括胜任力的测试——通过书面答卷考查相关知识，或通过实践项目来检验实际能力；它还可以包括面试，询问一些关于价值观、目标、个人特征等特定问题。对于一些工作岗位，测评还会涉及身体健康状况和运动能力的检查。此外，背景调查、推荐人调查以及其他调查有时也是很必要的，这些都能确保找到最佳人选。

和测评不同的是，测试仅仅是收集特定信息的方法。例如，在测试时，我们可能询问："一个人解决数学问题的水平如何？""这个人是否具备做领导的最优性格？"测评则是用来回答更复杂的问题的流程，如"这个人适合晋升吗？"显然，通过各种测试可以建立一个更全面的形象，测评则可以结合测试收集所有相关因素的信息，对此进行综合评估，以确定所有有助于回答问题的因素。

不管一个组织是大是小，它们都面临一个挑战，就是如何分配资源。一个高效的测评流程需要资金，但组织可能不会在这上面分配资源。特别是初创公司，它们的资源极其有限，显然也没能力在复杂的评估流程中投入过多。因此，在创业的特定阶段，应该如何明确潜力的类型（做什么事情的潜力）呢？找到能保证在目标岗位取得成功的关键因素的清单，然后再决定哪些测试应该包含其中。

关键成功因素清单，可能包含：

- 专业技能（IT）。
- 智力。
- 尽责性。
- 人际交往技能。
- 管理技能（经验）。

- 价值观：创新。

不同的特质的重要性各不相同，主要依赖于组织的目标和愿景，以及当前岗位的现实挑战和目标。围绕"做什么的潜力"，清楚地确定被评估的每个特质的相对重要性，这是非常有用的。因此，可以制作一个图表，对相对重要性进行排序。

在小公司，工作角色的职责会有很多重叠之处，因此对技能和特质的要求也应该与之对应。如果我们立足长远（这个我们将在第二十一章和二十二章阐述），那么在关注这些初级岗位之外，还要有意识地规划他们的未来。这对双方都有好处，一方面增长了公司可持续成长的能力，一方面为员工提供了长期发展的机会，这有助于增加他们的忠诚度和承诺（MacRae and Furnham, 2017a）。

随着业务的发展，人员的增加，经理可能会扮演一个更明确、更具战略性的领导角色。这一部分的例子可以参考表16.1，该表估计了各个职位的每个技能/特征的重要性（1是最不重要的，5分是最重要的，范围从1到5）。

表 16.1 根据不同岗位，对于各个特征重要性的打分

特征	技术人员	经理/客户服务
专业技能（IT）	5	3
智力	5	4
尽责性	5	4
人际交往技能	2—3	5
管理技能（经验）	1—2	5
价值观（创新）	4—5	3—4

备注：这个例子我们假设经理也需要一些足够的技术知识和经验，来监督和判断技术人员的工作。

然后，在决定了高潜力的最优标准后，下一步就是判断各候选人在每个特质维度上的得分。一个清晰的框架可以确保人们使用正确的标准来判断。在可能的情况下，应该基于证据对每个特质进行评估。简单来说，当缺乏适当的测评标准，或者评估时缺乏必要的证据，那么问题就会出现。比如，通过面试挑选出表现最和蔼可亲的候选人，他可能很快成为一个糟糕的低绩效人员。

忽视或遗漏真正重要的因素，这是导致测评缺乏预测力的重要原因。基于错误的标准或不相关的标准进行选择，不可避免地会导致糟糕的选择、发展或保留决策。在判断一个人是否能快速投入现在的工作时，"是否能与你融洽相处"可能是一个好指标，但它并不一定能预测谁在未来最有潜力。糟糕的评估可能源于两个基本的问题：

・未能确定准确的关键预测因素／指标。如果有助于预测一个角色成功与否的特征被忽略了，选择合适的人来担负这个角色就完全没有保证了。

・未能准确评估／衡量成功的关键指标。即使指标识别准确，但仍有可能测试不准确。如果测试不能衡量相关特质，那么信息就会不精准，甚至会误导人。

选拔理想员工的一个经过精心设计的测评如表16.2所示：

表 16.2　评估特定的属性

特征	技能重要性	测评方法	评分（1—10）
专业技能（IT）	5	现场观察	
智力	5	测试	
尽责性	5	性格测试	
人际交往技能	2—3	面试，现场观察	
管理技能（经验）	1—2	经验，面试	
价值观（创新）	4—5	测试	

备注：在这个例子里，我们假设经理需要一些技术知识和经验，有足够能力监督和评判技术人员的工作。

质量：不同测量方式的性价比分析

不是所有的测试方式都是平等的。在实践中，有一些关于选择测试方式和测评方法的关键标准。现实中，对于任何业务，时间和资源都不是无限的，因此我们必须要考虑这些限制条件。在所有公司、所有岗位中，用最贵的方式和精细的评估流程是不现实的。物美价廉有时最为重要。

人力资源专家们提供了一个很到位的关于测评方法的概览。弗海姆教授调查了 400 名人力资源专家，发现总体而言这些人对于测评都持赞同态度，但对具体的测试方法，他们的评价却大相径庭。推荐信被认定是最无效的，仅仅比"个人直觉"好一点，当然，这也是最省钱、最实用的办法。因此，尽管相对于其他方法来说最不可信，但这种方法应用得最为广泛。

借鉴库克的标注，我们用以下这些指标来评价选拔测试：

· **效度（Validity）是最重要的标准。** 除非测试可以预测绩效（productivity），否则使用它没有任何意义。一个有效的测试需要精准测量它所测量的内容，并与工作有直接联系。如果测试非常有效，那么即使很复杂和昂贵，也是很值得使用的。

· **费用也是一个非常重要的考虑依据。** 心理学家可能认为这不是最重要的考虑因素。然而，在实际的商业案例中，费用的问题还是很重要的，不能被轻描淡写。

· **实操性是一个否定性的标准；这是不使用测试的原因。** 如果测试需要精密的设备（如大脑扫描），需要花费大量的时间或者非常难以实施和管理，那么这些就都是不切实际的测试。

· **简单来说，普遍性就是指，测试可以覆盖多少类型的员工。**

· **（候选人的）可接受性是重要的因素，特别是在充分就业时期。**

· **合法性也是一个否定性的标准，也是不使用测试的原因。** 这些通常是难以评估的。在法律角度上，很多测试会让人费解或迷惑。然而，如果一个测试被违法使用或者有潜在的法律风险，那么对这类测试就应该慎之又慎。

围绕人力资源专家的态度，弗海姆教授（Furnham，2008）的调研结果见表16.3。库克教授提供了非常有用的指引来判断这些测试的每一个评判标准，总结在表16.4。

第十六章 测评：认识潜力的方法

表 16.3 人力资源从业者对于测评方法的评价

方法	A 效度	B 费用	C 实操性	D 合法性
面试	3.11	2.99	3.83	3.61
推荐信	2.23	1.71	3.37	2.95
同侪评估	3.08	2.39	2.74	2.56
个人简历	2.80	2.58	2.94	2.76
认知能力测试	3.90	3.41	3.20	3.37
性格测试	3.55	3.56	3.25	3.23
评价中心	4.03	4.42	2.71	3.70
工作样例	3.90	3.07	3.00	3.51
岗位知识	3.65	2.27	3.49	3.47
教育证书	3.13	1.64	3.69	3.43
360 度评估数据	3.56	3.46	2.73	3.03
个人直觉	1.83	1.39	3.03	1.53

是否用到测试并不是确定的，关键还是要看选择了哪一个指标。进一步来说，有些评估可能更重要一些，相对于其他测试也占据着更高的比重。如果选择最便宜的筛选方法，那么就必须接受较低的准确度，而且未来为了留住员工，可能需要支付额外的费用。选择效度最高的测试，如果违反劳动法，就很有可能会为组织和招聘工作带来风险。

库克教授用 6 个标准来评判各项测试。基于这些标准，人们可以做一定取舍。例如，多花费用可以保证效度，牺牲实操性可以保证普遍性。除了这些标准之外，在有些问题上人们还需要进一步达成共识：是否要将所有的预算仅仅花在少数人身上？或者将预算延伸到公司的每个人？

表 16.4　用 6 个标准对选取的 12 个测试的概述

技术	效度	费用	实操性	普遍性	可接受性	合法性
面试	低	中/低	高	高	高	不确定
结构化面试	高	高	有限	高	没有测试	没问题
推荐信	适度	非常低	高	高	中等	一些疑问
同侪评估	高	非常低	非常有限	非常有限	低	没有测试
个人简历	高	高/低	高	高	低	一些疑问
能力	高	低	高	高	低	大问题
精神运动性测试[①]	高	低	有限	有限	没有测试	没有测试
岗位知识	高	低	有限	有限	没有测试	一些疑问
性格	变化的	低	高	高	低	一些疑问
测评	高	非常高			高	没问题
工作样例	高	高	有限	有限	高	没问题
教育程度	适度	没有	高	高	没有测试	大问题

这个比较表明了：

・结构化面试效度好，但可复制性差，并且价格过于昂贵。

・能力测试效度好，对不同类型的工作都非常有用，并且复制起来方便，费用低而且容易管理。不过，在有些国家可能存在潜在的法律风险。

・测评效度好，可以用于不同的工作岗位和管理层级。法律上也没有问题。不过，这种方式难度高、时间久，而且费用不断攀升。

・工作样例效度好，容易应用并且法律上非常安全，但非常昂贵，因为需要特定的工作场景。

・岗位知识测试效度好，容易使用而且很便宜，因为在商业领

---

① "精神运动性测试指的是对个体精神活动、意识活动模式/特点的测试"。

第十六章 测评：认识潜力的方法

域很容易获得相关资料。不过，书面测试存在一定的法律风险，而且效率不高，因此数字化方式成了一种趋势。

• 性格分析对于预先判断一些行为非常有用，但很难用于预测特定技能。在有些领域，它们是最佳选择，诸如工作人员在培训中的学习速度如何，或人们是如何处理压力的。

• 推荐信仅仅有一定的效度，但费用低。不过，法律在不断限制它们的价值，但它们确实可以为第三方提供非常有用的信息，可以避免个体自我评估的隐形偏见。

高管评价：发现高潜力的七个步骤

对高管进行评价绝非易事，不但成本很高，而且需要高超的技能、敏锐的洞察力和大量的时间。下文列举了一个相关案例，分为以下7个步骤，实际使用下来，效果不错：

• **步骤1**：应聘者要接受一个小时的非结构化面试，面试由一位有企业工作经验的人力资源专业人士进行。需要撰写详细的观察报告。

• **步骤2**：这份报告提供给第二位具有相似经验的专家。根据岗位需要达到的标准和必须具备的能力，该专家会对应聘人员进行第二次结构化面试。

• **步骤3**：如果两人都认为候选人合适，他们将加入公开的评价中心（assessment centre）。由一个小组对候选人进行调查，并对候选人与其他人进行对比评估，来看看候选人相对于其他人的表现。

• **步骤4**：如果都通过了，他们还需要提供10~12个证明人来做背景调查。证明人需要佐证候选人具备一系列能力（教过他们，

177

或者一起工作过，等等）。选择其中的8个人进行结构化的电话访谈，其中要包括和步骤2一致的一些标准。

・**步骤5**：如果候选人仍然被判断为合适，他们将被邀请参加最后的面试。面试团的成员包括高级管理者，人力资源专家，候选人将来的上司，以及有经验的第三方。前面步骤所有的资料，包括两份书面报告，评价中心的报告以及背景调查的证明人的报告都会提交给面试委员会成员。

・**步骤6**：在候选人到达之前，面试团要进行两个小时讨论，涉及每个人的印象和顾虑。

・**步骤7**：最后，通过3位高级成员和一位外聘的独立评估师来组织引导2~3个小时计划好的面试。

这个是非常昂贵的流程，但就选拔高潜人才和避免决策错误而言，该方法一直以来的效果都不错。

HPTi 和高管领导力

尽责性

尽责性的意思是强大的计划性、目标导向和自律。如果没有高度的尽责性，战略思维就不可能得以贯彻。如果任用低尽责性的领导来引领一个组织，那么组织将会完全被所谓应急战略（emergent strategy）所左右。他们非常擅长在最后一分钟沟通谈判和抓住机会。即使状态不明，也可以快速决定。不过，如果一个人缺乏尽责性，那么他是不可能成为战略型领导者的。

调整性

调整性是非常有用的,但也取决于组织的要求和其他条件。当要求提高、压力变大或环境充满敌意时,人们就需要具备强大的调整性(情绪稳定性)。领导者必须承担责任,承受后果带来的打击,这需要情绪稳定。战略领导者必须能够克服自己情绪的不稳定,专注于组织的价值观和战略。

竞争性

竞争性很有价值,不过要注意适度。如果竞争性聚焦在组织的成功,聚焦在团队、部门和公司的相对优势,那么它就是有益的。适度也很重要,如果竞争性适度,那么领导者就可以将他们对成功的渴望,转化为可实现的、合理的目标。竞争性太高的话,领导者往往希望被视作组织成功的化身;完全没有竞争性的话,领导者又难以聚焦战略优势并抓住机遇。

好奇心

好奇心是战略的基础:乐于学习和发现信息是战略家的基础。良好战略植根于对公司、公司内部人员以及公司外部情况的深刻理解。持续学习为自上而下的战略提供信息,有助于发现成功的应急策略并做出明智的决策。如果没有好奇心,很难对任何问题或公司形成战略认识。

模糊接受度

过度简化的解决方案总是看起来最有吸引力,实则最难成功。如果具有高模糊接受度,那么领导者就会寻求更多的信息,即使这些信息互相矛盾。领导者必须有能力倾听各种不受欢迎或反对的意见。模糊接受度太低的话，领导者就很难容忍那些异想天开、较复杂的信息。然而，没有对复杂问题的理解，一个好的战略就不可能形成。糟糕的领导者常常热衷于鼓吹某些方案，这些方案看似简单明了，实则并未经过深思。

冒险精神

对于领导者和战略家来说，有建设性的和深思熟虑过的冒险精神是必需的。领导者作为战略家，即使面对他人的反对，也必须有勇气来解释为什么战略是重要的。他们必须不屈不挠，坚持立场，并解释他们的价值观。

结 论

如何学习掌握详细且复杂的信息？测评与这一点密切相关。有一些简单的、标准化的方法是有用的，并且可以在人与人之间进行比较。从大量的候选人群中找到真正具有潜质的人，这类方法总是非常具有挑战的，但并不是不可能的。依靠良好的信息、有效的标准、可靠的测试，人们就会做出良好的选择决策。然而，在更高的层级上，或处理更为具体的、更为个人化的决策时，标准化的方法所能提供的帮助就比较有限了。人们还是可以作假、欺骗，或者刻意以某种方式掩饰他们的言行。越是非正式的场景，候选人越是可能表现出一些非正式的技能、特点、价值和属性。无论是为了什么岗位，什么样的发展机会或者其他的测评意图，首要的是定义关键标准和高潜力的指标，找到最佳方法来评估和测量这些预测高潜力的指标。

第十七章

技术：在工作场景中的评估方法

> 我们可以知道什么？或者我们可以识别什么？当一个错误堵住了我们意识的窗口？
>
> ——约翰·戴维斯爵士

在招聘工作中，没有真正理想的完美方法、测试或技术能保证"适人适岗"。工作的要求——基于理想的员工标准或人才市场的实际情况——总是变化多端。从"必须活着"到"有意愿改变宇宙和地球"，我曾经听到过各种各样的对于理想员工特点的描述。这并不完全是讽刺。"必须活着"可量化，但不太乐观；"有意愿改变宇宙和地球"又过于乐观，除非用于挑选神学家或地质学家。

良好的测评必须针对工作岗位的要求，对候选人的胜任能力进行比较。不同的测评方法有各自的优势和局限性。不过，人力资源对于测评的熟练程度和个人经验会强烈地影响其效果。此外，还要考虑到测评的实操性和费用，这应该是最大的限制性因素了。面试、简历和个人的陈述报告，虽然这些测评方法最为常见，但绝非最有效的测评方法。

工具箱：获得相关数据的六种方法

一般来说，有五种基本方法可以用来收集与人相关的数据。除此之外，有一些"怪异"的方法也趣味横生。我们会对这些方法进行讨论，这些方法不但可以且应该用于育人和留人，而且在选拔员工的过程中，还可以借助它们完美地识别出最优和最差的人选。然后，在如何发展和保留人才方面，我们可以讨论一些更有意思的问题，而不是翻来覆去纠结于面试、推荐等技术手段的各种顾虑。

接下来，我们将讨论每个方法的细节。

自陈报告

自陈报告本质上是人们对自己的评价。自陈报告方法通常要求人们描述自己，评价自己在多大程度上同意相关陈述。"告诉我，为什么你想得到这个工作？请描述并举例说明，在伦敦哈默史密斯和富勒姆地区，最近你有什么行为展现出见义勇为精神或英雄气概？"

自陈报告可以包含开放式问题，信息由被评估者生成和构建，比如简历、求职信或个人陈述。开放式问题允许被评估者利用他们所提供信息的性质和类型。当人们被问到一个问题，被评估者可以利用自己的经验和理解来回答这些问题。一个开放式的问题可以是"关于合理地处理这份工作与个人生活之间的关系，你有什么看法？"自陈报告也可以包含更有导向性的封闭式问题，如："你有汽车保

第十七章 技术：在工作场景中的评估方法

证自己天天上下班吗？"封闭式问题也很常见，但只有在话题缺乏交互性的前提下，才会用到。在大多数人格测试或面试中，候选人往往需要在纸上或网上回答特定问题。封闭式问题所透露的信息是有限的，因此如果有机会进行面谈或更开放的社交互动，有机会辨别答案的细微差异，那最好不要使用封闭式问题。

自陈报告技术可以是结构化的，也可以是非结构化的。结构化流程涉及特定的问题、严格的标准或预定义的工具。在非结构化流程中（比如面试），可以用开放式的问题引出新的、非预设的问题，"告诉我一些关于你自己的情况"或者随着交流的深入而互动起来。结构化的流程会用到一些标准的、既定的问题清单，面试者不允许偏离流程（尽管每个面试者的答案可能有很大差异）。

人们对自陈报告都已经驾轻就熟了，特别是面试和简历，这是其优势和吸引力所在。在教育和工作期间，大多数人都学过如何撰写简历并且熟悉格式和要求。用人单位知道从简历中得到什么，也不用去解释为什么他们需要简历。大多数用人单位对简历都非常熟悉，所以有能力来撰写工作要求和工作描述。面试同样常见，大多数用人单位认为面试是一种有效的方法，并对评判个人特质很有用。不幸的是，自陈报告（尤其是面试）实际上是最不精确和最不可靠的评估潜力的方法之一，它存在两个经常被忽略的严重缺陷。

第一个缺陷是，关于自我觉察和社会称许性／赞许性。人们总有一些自己不能或不愿意提及的事情。例如，面试中常见的问题"你最大的弱点是什么？"被面试者肯定不会很情愿地提及："我是一个极端的大男子主义者。不过，我并不善于和其他人沟通且保持良好关系，因此 你可能很多年下来也不一定会注意到这一点。"当相

183

关问题牵扯到自我觉察和社会称许性/赞许性时，动机就会成为一个大麻烦。例如，在面试中，候选人可以被问道："为什么你希望得到这个工作？"通常很少有人说"因为报酬"。

自陈报告第二个缺陷则更为明显：人们有可能不说实话。这叫作伪装或掩饰，本质上就是谎言。大多数组织都知道候选人会在简历或面试中夸大其词（或者故意撒谎），但在选拔和晋升中，简历和面试似乎又是必不可少的要求（将面试和/或简历作为唯一评估手段也并不罕见）。人们欺骗自己或他人的原因有很多，特别是当面对一个工作机会或升职机会时，人们尤其有动机这么做。自陈报告这种方式会诱使候选人以特定方式回答问题，即使答案并不真实。此外，它还会鼓励人们在简历上添油加醋。不说真话的方法和形式很多，所以我们继续来深入其中的细节。

马克思·艾格特是一位选才专家。他提出很多不同类型的谎言，为准面试官们制作了一份很棒的清单。

• **白色谎言**（White Lies）：一些缺乏实质内容或真实性的自我吹嘘。这就如同是在简历中放上一个"应该有"的清单，不管清单的内容是否真实。"我百分之百是一个坚定的团队合作者""我有非常好的社交技巧和能力来理解他人""我是超级忠诚和值得信赖的人"。当然，问题是谁说的？证据在哪里？最好的解决方式是忽略所有这些荒唐的表达："谢谢，我会对这些东西做出判断。"

• **利他的谎言**（Altruistic Lies）：这些谎言试图掩盖某些事情，但看起来他们是在帮助别人。他们会说自己辞职是因为在寻找新挑战，而不是照实说，放弃上一份工作是因为经理太霸道，他们的团

第十七章　技术：在工作场景中的评估方法

队缺乏竞争力，或公司非常不可靠。

· 故意遗漏的谎言（Lies of Omission）：对于很多人而言，这是最容易和最常见的谎言。人们故意忽略在高中或大学阶段某些不够理想的成绩。人们总有一段时光是模糊不清的，或者"被遗忘"的。最常见的就是关于时间的谎言，候选人借此来掩饰某段非常短暂的工作经历。一段工作任期写作"2011–2012"，可能意味着两年、两周或者两天。

· 防御性谎言（Defensive Lies）：防御性谎言是用笼统或游移的方式来回避某些事。如果我们问一个人，关于他们上一任老板的管理方式、他们离职的原因或他们的健康记录，那么你通常就会得到一串模糊的表达，如"和公司其他人一样""我和我的同事们是一样的""在那时"……当你问模糊的问题时，你会得到防御性谎言。人们将自己不胜任的原因归咎于"经济不景气"，其实这些完全和GDP的趋势无关。

· 冒充的谎言（Impersonation Lies）：这个也叫作转移谎言，一般体现为冒认他人的贡献和功绩，常见的表述如"我在一年时间内把销售额翻倍"或"我负责了超过300万的预算"。在这类谎言中，所有同级同事的职责和作用都被忽略不计。对于成功，究竟应该归功于谁，本来就很难说清楚（对于失败，当然都只字不提）。某些人常常凭借这类谎言冒认所有的功绩，忽略其他人在过程中的贡献。

· 植入式谎言（Embedded Lies）：这是一种非常聪明的花招，可以用来迷惑面试官。"我真的很享受在牛津的时光"可能仅仅指的是在不太知名的牛津布鲁克斯大学（Oxford Brookes）的一门短期课程。这样做的目的是暗示一种与现实截然不同的经历、资格或成就。

185

"和BBC在一起的日子很开心",这种答案可以表示"作为《问题时间》的观众的愉快经历",也可以表示"它们来我的学校拍摄",总之,几乎可以表示任何事情。

•**事实或工作经历造假**(Errors of Commission or Fact):这是最常见的造假方式,是明显的、可查证的谎言。比如,声称具备自己其实并不具备的资质;描述自己在子虚乌有的公司做过的子虚乌有的工作;不存在的技能。这是最明目张胆的谎言。

•**咬文嚼字的谎言**(Definition Lies):这是律师或政治家的惯用伎俩。什么是公司转机;加入最新的团队意味着什么?通过玩弄非常具体又很模糊的定义,很多人就可以浑水摸鱼。这样无论出于什么目的和意图,他们都在说实话:"我和俄罗斯人没有'联系'",或者"看看比尔·克林顿的声明,这完全取决于'是'这个词的含义",或者干脆声称,对己不利的事实是假新闻。

•**委托谎言**(Proxy Lies):这是候选人让别人帮他们撒谎,通常证明人是原来的老师、教练或者同事。通过熟练地利用原单位领导有限的记忆、虚荣心或使用其他贿赂,这些人就能说服其他人成为共谋。

欺骗和谎言可以进一步分为两类。区别在于欺骗是集中在内部还是外部。有些人对自己撒谎,而有些人对别人撒谎。当然,有些人说的是实话。

印象管理(Impression management):人们试图创造一个特定的个人形象,并突显自身技能或特征。印象管理可以是相对次要的、被动的,通过省略或掩盖某些细节,就可以强调积极的一面。印象

第十七章 技术：在工作场景中的评估方法

管理在社交场合很常见，工作也不例外。要在工作中取得成功，人们总要在一定程度上推销自己，展现能力和技能。然而，信息的省略在规模和严重程度上可能会有所不同，未提及的错误也会累积起来。当一个人谎称拥有并不具备的资历或经验时，印象管理将成为一个非常严肃的问题。蓄意、有意识和持续的欺骗行为会对个人、团队和公司的业绩产生严重后果。在一定程度上，艾格特所归纳的谎言类型均涉及印象管理。

自我欺骗（Self-deception）：人们有时真心相信自己拥有某些不属实的特性。例如，一个人可以说（并相信）自己是一位杰出的演说家和对话者。他们非常相信这一点，以至于他们认为，在任何可以讨论各自观点的场合，他都能在谈话中起主导作用，例如会议、晚宴或公共汽车站等。因为这一切不过是自欺欺人，所以他们可能完全没有意识到，所有的证据都表明，他们实际上是一个让别人无法忍受、厌恶至极的人。然而，当被问及这一点时，他们会诚实、详细地（以他们自己的观点）描述他们的人际交往能力和他们的沟通优势。

对测试和评估来说，印象管理和自我欺骗并不是不可逾越的障碍。许多个性和偏好测试都会涉及一些措施，旨在帮助人们识别印象管理或自我欺骗。通过这些措施，人们可以挑出那些以最圆滑的方式回答问题的人，并找出他们的谎言或前后矛盾的地方。这些措施的目的是检测出某些作答模式，这些作答模式偏离了相关测试的核心意图。它们通常被称为"反应偏差的度量"。面试是一项要求很高的技能，即使是最熟练的面试官也会受到许多其他因素的影响。这就是为什么要尽可能地用其他形式的信息来核实自陈报告中的说法。

观察数据

观察数据（Observation data）是对一个人的间接观察，其目的是（希望能够）针对候选人的表现获得更加公正客观的观点。最典型的观察者数据就是推荐信或证明信。这里面最关键的假设是，相对于个体的自我评估，其他人的评估更可靠。这种假设并没有什么错，但也有一定局限性。360度测评（多源反馈）就是利用熟悉某个人行为的其他人对其进行观察。360度测评之所以大受欢迎，是因为关于一个人如何思考和行动，它似乎提供了更多的"客观"信息。360测评的名字也表明，从各个角度观察，能更全面地了解一个人的潜力（见图17.1）。

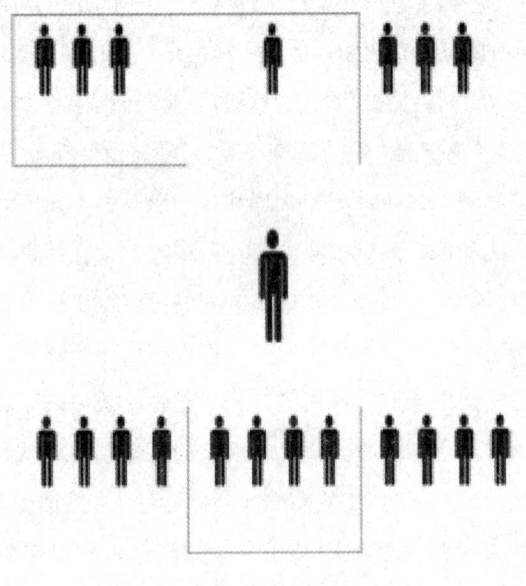

图17.1　360度（多源反馈）工具

第十七章 技术：在工作场景中的评估方法

大多数组织都试图从认识候选人的其他人那里得到可靠的报告。在职位申请表上，许多组织都要求候选人列出在相关场景中熟识他们的人。这些场景可能和学校或工作有关，也可能是社会团体或体育俱乐部。这些外部评级者可能（而且应该）会被要求提供证明。虽然应该考虑其局限性，但观察者数据仍然有用。

第一个局限涉及观察者对被观察者的实际了解程度。直接上司仅仅知道某些情况和经历，因此他只能观察到某人很有限的一部分特征和行为，而且其视角可能与同事或员工非常不同。上司所观察到的行为和表现受到工作环境、两者之间的关系和自身洞察力的影响。学校教师或大学讲师的知识和经验与私企老板不同，因为关系和环境不同。配偶、伴侣可能有着非常不同的参照系和观察点。核心还是这些人知道什么：关于一个人的能力、动机、工作方式和行为数据的质量和数量。另外，求职者对不同的人也会有不同的表现，对待他的经理、同事和直接下属完全不一样。

第二个局限在于，证明人准备在多大程度上说出自己的真实想法。一些组织拒绝提供推荐信，因为他们害怕诉讼。他们担心员工会因为他们的言行而将他们告上法庭。有些公司只允许确认员工在职的日期，禁止描述这段时间内所发生的事情。当然，这在很大程度上是无效的，因为一句话所能表达的远不止这些。设想一下，如果你要说"确实，从1月到7月，帕斯卡在这里工作"这样一句话，那么你可以想到多少种方法来强调"工作"这个词，进而改变这句话所传达的信息。

第三个局限是，候选人之所以选择这些证明人，显然是因为他认为这些人有助于传达他最积极正面的形象。这并不是说，提供证明和推荐信的人是坏人或故意不诚实。不过，这些关系显然会影响评判的结果。每个人都知道负面信息的力量，特别是当推荐人被期待给予正面评价时，他必然会极力避免提供任何负面信息。因此，在候选人所选择的证明人那里，招聘人员很难获得关于其弱点的有用信息。

测试表现

测试表现指的是，在测量潜在特征和能力的测试中，个人表现如何。现在，有很多不同的测试被用来评估候选人的特定技能。举例来说，智力测试，考查的是信息加工、检索和储存的通用能力。职业技能则可以聚焦在实用性上：卡车司机的核心技能就是驾驶能力，因此最佳的测试方法是让候选人驾驶一辆卡车。通过书面或口头测试，能够测量候选人在特定领域的理论或实践知识。除此之外，体能也可以是测试的一部分，消防员等岗位都会以此确保相关人员具备特定能力。相比自陈报告，有效的能力测试能准确地预测未来绩效。

随着市面上可供选择的测试品种越来越多，以及许多人开始自己动手，测试的适用范围已经越来越广了。对测试或评估知之甚少的单位领导可能会自己制定一套模式，以此来考评绩效、测试能力和评估其他实际事宜。然而，在研发一个测试时，如果缺乏适当的培训或经验，那么事情通常就会变得非常糟糕。

还有一种常见的情况，主管或经理基于特定标准设计了少许测试，以此评估绩效或能力，但他们没有向员工明确这些标准是什么。举例来说，领导分配项目任务，并没有指定完成日期，但自己却想着"他们可以在这周内完成"。这很可能就会造成错误，因为糟糕的测试会产生无用的或误导性的结果。如果一个人想要有用和有效的结果，测试开发就不能浅尝辄止。

实际测试的案例

某些职业往往会用到实践技能测试，因为其工作任务似乎自然地导致相关人员必须在实践中接受测试。如果工作涉及修理发动机、发型设计或厨艺，那么直接请此人露一手就行了。然而，在白领职业中，为什么这种方式并不多见呢？

最近，本书的一位作者参与了一项选拔工作，要想干好相关岗位，应聘者必须有能力从事在线数据的更新和维护，并联系客户。这个人可能在家上班，因此需要自律性，还必须有能力按时间表完成工作（尽责性）。面试显然无法有效地评估该职位所需的技能，特别是技术能力。

相反，我们使用了一个简短的模拟练习，与实际工作的要求非常类似。模拟练习包含技术任务和人际任务。第一项任务是开发一个包含一些模拟条目的在线数据库。候选人被告知基本要求和评分细则。他们有几天时间自行完成任务。候选人也有机会提问，以便了解他们的任务。节选的评分标准如表 17.1 所示。

能力孵化

表 17.1　样本实操测试积分

元素	得分
任务 1：技术	
按时完成	10
创建数据库，输入正确的信息	30
按时提出恰当的问题	10
任务 1 的总分	50
清晰度	5
专业性	5
得到需要的信息	10
任务 2 的总分	20
总分	70

在各自的简历中，所有的候选人都说自己技能娴熟。如果面试时被问到这一点的话，他们仍然会再次强调。单从简历来看，似乎所有候选者的能力都胜任该岗位。然而，经过实际测试，候选人之间的区别就清晰地显露出来了。第一，不同候选人之间，实际能力存在着非常明显的差异。一些候选人仅仅是勉强完成了工作，而另外一些候选人则表现得非常熟练。第二，任务揭示了候选人是否有能力按时完成工作，而这是此岗位最基本的要求。一些候选人根本没能完成任务，一些候选人临近截止时间才完成，一些申请者在任务下达后的几个小时内就完成了。这提供了一些洞察工作习惯和按时完成工作能力的依据。当然，当一些人知道自己在和别人竞争，或知道这份工作即将到来时，他们会试图给别人留下更好的印象。第三，候选人提出的问题揭示了更多的信息：候选人被鼓励提问，并被告知这项任务的目的，即对他们可能在该岗位上的表现进行全面评估。

第十七章 技术：在工作场景中的评估方法

有些候选人不提问题，这对于某些岗位来说很可取，但也可能是一个警告信号，提醒我们此人更容易做错事，而不是弄清楚指示或澄清工作的要求。其他候选人则提出了关于任务的具体要求的问题，对于要求精确和准确的岗位而言，这无疑是可取的。在这项任务中，一个人问了一些更有见地的问题，包括他们的职责范围、工作量大小以及该职位未来的发展方向。清晰、深思熟虑的问题显示出对该岗位更高层次的洞察，以及对工作中潜在挑战和机遇的更深入的思考。当然，通过面试中的提问，你也能了解到这些品质，但实际任务可以更好地彰显这些品质。

通过第一项实际任务，那些最有可能在该岗位上取得成功的候选人得以入围。然后，候选人进行了第二次测试——模拟客户服务的任务，该测试主要选拔人际交往能力出色的候选人。不出所料，一些人际交往能力最强的候选人在技术上却不太合适。

实践技能测试的要求颇高，在选拔流程开始之前，就必须开发出具体的测试任务和评估框架。这意味着所要求的标准必须提前建立。如果允许候选人提问，那么耗费的时间将会更长。要求越高、任务越复杂，评估者的工作量就会越多。候选人人数增加，也会增加评估者的工作量。不过，这些信息非常有价值，有助于评估者做出更明智的决定，从而大幅提高选拔合适人才的可能性。

在人才保留和发展中，测评员工在实际任务中的表现就简单多了。完成实际任务就是工作本身，因此，一个称职的领导者或人力资源部门可以直接在工作中完成对员工表现的评估。这种评价可以是正式或者非正式的。如果绩效标准很明确，那么这种评估就能具备强大的洞察力。工作表现的部分元素（如很好地完成任务）预测

能力孵化

了他们在执行相似任务时的能力。他们在工作中所表现出的其他的能力，如按时完成（尽责性），快速克服挑战的能力（勇气），适应变化的能力，解决问题的逻辑性（智力），这些都可以作为胜任其他工作岗位或职责的潜力指标。

生理学证据

生理学证据可能是最新的，也是最有争议的测量项目。很早之前，人们就开始对生理特征进行测量，比如头颅形状、手指长度和头部尺寸等。现在，招聘程序中也会包含对于人体功能的某些测试，如健康状况等。对于一些岗位而言，员工必须定期（例如每年）参加体检，以保住他们的工作。

在招募新兵的时候，英国军方通常设置了明确的体能要求，并安排了心血管健康和肌肉力量方面的测量（要求见表17.2）。想加入英国军队，首先必须跨过一道资格门槛；然后军方会对应募者的身体表现进行评估，并结合其他相关工作标准进行权衡。在其他工作中，如在酒类行业工作，相关企业可能会对候选人的肝功能进行测试，以此筛出嗜酒如命的人。参加奥运会的运动员也会被要求进行很多不同的测试，以此证明他们没有使用各种兴奋剂来提高成绩。

表 17.2　英国军队的体检选拔流程

测试	男性	女性
折返跑测试	10.2 级别	8.1 级别
仰卧起坐	两分钟 50 个	两分钟 50 个
俯卧撑	两分钟 44 个	两分钟 21 个

第十七章　技术：在工作场景中的评估方法

科学和技术的发展，正在创造出更有效、更快速、更容易和便宜的手段，以此测试人的各项生理指标。血液测试和唾液样本可以用来诊断各种情况，比如个人所能承受的压力水平。

在竞技体育等对身体性能要求比较高的活动中，生理学证据得到了更广泛和更有效的应用。有许多生理学测试可以用来测量各种属性，诸如对极端温度的抵抗力，身体如何有效地运输和使用氧气以及肌肉力量等。围绕生理表现进行有趣的选拔，关于这方面的争议现在还只是局限在它们自己的小圈子中（Tanner and Gore, 2013）。不过，随着这项技术的发展，职业面试官们很快就将卷入一系列道德、实践和法律问题——让我们拭目以待。

例如，麻省理工学院媒体实验室（MIT Media Laboratory Group）一直在开发他们称为"社会测量徽章"（sociometric 徽章）的产品。这是一种可穿戴的电子设备，旨在测量一系列不同的社会互动。当一个人佩戴这种徽章时，它就能追踪周围其他人的面部表情以及社交互动量。它们也被用来测量走动和其他社会信号。这些类型的设备可作为绩效管理系统的一部分，根据设备收集的数据，企业得以衡量员工社交互动的水平和质量，以此来奖励员工。对一些人来说，这可能是很有意思的；对于另外一些人来说，则非常让人恐惧。

个人历史/档案

档案是个人生活的历史记录。在档案中，你可以寻找有关候选人的智力、个性和潜在行为的线索。一个人来自什么样的文化背景？他们有多少兄弟姐妹？排行第几？他们的学校如何？学习成绩如何？这些关于社会—经济状况的信息都是非常重要的。

能力孵化

心理传记学的文献如今不断涌现，它旨在从心理学角度解释某人的历史和经历。因此，人们对史蒂夫·乔布斯和理查德·布兰森等人进行了大量研究，试图了解这些杰出人物的动机。不过，这些研究顶多描述了一系列发展里程碑。显然，没有任何一个既定的人生轨迹或独特的经历可以作为高潜力的标志。

搞怪的替代方式

管理顾问和营销人员常常急于给招聘和选拔工作增添一点新鲜感和兴奋感。他们时常会想到一些愚蠢的活动，希望以此对候选人的真实能力、个性和动机挖掘出新的和丰富的见解。稀奇古怪的问题，各种古怪的任务，一个准评价中心（quasi-assessment-centre）……很多时候，这一切仅仅是营销噱头。

团队游戏

大多数人是通过团队来工作的，他们一定要学习如何合作和互相帮助。然而，该如何评估这一点呢？有人提出了一些很搞怪的方法：

·道德困境游戏。这类游戏有数百种变体：热气球；救生艇；肾机能病人；迷失在沙漠、北极或海洋中……基本上，这些游戏都需要在没有正确答案的情况下做出高难度的决定。"救谁，放弃谁"，这些伦理方面的内容可能会引起很多问题。一些培训师沉醉于此，另一些则会刻意回避。让参与者学会如何互相交流，处理冲突，解决问题，这是设计这些游戏的初衷。然而，说到底它也只是游戏，

第十七章 技术：在工作场景中的评估方法

而远离现实生活，因此从长期看它的影响非常有限，预测能力很一般。

• **问卷调查**。个体平常如何在团队中工作？倾向于采取什么方式在团队中工作？问卷可以测量这类问题。你是谦虚的公司职员还是天生的董事长？如果在漂亮的教室中安稳地回答这种问题，那么问卷就是一种更糟糕、更伪科学、更需要反省的方式。在填写问卷时，你确实可以思考自己团队的模式，试着去理解为什么你会遇到困惑、冲突，或者取得成功。这样做可以最大化团队的异质性：覆盖了所有的角色。安全，有一点点思考，一些很好的讨论和一点反思，但总体上这种方式是相当无效的。

• **玩乐和游戏**。依据设备和天气状况，小组成员们可以进行一些手工作业或拼图游戏。通常任务包括了气球、棒棒、鸡蛋、勺子等工具。经过包装后，一些夏令营活动就变成了公司活动。小组间互相竞争，另一些人则充当旁观者。一周后，人们就会觉得一切很愚蠢且没有意义，即使活动时他们看起来充满了快乐。

• **虐待狂式的体罚方式**。让羸弱的商务人士凄惨地前往湿冷的威尔士山边，参加拓展训练，这样做主要为了让你远离自己的舒适区，体验马斯洛需求层次最底层的生活，以此来发现你们是多么需要彼此。然而，课后蓬头垢面的狼狈相，愤怒，伤害，羞辱……这一切很快就让该方式失去了吸引力。

一顿愉快的午餐

为什么不邀请候选人一起共进午餐呢？通过一顿午餐，候选人的社交技能、情商和魅力都可以被测量。候选人会不会聊天？他们是否了解交替发言的重要性？他们能否表达对他人的兴趣和让别人对自己感兴趣？有时候，在非正式的场合，人们更容易从更独特的和更有意思的角度，深入地了解他人。一两个小时的午餐提供的机会，能让你了解很多情况，而这些情况在传统、呆板的办公室环境中是不便讨论的。关于上一份工作，他们所喜欢的老板，他们想到的创新，对他们的职业生涯产生了很大的影响的各种因素，他们的业余活动……在共进午餐时，人们会放下自己的防御心理，无法或没有动机去掩盖很多东西。非正式的情景产生非正式的谈论。

通过此类活动，你也会看出候选人对礼节和礼貌的理解。大多数人（通常）会拒绝喝酒，但如果主人说"我想喝杯酒，你愿意和我一起喝吗？"候选人又会如何反应呢？经验老到的高管知道在商务谈判和一般的交际中，"镜像模仿"的力量。

人的怪癖会在午宴时一览无余。强烈的厌恶，缺乏耐心以及苛刻挑剔……各种僵化性都将暴露。午餐时很有可能涉及食物和健康的话题，或者一些其他习惯。对陌生人、服务员、上菜慢、厨房的失误、噪音、拥挤环境等的反应，对开胃菜的态度……如果所要招聘的工作需要频繁接触新鲜事物，比如大量的国际差旅、娱乐和销售，那么午餐中方方面面的行为将会揭示很多信息。花时间和金钱值得吗？这取决于午餐的质量。

另外，如果遇到爱投诉、爱打官司的候选人，该怎么办呢？这些人一旦被淘汰，就会抱怨说，这都是因为在午餐时他们没喝酒，只吃素，或坚持自带餐具，进而遭遇到了偏见和不公正。有些人会说，利用午餐面试非常不科学，难免带有许多的偏见。事实确实如此，但它依旧是有用的、有意思的，甚至可能是有趣的。另一些人则认为，

第十七章 技术：在工作场景中的评估方法

在这种场合，你不可能真正透过候选人的外表和防御，了解到更多的情况，这也有一定的道理。

当然，不一定每次面试都在午餐时进行。不过，考虑发展高潜力人才，明确指导关系，进行继任规划，招募高价值或战略性职位，指定特别重要的招聘或留任决策……处理这类核心事务时，不妨考虑一下午餐。

第十八章

选聘：如何挑选适合的人才

> 你怎么知道一个愚人如何选择智者？
>
> ——爱德蒙·瓦勒

究竟应该把精力用在寻找（招聘、筛选、挑选）顶级人才（几乎"完全成熟"的人才）上面？还是用在教练、训练和传授上面，让"未来之星"成为"顶级人才"？这类问题涉及很基础的一点："如果意愿充分，人究竟在多大程度上能够发展自己？"

这个问题还能换一种简单的表述方式：你是否愿意投入资源，来识别候选人的基本潜力，发展其相应的技能或胜任力，并给予其所需要的知识？还是说，你需要的是马上就表现出高绩效的人？招聘高绩效者通常都是很昂贵的。然而，招聘到早期的高潜力人才，并发展这些潜力，使之成为高绩效者，这种方式也同样昂贵，不仅要花费大量时间，而且需要投入不少真金白银（Schmidt, 2016）。

开发一个合适的员工选聘流程，通常包括 3 个关键阶段（Berger et al., 2004；Cloutier et al., 2015）。

- 识别胜任能力。胜任能力是导致高绩效的技能、行为和特征。挑选流程必须聚焦于识别各类胜任能力，且随后可以基于业绩对这些胜任能力进行评估和复盘。对员工来说，胜任能力提供了一个清晰的框架，他们可以借此理解自己的工作职责，从而让员工与组织的价值相匹配。

- 明确如何测量这些胜任能力。必须首先对测量措施进行明确定义：究竟什么才是真正的胜任能力？如何最好地评价胜任能力？最有效的评价证据是什么？搞清楚这些后，才能用到本书之前提到的测试知识。比如，利用专门的面试评估表，对于候选人的性格特质进行测试；在评价中心观察候选人的行为……

- 开发测评的流程。流程可能包括使用量表来使面试结构化，但面试远非最优的选拔方式。测试不同的胜任能力最好用不同的方法。设计选拔流程包括如何施测，谁来做面试，如何指导、培训和监督面试官，什么场合以及什么时候进行选拔。

面试：十二个经过实践检验的技巧

面试被称为应用最为广泛却最不可靠的测评手段（Levishina et al., 2013；Huffcutt et al., 2013）。面试涉及很多变量：面试的时间，面试官的数量，是否是小组面试……其中最为重要的就是，面试用不用结构化。结构化面试需要事先设计好、程序化，询问每个候选人特定的问题；非结构化面试则受制于面试官的技能、判断力和注意力。

面试官问什么样的问题，得出什么样的结论，在许多方面是不一致和不确定的。一个重要的问题是，面试官之间是否存在共识？对于同一位候选者，两位不同面试官的判断是否一致？在设计良好的结构化面试中，不同的面试官在评分上有大约50%的重合。在非结构化面试中，面试官对同一个候选人的评分仅有11%的重合。这意味着，同一个候选人的不同面试官很难达成共识。也许一个面试官颇为其所动，而另外的面试官却认为此人一塌糊涂。具备技能的面试官通过有计划的、结构化的面试，才可以产生相对有效的数据。然而，即使这样，不同面试官之间仍然会有差异。

这提示我们，面试并不能有效地预测在工作岗位上的成功（或者失败），以此作为唯一的招聘选拔手段是不够可靠的（Frauendorfer and Mast, 2015）。显然，越是重要的岗位，越有必要在面试之外增加一些其他的评估方式，以此来预测其潜力。

然而，面试非常受欢迎且被广泛应用。表面上看，面试是最容易的——安排和每个候选人进行谈话，看看哪一个候选人的表现最让人印象深刻。毫无疑问，如果没有清晰地定义潜力，或者没有一个提问的框架，那么面试显然无法稳定可靠地预测潜力。很少有人会通过真正必要的流程来设计一个面试——这需要面试官进行全方位思考。许多问题导致面试流程中出错，主要包括：

• **面试官有不同的价值观、动机、信念以及偏好。** 由于这些因素，面试官有可能倾向于特定的候选人，忽略他们的实际能力。这种情况相当常见，候选人通过分享在运动队、电视节目或娱乐活动中的经历和观点，和面试官建立融洽的关系，突然就会成为最可取的候选人。

• **面试官技能参差不齐。** 从他人那里提取信息是不容易的，一些面试官能很好地甄别欺骗，很有技巧地让候选人放松和诚实地作答。一个快速的玩笑或者一种评论就可以改变整场面试。同理，一个不好的玩笑或让人尴尬的评论也可以改变整场面试的结果。

- **面试官的动机、注意力和不同决策的理由。** 当一些面试官专注于选拔流程，并致力于取得面试的成功，另一些面试官可能缺乏兴趣或不够敬业。一些面试官可能更想选出绩效表现最出色的候选人，一些经理则寻找那些他们可以控制的、个人更喜欢的候选人。面试官可能会基于很多理由来选择候选人，其中很多原因其实和工作绩效的潜力并无关系。

- **候选人经常会通过自促作用和自我拔高来塑造自己积极的形象，面试官需要努力对之进行管控（并不总是很容易实现）。** 一些面试官可以很好地甄别自促作用或欺骗；另一些则擅长应对自我膨胀、阿谀奉承的人，能够快速去伪存真。

- **经过各种辅导后，候选人可能知道在面试中应该如何表现。** 候选人可以通过各种途径获得相关技巧，可以通过朋友、导师甚至其他面试官，还可以通过各种培训课程。一些候选人可能具备高潜力，但是不知道如何在面试中表现好，这将成为不利因素。

- **候选人（面试官和证明人）可能撒谎。** 最糟糕的结果可能是，撒谎者占到了便宜，但这一点有时候确实最难甄别。一个候选人在面试时是非常好的撒谎者，在工作中则是最糟糕的员工。

- **面试官用以打分或测量的其他技术存在变化。** 这种变化有可能是无害的，并非面试官故意的（曲解）。或者，当标准缺乏清晰的文字定义时，一些面试官往往会采用他们创造出来的标准。

- **面试官试图预测，在截然不同的面试环境中，比如不同条件**

和场景下，候选人会有怎样的表现。我们发现，与面试和测试相比，一旦人们以其他角色处于完全不熟悉的场景，面对挑战和压力，他们的表现通常会有巨大的变化。

- **在给面试者打分时，面试官趋向于限制在狭窄的范围内。** 对于不同的候选人，他们也不会进行足够清晰的区分。用其他方式来说，如果面试官需要在1—100之间给候选人打分，那么他们很难用极端方式，给最差的候选人打出1分或给最好的候选人打出100分。

- **在面试前，面试官可能会修正自己的想法。** 很多时候，在面试开始前，面试官已经有了自己心仪的候选人。内部候选人总是受到某种偏爱，他们可以自动得到工作岗位。一个人的简历可能会得到偏爱，裙带关系也往往会在其中发挥作用。虽然面试可能是通过强制性的先决条件来筛选人才，但面试官本身却难免存在先入为主的情况。

- **面试官容易受第一印象的影响，从而忽略了随后的信息（或用初始视角对待随后出现的所有信息）。**

- **与选择的因素相比，排除的理由（即淘汰）所占权重很不合适。** 当某些特征很明显且极易令人讨厌时——比如口臭、笨拙行为或其他社会错误，尤其会出现这种情况。

- **面试官有特定的（错误的，没有被证实的，奇怪的）隐性的人格方法论。** 这可能包括一些因素，例如某面试官认为有体育背景的人通常乐于团队合作，有些面试官则用人们的生辰八字来预测人格及其是否与工作相符。

通过简单步骤就可以改进面试，进而提升它们的信度（reliability）和效度（validity）。然而，任何人在实施面试或通过面试得到信息时，必须记住，面试并不是最好的测评方法。在获得招聘、发展、保留等事关决策的信息方面，只靠面试很难保证其可靠性。

对于决策来说，一定要参考从其他途径获取的信息，这一点非常重要。

12个经过实践检验的最佳面试技巧：

· **基于彻底的岗位分析来确定基础问题**：一定要先行识别清晰、适合的特质和行为，且它们必须是绩效和潜力的真实指标。

· **询问每个候选人完全一致的问题**：不是向特定的人发出"提示"，而是用后续问题继续挖掘，必须让所有候选人的答案包含同等的信息量。

· **使用相关问题**：将问题设计为情景问题、能力问题、人生故事问题或知识问题。确保问题能以最佳方式揭示有效技能。要求人们展示他们的知识或理解，而不是询问他们是否有技能（Ingold et al., 2016）。

· **用较长的时间和大量的问题进行面试**：确认其他来源的信息不会影响面试。例如，让不同的人看简历和背景调查资料，但面试官则只基于面试表现做出决定。在所有的面试完成后，看了不同来源信息的人再去比较他们的评估。

· **不允许候选人问任何问题，直到面试结束**：这个时候数据已经被完全收集好。所有的候选人可以得到持续的信息和适当的反馈（如果确实需要），这些基于他们面试时的相对表现。

· **用详细的行为锚定等级打分法，并做详细笔记**：这样候选人的答复可以用来量化计分（如1—10分），进而对候选人进行客观比较。

· **使用多个评分量表对每个答案进行评分**：特定问题可以有多

个期望标准。对于旨在考察一个人的知识的相关问题,应该基于知识的准确性或将知识应用到工作中的能力进行评价,也可以综合考虑这两个方面。

· **如果有可能的话,可以让多个面试官参与**:多个面试官可以相互比较他们的评价,分析各自评分相似之处和不同之处。

· **一贯性**:用同样的面试官(同一组面试官)来面试所有的候选人,并提供持续的训练,以提高这些面试官的信度。经过很好的训练后,面试官更有能力对候选人进行比较。进一步讲,应当尽可能保持面试时间的一贯性。在周一早晨、周三中午或周五晚上,同样的面试官也许对人有不同的感受。

· **用统计的方法预测,好过诊断的方法**:用研究和证据代替个人经验对潜力进行判断。两者都有价值,但相对大规模、高质量的研究来说,个人的经验(你自己的,或者他人的经验)是不可靠的。

· **不要询问无关和空洞的问题**:如果你是一条鱼,没有人介意你想成为什么样的鱼。现实中一直存在很多荒唐的问题,试图让候选人惊讶或难堪。你的时间和候选人的时间一样宝贵。因此,请询问与工作目标相关的特定问题。

· **友善**:候选人花费了大量的时间来投递简历和准备。面试官要认可那些不成功的候选人的努力,并尊重所有的人。对成功的候选人也表现出同样的考虑。

证明:通过评分表提高有效性

背景调查是试图得到有关人的一些客观的、独立的评估信息。

第十八章　选聘：如何挑选适合的人才

背景调查很常用，也是需要的。然而，虽然对证明人的人数有要求，但相关信息很少经过复核，这一点很让人惊讶。进一步讲，虽然背景调查涉及候选人的一些外部信息，但它们从来不是客观的，也很少有独立性。正是基于期待（或知道）证明人会说什么，候选人才选择了他们。

这让背景调查有其优势，也同样具有严重的瑕疵。像面试一样，背景调查可以是开放性的，面试官或评估者能接触候选人所提供的证明人，并询问各种问题。对于封闭式的背景调查，我们可以更灵活一些，让证明人描述候选人的技能或性格特质。对于候选人的技能或经历（或者有能力发展一些积极的人际关系）而言，这些可以提供一些很有帮助的背景信息。不过，这些信息是非常有限的。在典型的背景调查中，证明人应该能不受约束给出意见，或对于其他证明人的报告进行打分。证明人对候选人的观察理解，基于的是自己的视角，他们通常会用最极端的词汇来描述好坏。

本质上，背景调查很容易发现候选人的正面信息，毕竟候选人和证明人相识（或曾给后者留下了不错印象）。证明人的作用非常受制于经验、社会角色和性格。人们希望通过背景调查，发现与业绩有关的信息。然而，实际上，人们借此只能发现，候选人在争取积极评价方面所展现的说服力、人际关系能力、魅力和决断能力。

对于通过背景调查所得到的信息，质疑的声音越来越大。很多人相信，它们不可靠或者缺乏效度。背景调查最核心的问题就是，评估者要考虑很多方面的因素，而这些因素有的和在相关岗位的未来表现并没有关系。背景调查时，人们需要先评估候选人、证明人以及候选人和证明人之间的关系，然后再考虑他们提供的信息。这种评估过程包含非常复杂的分析，因此牵扯到大量的资源和时间投入。背景调查中，经常会发生的错误包括：

·宽容（Leniency）。大多数证明人都会毫无区别地来给出正面信息。他们担心，给出负面信息会影响人际关系或承担法律责任。由于缺乏激励，证明人根本没有动力花费时间告知真相。

·特异质反应/偏好反应/性格偏好（Idiosyncrasy）。人们会用奇怪的方式，基于非常不同的标准来描述或评估他人。这些背景调查信息很难用来预测工作潜力。

·自由形式的证明（Free-form references）。证明人在提供信息时，通常缺乏必要的指引或要求。证明信往往只是列出了姓名、工作岗位和联系方式，或者就只是一份证明。如果我们不提供指导原则，那么以这种方式所获得的信息就可能非常宽泛。

通过解释背景调查的具体用途，可以提高其有效性。使用等级表、精心设计的评分表或强制选择格式能够带来很大的帮助。例如，证明人使用表18.1来给候选人打分：有一份工作，其职责包括与各地客户见面，并推广我们的服务。请根据这份工作所需要的能力，给候选人的特点打分。

表 18.1　工作技能打分的例子

特征	评分（1—低，10—卓越）
人际交往技能	9
销售能力	9
遵守时间	7

表格中的信息是非常有用的，因为可以用来和其他人进行比较。

虽然证明人喜欢给出高分，也可能会夸大其词，但表格清晰地揭示了，与销售技能和人际交往比较，"守时"的分数相对低。这种类型的打分系统应该允许证明人表明，自己不知道候选人在某些方面是否具有特定技能。单位领导可以选择那些最好的证明人来证明。候选人所选择的证明人通常是最佳选择，因为作为伙伴，他们对候选人非常了解。招聘者还可以向证明人询问特定的问题，并保证他们能通过匿名的方式回答。

改进选拔流程：关于面试的五点建议

下面是关于改进面试测评的一些建议：

定义潜力。这本书的主题就是，清晰定义素质、特征和胜任能力——这些应该能保证候选者在工作中取得卓越的业绩。因此，要确保公布的岗位要求描述清晰，面试官或评估者对"要求什么、如何评估"有清晰和精确的理解。如果有多元的要求标准，那么就需要清晰的定义和重要性排序。

增加客观性。不可能将主观性在评估过程中完全排除。每份职业和每家公司对不同的工作岗位的要求都会有一些不同，不同职业可能的发展轨迹也会不同。因此，应该尽最大努力确保面试过程的客观性。只有潜力被清晰地定义，才能产生定量的、清晰的评估方法。如果工作涉及销售产品，比起标准面试来，一通模拟的销售电话将是更好的评估方法。

那些包治百病的快速选拔方式，很可能会将正确的人安排在错误的岗位上。招聘和选拔的负责人需要有持续的兴趣来寻找更好的方法，以此评估候选人实际的技能和能力。对于行政岗位，在面试前可以给候选人布置一项简明的行政任务，然后在面试中讨论这个任务的流程和结果。

建立信度。确认测评在面试官和面试者之间是持续一致的。如果用到多个面试官，确保所有的面试官总体上用的是完全一致的方式，具有同样的信息，所有的面试基于同样的假设和标准。虽然这个看起来容易，但通常很难保证每个面试官都阅读且理解了岗位描述，并据此进行评估（让人惊讶的是，面试官对于岗位的假设，经常和正式的岗位描述并不相关）。

人们在面试中总是基于他们的需求，或者基于在面试时想得到的事情来做评判。如果这里有多个面试官或评估者，可以把面试/测评流程分解为不同的步骤。例如，候选人完成具体技能的评估后，即将进入提问环节，这时可以让善于提问的评估者主导，也可以用不同的测评方法来测评。用同样的人对不同的候选人进行测评和打分，会非常公平。

清除障碍。清除招聘中所有与实际工作表现不相关的障碍。就推广员工公平和增加高潜力人才的储备（确保高潜力候选人不会被忽略）方面而言，这样做会有双重优势。性别、社会阶层、种族、地理距离、任人唯亲……障碍可以是任何与这些要素相关的东西。例如，大多数公司常常会在招聘时忽视一些特定的人，比如有些人因为身体的原因无法天天去办公室打卡上班。然而，越来越多的工作主要依靠信息技术，这意味着很多工作可以远程完成。如果沟通是有效的，通过适当的监督和有效的质量控制，地理距离就不再构成工作的障碍。越是有竞争力的公司，越会找到方法，发现并聘用高潜力人才，即使他们从未谋面。

发展效度。效度意味着优化流程来确保高潜力人才能够成功地被分辨出来。越是有效的流程，越是能够识别一个人的实际潜力。效度会围绕前面提到的所有的步骤和流程，来提升工作与人相关的精细度和独特性。这意味着采用恰当的方式来适应业务内容的要求，采用恰当的方式来适应商业环境和工作的要求。另外，不同的潜力对应着特定的工作或职业发展路径。这意味着持续思考和再评估这个问题：做什么的潜力？

结　论

选拔和评估通常是相辅相成的，招聘新员工时往往倾向于选拔，运用选拔的方式也日益丰富。招募新员工，挑出那些有潜力、能保持业绩或必须裁撤的人员，在这些情况下评估者都能很好地运用选拔技巧。

面试和背景调查这两种方法很基础，在现实中获得了广泛应用。虽然它们的可靠性最低，但并不意味着，它们应该被完全放弃。当然，大家还应该掌握那些更复杂的工具，特别是针对高级职位，或存在很大的脱轨风险时。先要列出一个所期望的人格特质和胜任力清单，然后再选择最适合的测评方法。恰当的选择流程可能很难，成本高或花费很多时间，但高精确度会带来更大的回报。忽略人的负面性格和潜在的脱轨特质，通常会造成严重的后果，和这类人一起工作过的人都非常明白这一点。

第十九章

培训：将平庸转变为优良的过程

广泛涉猎，深入浅出，择一钻研。

——托马斯·赫胥黎

发展意味着卓越（the great）和优良（the good）之间的差别：将平庸转变为优良；从不足改进为优秀。这可能也是失败和成功的分水岭。"高级管理者会把工作视为一系列任务，进而忽略了发展人的重要性。"（Berson and Stieglitz, 2013）

发展始于人类早期蹒跚学步，并持续整个人生。婴儿、儿童和成人的发育速度因其遗传和环境而异。一些人倾向于通过做实际的事情来理解他人和他们的环境。一些人学习得更快，另外一些人则需要实践。在心理学领域，发展意味着一个人不断地改变。例如，心理成长和学习都是在不断发展的。在人力资源和工作绩效的语境中，发展更意味着主动的努力、训练或学习，以此来直接或间接地提升绩效表现或释放潜能。一般来说，培训和发展是有区别的。本

第十九章 培训：将平庸转变为优良的过程

章的焦点是讨论培训和实践经验；下一章讨论发展和如何发展高潜质人才。

经验强化：体验式学习的三个障碍

培养高潜力人才的途径很多。经验和培训可能差异很大，而且并非所有方面都是平等的。通过研究那些有才能的领导者，人们发现，对于提升他们的发展水平和成长速度而言，某些实践经验是共通的。对于不同组织中的不同职位、不同国家和不同文化、不同历史阶段，该研究结论都是成立的。通过这些成功的领导者可以证明，发展自己的才能存在6点强有力的学习经验。

• **早期工作经验**。早期的工作经验一直被认为是塑造高潜力员工初始发展的一个因素。这类经验可能来自在学校时的兼职，相对来说没有什么技术含量。大学期间的暑假工作可能是他们的第一份工作。由此形成的经验可能是积极的，也可能是消极的。糟糕的经验可以和好的经验一样锻炼人。那些简单而乏味的工作可以强有力地激励人，因为他们再也不想在这种环境下工作。例如，本书的一位作者曾经从事过一项工作，其乏味程度超过了一般人的想象。唯一的任务就是在报纸从传送带上下来时，把它们堆成10堆。对于一些人来说，关于这种特殊工作方式的记忆会持久保留在他们的大脑中。当然，在这一点上，人们还是可以有所选择的：不管年轻时从事过什么类型的工作，最重要的是，他们从中学到了什么？

• **他人的工作经验**。和他人一起工作可以获得更有用的经验。

很多人最早的经验都是从直接上司身上获得的。从同事或严肃的前辈那里,人们也能学到不少东西。无论高潜力人才对这个人的印象是"非常优秀"还是"非常糟糕",这些都是教训。通常这些教训包括如何与他人打交道,或如何不与他人打交道的经验。从发展的角度来看,在这个过程中,人们发现了很多榜样及导师型领导。

•**短期任务分配**。想获得这方面的经验,可以在一些项目型的工作中,为他人提供支持或担任实习经理。这些任务可以让人走出舒适区,暴露在一些从未经历过的状况或问题面前,因此其效果是最好的。这会强制人们快速学习和适应新挑战。无疑,能参与这种安排是非常幸运的:意外的新发现提供了一个机会,让人们培养新的技能或激情。

•**主线职责分配**(Major line assignment)。在第一次被提拔、异地任命或部门内部职位晋升时,人们就可以获得全新的经验。这一点通常被认为对于成长是非常重要的,因为风险突然变高,事情变得更复杂,人们将面临更模糊的新局面。这会形成更大的压力:不能推卸责任。对于所担负的新角色而言,责任和个人的职责意义变得更大了。基于这一点考虑,在人才到岗时,就应该尽快给他们安排恰当的"延展性任务"。他们必须面对挑战且获得切实可行的成功。

•**各种困境**。聪明的、高潜力的人才会从困境中学习。想提升这种经验,可以试图让高潜人才解决职业方面或者个人的危机,进而教他们懂得什么是真正有价值的事情:技术,忠诚的员工,总部的支持人员,个人价值观或经验。显然,只有那些身经百战的战士或"过来人"才能拥有这方面的经验。困境教会了我们很多:一些

第十九章 培训：将平庸转变为优良的过程

人表现得更足智多谋和强健，一些人则会恐慌和退缩。经历过困境后，当看到令人愉快的组织时，人们就会由衷地钦佩它。他们还学会了如何区分需求和愿望，懂得了创伤后应激障碍的轻微形式与斯多葛主义的优点，进而具备了坚韧和强硬的精神态度。失败之后的长期学习和反思是成功的核心基础。

・**管理发展**。不同类型的培训、教育和经历通常是发展的一部分。虽然一些人通常记得或认为 MBA 的经历是有用的，但很少有人记得特定（尽管贵得离谱）课程。在收到的 360 度反馈中，一些人描述了这方面的经验。人们更多只是记住了教练或导师本身，因为他们要么非常优秀，要么非常糟糕。

领导力并非"先天的馈赠"，可以获得、发展和学习，这主要是通过各种工作体验得以实现的。一些体验难免比其他体验具有更好的效果，因为它们通过不同的方式让人们汲取不同的教训。一些人看起来因此获得了很有价值的经验，其效果超过了公司的政策。

体验式学习需要时间，另外时机也非常重要。这不是一成不变的，需要有计划地积累洞察力和技能。一些体验没有任何收获，甚至导致了不良习惯。有三个因素对（良好和有效）体验模型形成了阻碍：

・年轻的经理和他们的老板都想快速取得经验：快速学习、更便宜、更佳，如一分钟经理、一天的 MBA 或者短训课程。

・很多人力资源专业人士因为身份所限，比如负责领导力发展项目，反而会在经验处理上过于客观，从而丧失了真正的体验。

能力孵化

- 一些人认为，实践体验是测试，而非发展方面的训练。

领导力潜力的一个重要组成部分应该被定义为，从经验中学习并将经验应用到工作中的能力。谁拥有"努力工作、持之以恒、克服压力和困难"这些最佳人格特征，谁就更有可能拥有很高的潜力。同样，每一次行动、晋升或考察都应该以其学习潜力来评估。

胜任能力：标明绩效表现的基本水准

培训的核心是，让员工懂得如何完成特定的任务或工作。这与特定的胜任能力相关（培训基本上就是获得胜任能力的过程）。从20世纪80年代开始，胜任能力理论逐渐流行，并被视为任何职业发展的基础模版（McClelland，1973）。胜任能力是完成任务的基础，亦标明了绩效表现的基本水准，如"专家""大师"这些词通常意味着最优的技能水平。

每种职业都只针对有限的胜任能力，每项胜任能力也并非只适合单一职业。例如，在表19.1中，飞机结构工程师和树艺专家是两种完全不同的职业，虽然它们会要求许多不同的胜任能力，但还有些是类似的，比如理解相关的规定、工作环境的风险、强化个人防护。关键之处在于，每项胜任能力都是重要的，且每项胜任能力都是必需的。从基准水平到优秀的高潜力水平之间存在极大的落差，而这也构成了胜任能力的两个极限。

表 19.1　胜任能力和职业的例子

飞机结构工程师		两者都需要	树艺专家	
空气动力学	金属线路	法规和安全	攀爬	手工工具和小型电动工具
说明为什么飞行器可以飞行	描述线路原理	区分相关的法规和规定	选择和检查攀爬工具	使用和保养手动工具
说明提升，推进，拖拽	展示手动线路	区分潜在工作区域的有害物质	安排攀爬前的测评	操作小型电动工具的不同组合
说明飞行轴线	展示计算机控制的路由器	应用个人保护设备	攀爬用到的不同技术	使用和检测梯子
说明飞行器的控制			安排攀爬后的工作和工具检查	

适用于国际航空协（2013a，2013b）

案例分析：社区开发办公室的会计师

举一个关于社区开发办公室的例子。设立商业促进办公室，主要是为了发展中小型商业机构，它通过提供资金或其他支持来帮助这些商业机构。在商业促进办公室，有一个很重要的岗位——会计师。会计师将评估各种商业计划和商业建议书，确保可行的商业机构和商业计划能够获得财务支持。如果我们假设选拔过程很顺利，这名会计师非常合格，那么他肯定有能力来评估财务计划，并善于提供财务咨询。这个会计师将是聪明和负责任的，并希望给组织带来类似的价值。

无论如何，从学校进入职场后，很多人可以快速学习。虽然经过了学校教育和各类培训的准备，但这些东西并不足以应付现实工作，现实工作复杂性更强、挑战性更高。优秀的领导者应该带领人们成功跨过这种落差，并在理想状态下基于实际情况帮助他人获得发展。对于刚加入商业促进办公室的会计师而言，数字能力和财务敏感度是基础的胜任能力。然而，要想改进绩效表现，需要人际沟通技巧和建立人际关系的能力。在职业生涯的起点，很多会计师可能并不具备这些方面的能力。然而，在评估中小企业时，很大一部分工作是了解各式各样的人，理解他们的动机、目标和能力。

另外，会计师的发展机会主要聚焦在某些技能上，这些技能可以保证他能取得卓越的绩效表现，改进绩效或激发潜力。把握发展机会，可以在开始工作前参加正规的入职培训、工作坊或课程，然后进行非正式的实践。如果能和具备相应技能的同事一起工作，那么在工作实践中，人们就能获得一些非正式的帮助和指导。

发展员工的潜力还有很多种方法。通过两个基础发展维度，人们可以更好地理解发展的范围和幅度。

- **正式和非正式维度**：如果发展项目与工作的某部分职责明确相关，且整个项目存在正式的监督机制或记录，那么它就是正式的。在公司内部和外部，人们都可以强化自身的经验，而且不会被明确记录或严格结构化，那么这种发展就是非正式的。

- **知识和经验维度**：抽象的学习和理论与工作实践由此得以区分。例如，学习商业计划和商业模式与实际应用商业计划和商业模式是不一样的，这需要了解和理解在商业背后的那些人。

表19.2列出了发展类型的矩阵，并对知识/经验、正式/非正

式这两个维度进行了比较。每个象限描述了最有效的发展措施,并突显了每一个发展类型的不同方面。

表 19.2　知识 / 经验、正式 / 非正式

维度	正式	非正式
知识	教授,培训,任职训练	教练,导师
经验	特定任务分配,轮岗,工作岗位实践	教授(学习),工作以外的活动,刻意训练

正式的知识发展类型(通常是培训)为整个人才发展提供了基础,人们可以借此获得成功所必需的基本技能,以及强化自我发展的策略。正式的经验发展类型则使人们有机会应用知识并磨炼技能,还可以在各类环境中体验这些技能。

正式的经验发展类型涉及知识和经验的结构化,以及有针对性地应用。那些效果显著的举措,通常都有正式的目标、明确的要求和成功标准。从本质上讲,正式的经验发展应该是一套方法,可以指导和运用在培训中所学的技能。它有助于加强培训,并应成为衡量培训是否成功的有力指标。培训计划未带来预期绩效,要么说明培训是无用的,要么是员工没有真正学习。在发展技能方面,良好的培训(正式)应该能提供进一步的经验:将培训中所学到的技能迁移到实际工作中。

通过非正式的经验发展类型,员工可以在全新的、更有趣的环境中体验新技能(可能在工作以外的环境),或进一步强化技能,例如教会自己的同事。"以教为学"是这方面的最佳案例。在培训后,这个人可以向他人或同事传授自己学到的内容。

非正式的知识发展类型可以采用教练和导师这种方式。他们可以来自组织内部,也可以从外部寻觅。导师可以提供内行的知识、

建议和指导；帮助员工弥补知识和经验方面的落差，进而在未来获得长足发展。教练可以帮助员工总结其过去的经验，引导他发现将来的发展机会——对于员工掌握现在的技能用处极大。选择非正式的知识发展类型时，需要深入地了解员工本人、其能力及从业经验，这会带来持续的益处。

那些成功的短期或长期高潜力人才发展项目，其最关键之处是将各种发展类型贯穿在员工的职业生涯中，并成功地将各类型进行组合，进而大幅促进发展效率。速效对策（quick fixes）是常见的做法，但并不一定有效。它所安排的发展措施通常是临时性的：从优秀的人力资源经理的"待办事项"列表中勾选一个方框，然后就直接开始实施了。或者，在年底时，如果部门还剩一些预算，那么这些钱就会被投入培训活动中。

现实情况是，短期课程、研讨会和培训练习可能有用，但未必有所需要的价值。课程或研讨会的销售人员会把它们包装得很好，让人们对此很兴奋，进而认为培训看起来很有趣，且效果肯定有所保证。"任何经验都是有价值的"，据此很容易证明花费是值得的，但事实并非如此。发展措施必须有所聚焦，并融入绩效目标以及长期发展计划。

有一个很好的经验法则，可以用来测试发展措施是否有价值：在发展类型矩阵中找到它的位置。请牢记住我们的出发点——做什么的潜力。先考虑要挖掘员工什么样的潜能，再判断发展措施是否合适。

将发展措施放到发展类型矩阵的象限中（例如，正式+知识）。思考一下，这些发展措施所提供的知识，能否应用到工作场景？它应该与框架相适应，并能通过进一步的正式和非正式发展措施进行加强，例如跟进和通过工作实践来检验这些知识或技能。

在发展类型矩阵的每一个象限中，如果都找不到发展措施的位置，那么通常有两种处理办法。第一种是"放弃"，节约自己的时间并避免精美的形式主义。第二种是多问问题，了解现实结果。如果相关措施不能转变为有价值的经验，或对绩效及潜力毫无效果，参看第一种方法。

当然，不能说，没有直接的影响，经验就毫无价值——然而，"性价比"分析还是非常有必要的。如果发展措施能够帮人们获得强大的发展经验，但价格很高，这时它就应该表明自己与绩效表现之间的直接联系。在发展其他能力方面，很多非正式（低成本）的活动——甚至爱好或业余活动，均可以发挥强有力的引导作用。爱好可以引领人们发展新技能，或发展非正式的人际关系，这可以成为经验之源或获得非正式训练的场景。

反思：导致培训项目失败的十种原因

在发展人才方面做任何努力，都需要投入金钱和时间，但人们往往感觉这一切似乎打水漂了。这是为什么呢？出现这种状况，通常有如下原因：

· 未能事先确定，各种培训措施所产生的结果是否与组织的业务所需密切相关。除非明确培训的特定目标和结果，否则很难知道培训是成功还是失败了。

· 缺乏目标，或目标表达如"能够"，而不是"决心"。这是"可以做"和"必须做"之间的区别。这个经常被评估者所忽略。

- 过多依赖培训师理论化的、通过黑板进行的讲解。对于学习特定技能而言,这种方式是最无效的。

- 相对于深度学习或技能实践的要求,培训项目时间过短。项目的时间越长或跨越的空间越大,参加者就会学习到越多东西,且保持的时间也越长。

- 使用了不适当的资源和培训方法。必须事先考虑,培训师和受训者之间是否存在风格不匹配的情况。

- 培训师的自我沉醉。这导致虽然所有的模块听上去很有趣,但其实并不能带来实际的学习效果。

- 公司没有预先明确对参与培训员工的期望。这意味着,公司应当对每个人都有一个很现实的期望,即每个人都应该明白在培训中他们应该知道什么,或培训结束后他们能够做到什么。

- 培训后未能有效地听取学员的汇报,尤其是未能实践,从而无法强化他们所掌握的技能。

- 过度应用"好心的"和"风靡一时的"培训,而不是那些效果久经证明的培训。

- 无论是培训师,还是高级管理者,他们只是用培训来达到社交的、思想的、政治的目的。这意味着,与其说通过培训获取技能,不如说用它来强化同事之间的对立或不同部门之间的斗争。

当培训交付得很好时,对于那些接受其课程的人来说,就像遇到了一位极好的老师。培训将不可避免地成为人才发展系统的一部分,但必须整合到更广泛的发展计划中,这样才能使高潜力达到最佳区域。下一章将对此进行更详细的讨论。

第二十章

发展：深度挖掘员工的潜力

> 生命早期的失败是最伟大的实践。
>
> ——托马斯·赫胥黎
>
> 所有人都有梦想，但并不平等。那些晚上在尘土飞扬的心灵深处做梦的人，在白天醒来后就会发现那是虚荣。然而，白天做梦的人则很危险，因为他们可能会睁大眼睛去实现他们的梦想，使之成为可能。
>
> ——托马斯·爱德华·劳伦斯

流程：从胜任到优秀

培训是在特定时间聚焦特定的技能、知识和胜任力。相对于培训来说，发展的范围更宽泛。培训主要为了使员工能够达到绩效及格线，发展则致力于最大化地挖掘员工的潜力。发展的对象是高水平经理和专业人士（Winterton，1999）。表20.1概括了培训和发展两者之间的关键区别。

能力孵化

表 20.1 培训和发展之间的一些区别

元素	培训	发展
时间	固定（例如，500 小时）	持续
目标	胜任能力	专家／大师
组织	基本以正式为主	基本以非正式为主
应用	具体的	通用的
相关性	现在的工作角色	将来的机会

发展是从胜任到优秀、从高潜力到高绩效转化的基础。从有潜力（可能性或有可能）做好，到需要时能够有实际的高绩效表现，在激发潜力方面，发展是最重要的载体。发展涉及掌握新技能，将老技能应用于新环境或新任务，不断改善和强化其他技能。

典型的发展目标是改善工作绩效。很多高绩效者（高潜力人才）需要发展机会，因为他们追求自我实现，希望改进自己的绩效表现。发展的另一个益处是有助于留住员工，这一点我们将在下一章中讨论。

发展是个人进步的机会，但同样也应被视为公司强化内力的机会——提高员工的能力，并因员工能力增强而获得更高的绩效。发展的方法千差万别。一些领导者最感兴趣的是，提供（或贩卖）"转型体验"和自我认知。然而，从根底上说，大多数卓有成效的领导者会认为，如果他们设法找到并聘用了你，这个过程中你就已经设法"找到自己了"。明确潜在的、现实的目标和计划，显然是发展的关键基础。

第二十章 发展：深度挖掘员工的潜力

最佳区间：让工作始终保持适度挑战性

发展是一个过程，主要涉及指导、定位和运用经验，从而最大化地挖掘潜力。如同本书第五章所讨论的内容，实践经验是高潜力最基础的部分。虽然经验是发展的核心，但所有经验的重要性却并非相同的。为了个人发展，员工需要机会实践和学习。他们需要通过一定的挑战来学习，但这并不意味着，在没有任何帮助和支持的情况下，他们被直接丢入"万丈深渊"。

良好的发展需要一定条件，这种条件既不是毫无希望的万丈深渊，也不是让人毫无斗志的温柔之乡。姑且把这种条件描述为发展的最佳区间（Goldilocks Zone）：其下限是丝毫不用费力，其上限则是彻底的无能为力。这与刻意练习的理念很相似，刻意练习同样需要正确的条件：个体内在的斗志和恰当的难度水平，两者都要考虑。如果太容易，人们就会不思进取；如果太困难，人们又很快会因为精疲力竭而彻底崩溃。套用天文学家的说法，最佳区间可以称作"环绕恒星的宜居区域"——只有很狭窄的一片区域满足各类条件，从而保证生命可以在其中发展。

无论什么练习都需要集中精力进行演练，最佳发展区可以设置在全新的、不熟悉的环境中，借此可以学习新技能和强化既有技能。不能过热，否则就会创造出过多真实的压力，从而导致人们很难通过成功或失败学习；也不能太冷，慢慢地前进，迟钝且缺乏挑战性会吞噬人们学习的热情。科尔文（Colvin，2011）称其为"需要努力的活动"：一种有意识、轻松、富有挑战性和刻意练习的活动。列夫·维

能力孵化

戈茨基（Lev Vygotsky，1968）则将其描述为"最近发展区"（Zone of Proximal Development）。

对于这个区域而言，个人是内部驱动力量，领导和组织则是外部驱动力量。在发展活动中，个人应该聚焦、专注、全情投入，持续地琢磨和反思新的挑战和经历。同时，强大的领导者或指导者应该帮助个人理解和感知情景。组织则可以激励（或抑制）个人的渴望，让他们学习新技能，发现新技术，敢于冒险，同时组织还应该允许人们通过成功或失败来学习。还有一种能力同样很重要，即能够区分，什么是个人错误，什么是影响组织实现目标的失败。

因此，发展应该是一个各方合作的过程。员工应该积极寻找最佳区间，那里的工作富有挑战性，有吸引力，有助于提高技能。不仅仅是参与，更要注重从工作中学习，使其成为发展过程的一部分，这是个人的责任。个人应该琢磨如何应对挑战，在需要时寻求支持，反思已经学到的和仍需要继续学习的经验教训。

如果人们相信，自己对于所有事情早已驾轻就熟，那么这将使个人发展变得停滞不前。他们显然处在了太容易、"太冷"的区域，没办法看到更具挑战性的领域正等着被探索和开拓。个人过度自信、傲慢、恐惧，领导者又无法提出强有力的愿景或缺乏激励能力，那么发展过程就会冷却下来。

其实，领导者、人力资源部和同事们都可以为发展过程做出贡献（依赖于组织的规模、结构和特定性）。他们能创造发展的机会，当个人遇到自己无法解决的难题时，他们可以提供支持和训练。各方构成了一个引导发展的结构框架，以及推动个人进入最佳发展区间的系统。

第二十章 发展：深度挖掘员工的潜力

在"太热"或"太冷"的区域，个人和组织都会萎靡不振。一些组织和个人在"寒冷"的区域很舒服，那里的情况很好，最低限度的业绩已经很让人满意了，销售也足够好。有些人不认为自己的个人发展与工作息息相关，他们可能会满足于"寒冷"区域，因为有稳定、一致、可靠的表现，这样能将更多精力投入个人或家庭生活。组织也会变得自满。

出人意料的是，人们和组织停留在"太热"区域的现象也很普遍。许多组织没有始终如一地维持在最低绩效标准附近，而是处于一种应激反应的状态。每一天，每一项任务都是应付最新、最紧迫的挑战：客户投诉、法律挑战、人员配备问题、领导困难和资金不足、销售不佳……

无数的问题创造了这样的一种环境：员工总是持续地跳槽，公司必须四处"救火"，处理紧急事件……几乎没有真正安定下来过。然而，各方都从来没有吸取过教训，主要的问题始终存在，大家都没有时间和精力关注全局性、系统性的解决方案。

在很多医院，医师和护士总是从一个急诊室跑到另外一个急诊室，虽然有很多事情要做，但紧急情况当然应该优先考虑。然而，这通常意味着，组织存在的关键的问题得不到解决或没有被安排恰当。高层很容易过分关注短期利益，而不是进行有意义的、战略性的和长期的规划。员工、领导者或公司相互抹黑，这很快就变成了无底线的比赛，而不是发展和挖掘潜力。

新经理经常会采取事无巨细的管理方式，过于关注细枝末节，而不是把主要精力放在关键职责上。他们总是热衷于控制那些自己过去很擅长的事情，进而忽略了新责任。总有一些事情或一些人需要被指导和监督，但任何人都不可能有足够的时间去完成所有事。这种"过热"区也抑制了发展，因为没有时间来思考、学习和从经历中反思。当人们背负压力、非常疲劳和异常兴奋时，往往总会优先考虑自己很擅长处理的最紧急的问题。在这种情况下，他们根本没有时间考虑优先级，并拿出时间学习如何解决新问题，而且他们通常会过高估计失败的代价。

良好的发展是一个动态的过程，需要多要素的支持，比如合作精神、个人兴趣、组织文化以及与同事或领导的良好关系。人际关系是发展的重要组成部分，这一点在训练或指导过程中表现得尤为明显。当然，并不是所有的发展都建立在关系的基础上，但如果没有牢固的社会关系和相互尊重的信任关系，任何人都很难在一个组织内持续发展。如果缺乏信任或尊重，那么在提供信息（反馈、忠告和建议）时，群体、世代、组织团体、部门和管理层之间就很容易产生脱节。任何人都很难听到批评或关于其局限性的描述。另外，如果批评来自没有关系的同事或领导，那么很可能人们根本听不进去。

对于新员工，博森和斯蒂格利茨（Berson and Stieglitz, 2013）描述了"领导力对话"的重要性，这能帮助他们制订行动计划、定义期望、明确沟通绩效标准和发展关系。他们建议，领导者应该努力进行"对话"，以发展个人关系和定期接触。互动应该是发展关系；联系不仅仅是列出任务。建立人际关系可以催生利用人们的技能和关系网络的机会——既可以实现组织的目标，也可以培养人。不过，领导者需要保持实时沟通，了解谁拥有独特的知识、专长或人脉，并且需要建立信任关系，以便人们愿意披露和使用他们的才能和知识。

第二十章　发展：深度挖掘员工的潜力

不是每一个性格特质都能得到发展。对于领导者而言，如何用正确的方法询问正确的问题，并学会建立可靠和信任的关系，这些是可以被发展的。然而，很多性格特质不能被发展。举例来说，除非经过严格的心理干预，否则人格是无法改变的。经验和动机建立在智力基础上，但是智力不能被大幅改变（除非极端的例子，如大脑受损）。发展的主要目标是扩大经验的范围、深度和适用性。

考虑发展的三阶段：

第一阶段——发展前：在培训和发展开始前，一切都应该计划好。每个人都需要发展新经验的机会，无论是特定的培训课程，还是在新项目中学习新技能。当一个人选择能改进自己绩效或激发潜力的培训项目时，可以采取自我主动的方式。通过增加经验的机会，人们磨炼了各种技能，并有机会在新的情景中运用它们。此外，人们还将借此更深入地了解自己的工作、其他的工作、其他人以及自己的特点。

在培训开始前，可以为特定的人安排特定的任务，也可以为一组人匹配相应的培训或发展项目，或者为开发某些特定类型的特质，为一组人设计特定的发展活动。从个体角度来说，组织应该提前思考如下问题：如何激发人们的动机，进而让他们成为发展活动中的一部分？人们希望在培训和发展活动中得到什么？怎么让他们相信，这些发展活动对于他们的上级非常重要？

第二阶段——发展过程：任何培训和发展计划的目的都是让人们学到东西。然而，在发展项目中，人们总会带着他们过去的知识、经验和期望。当人们充满好奇心和兴趣，并思考如何将新经验应用到自己的职业发展时，这就会成为一个优势。这样做就能把新经验

229

和过去的知识整合到一起。然而，期望也可能是双刃剑。如果对于设计发展活动的主要负责人，人们充满着怨恨、怀疑或者不信任，那么就会带来阻碍发展的消极期望和成见。

第三阶段——培训后：良好的发展永不停息。在一个特定培训项目后，思考在课程中学到的东西，并展开反思，有助于提升培训效果。对培训或发展措施的成败进行反思，通常是有用的，可以多问一些"为什么"。反思非常重要，因为这意味着，仔细考虑或加强在前一个发展项目中所学到的东西。这也是一个机会，可以借此指导将来的发展措施。良好的学习经验意味着难度适中的挑战。良好的发展机会将使个人意识到自己的技能缺口，并有助于为未来的发展措施制定目标。

各因素都是关联的，整个过程则是动态的：应该将持续的机会、规划、学习和反思纳入流程的每个阶段。

发展类型：组织的七类发展项目

任何组织发展的第一部分是"到岗"（onboarding）项目，新员工需要学习该做什么和如何与同事相处。人力资源专家称之为"到岗"；心理学家可能喜欢用"社会化"这个概念；大多数人称其为"入职培训"。基本上讲，这是一个了解岗位、公司和将要一起工作的同事的一个流程。

欢迎会和"到岗"

大多数工作在正式培训前都存在一个初始阶段，包括明确工作所需的特定技能，了解组织和未来同事的期望。这通常有特定的时间要求（半天、一周、一个月），接着可能会有一些对特质和技能的测试或评价（assessment），以此确认他们是否准备好开始工作。一个更详细的"到岗"项目，包括介绍组织的系统、人员和社会背景（入职培训），向新员工介绍工作内容。虽然这是组织介绍，但它其实也是一个发展流程。新员工可以询问一系列问题，来确定自己需要做什么来启动下一步的发展（文档流程），他将和谁一起工作……

艾伦和布莱恩特（Allen and Bryant, 2012）描述了6个重要的建议来改进"到岗"项目，这基于范马南和舍因（Van Maanen and Schein, 1979）的社会化的先锋工作（pioneering work in socialization）：

- **正式**。设计特定的活动来帮助新员工适应组织、团队和同事。根据特定的目的，很正式地安排特殊的小组和活动。如果经过很简单的步骤就能理解工作需求和了解团队，那么新员工的焦虑感就会减少，并快速进入学习阶段。这些简单的步骤包括新员工午餐，工作中和工作外的活动。切记，各步骤所传达的信息必须清晰一致，并包括工作职责、工作预期和组织文化等内容。

- **集体主义**。建立由新员工组成的团体，这样有助于新员工相互了解，并感受到一种友谊——他们一开始很难与资深员工建立这种友谊。设计这些小组时，应该着力营造出一种氛围，即能够在组织内部工作是一个令人兴奋的好机会，且组织是支持他们发展的。如果不这样做，那么非正式的、非结构化的自发小组就会冒头，并产生一种"我们阵营与公司阵营"之间的对抗意识。如果这一步做得好,就会创建一种互相连接的小组,新员工会感受到支持,并接受自己的新角色。

• **连续性**。活动的顺序应该是提前安排好的,经过设计且具有清晰的描述。这有助于新员工了解初始"到岗"项目的期望,并为"开始"准备得更加充分。当有机会准备时,新员工就会认为自己拥有更强大的控制力,有能力实现组织的期望。

• **固定**。"到岗"项目的时机必须是清晰的,不是随机的。例如,新员工应该能收到相关活动的特定日程表。所有事项的时间长度和日期都应该很明确。对于新工作,很多人会存在焦虑感,因此确定的时长和日期可以让人们提前准备,进而减少焦虑感和不确定性。

• **系列化**。在组织中的资深员工应该是"到岗"项目的重要参与者,如专家或领导。他们应该提供互动的机会,并且能和新员工建立关系。这会让新员工感觉到,他们已经成为组织的一部分,理解了组织的内部运作,并与正确的人建立了正确的联系。这能让新员工知道,应该向谁问问题,谁能够帮助他们解决问题;还能让新员工辨别出,谁是可能的辅导者和模范。

• **委任**。如果"到岗"项目中包含对职位的早期反馈和信息交流,并存在明确的社交支持,那么新员工就会感觉自己很受欢迎,且对于组织非常重要。这有助于强化新员工对于组织的奉献精神,而不是剥离式社会化(divestiture socialization),后者鼓励从众,而不是融入团队。

当然,"到岗"项目必须与岗位和组织有相关性且匹配。它确定了员工职业生涯的基调,并且是一个将绩效要求和组织期望传给

第二十章 发展：深度挖掘员工的潜力

新员工的机会。这也引导了将来的发展机会——缺乏"到岗"项目，或毫无计划，则从相反的角度表明，组织缺乏强有力或连贯的发展道路。

非比寻常的"到岗"案例实际上来自特别挑剔的大学生联合会。在迎接新生入校时，大多数大学生联合会会组织一系列活动，比如声誉卓著的"新生周"。一些在学生联合会工作过的人知道，良好的起步非常重要。通过各种活动将定下基调，新生们会围绕这一点经历巨大的转变。虽然成为新组织一员的身份转变通常没有什么戏剧性，但千万不能低估"平稳转变"的重要性。库特尔德艺术学院（Courtauld Institute of Arts）是一个很好的案例，因为它是一所培养专业人士和精英的学院，是产生未来之星的著名学府。萝西·奥康纳是学生会的主席，她描述了这些新生活动的重要性：

这是一个机会，让新生探索城市和发现什么是他们可利用的。这也让他们有了关键的联系——同龄人必须成为远离家乡的家人，他们可以了解自己想与谁共度时光。优秀的新生活动对于建立终身友谊非常重要。

类似地，公司一定要提供机会让新员工发展关系，并和有愿景的同事、领导者和导师会面。对于探索组织、体系、公司文化和机遇而言，这是最好的时机。强有力的开端能帮助人们发展关系、获得知识和社交支持，这些对于在工作中获得成功意义重大。还需要注意的是，这并不是一个简单或者容易的过程。

新生的良好表现依赖于：学生们对于学生会有多满意？成为学生社区的一分子，他们有多兴奋？对于参与社群，他们有多大的兴

能力孵化

趣？对于自己的声音会被听到和被赞赏，他们有多大的信心？这取决于组织者，也取决于新生。

像任何组织一样，库特尔德艺术学院有着独特的历史、文化和使命。这是一所规模较小的大学，2013 年大约有 250 名新生（大部分是研究生），其卓越的声誉意味着人们的期望值很高——其实对于任何以高质量著称的组织或公司来说都是如此。新生活动会为整个大学生涯定下基调，因此，在学生开始学业前就让他们失望，可能会使他们士气极为低落；一次出色的"到岗"体验可以让人精力充沛，愿意积极参与并保持激情。虽然企业的到岗培训主要围绕着工作岗位，而学生"到岗"活动掺杂了很多"趣味"和"畅饮"，但其他组织可以向库特尔德艺术学院的学生会学习，如何提供非正式和有吸引力的活动。表 20.2 列出了库特尔德艺术学院的"到岗"活动项目：

表 20.2　库特尔德艺术学院的"到岗"活动项目

周一	周二	周三
早餐、午餐和下午茶，与同事、教授和专家见面	在肖尔迪奇区的酒吧与同学一起举行鸡尾酒会	一起观看电影，举行皮姆士酒招待会，接着和同学们一起去酒吧

培训/工作坊/课程

培训既可以发生在公司内部，也可以发生在外部，但一定要有特定的时间长度（比如半天、一天或周末），还必须要有具体的目标。它们旨在教授特定的技能或某一领域的知识。最理想的情况是，培训应该直接和将来的工作相连接，并且伴随着实践和跟进的评估。

工作小组

工作小组的任务既可以直接和个人的岗位职责说明书相关联，也可以处于其现有工作职责之外。对于那些通过工作坊和课程学习的技能来说，工作小组是很好的发展方式。分派工作小组的目的通常是发展实际操作技能。换言之，任务必须有具体的、明确的定义，且具有很清晰的成功标准（任务本身需要被衡量，发展结果也需要被衡量）。为了实现发展目的，分配任务时，必须满足如下条件：

- 有能力成功（比如，具有完成任务的高潜力）。
- 能够发展新技能，或磨炼现有的技能。
- 有意愿或动机取得成功。

任务必须在时间和范围上有所限制，有着清晰和特定的目标。另外，人们需要知道"什么时候""为什么"以及"如何"完成任务。例如，工作小组需要在月底前招聘三名新员工，而这些员工需要具备用人部门所需的特定技能和性格特质。

轮岗

轮岗指的是，个体在岗位之间或不同的地理位置之间转移。和工作小组的概念不一样，它不限于具体的结果或目标，个人需要去填补一个全新的职位（尽管和自己原有职位可能相似）。显然，把一个未经测试、不了解的人放到陌生的工作岗位上，那么发生的所有问题都将与此相关。在员工轮岗时，必须要问一些老生常谈的问题。什么样的特质预示着员工在新岗位上的潜力？对于新岗位和原来的岗位，多少要求是重合的？潜在的失败因素（后果）是什么？职位的相似性越大，就越有把握判断，个人是否能在新岗位上表现良好和是否有从经验中学习的潜力。然而，相似性越大，轮岗者越难以学到新技能和适应新情况。轮岗要求卓越的潜力测评，清晰的目标，明确的"要发展的区域"，并且要锚定"最佳区间"，让任务分配和人选恰如其分。

输出式发展（以教为学）

教会其他人了解岗位、工作或技能，这其实是一种卓越的方法，可以借此实践技能，并和其他人一起发展这些技能。这不是简单的讲解和描述，而是和他人一起工作，相互切磋。例如，在掌握一门新语言时，输出式学习应该占据重要地位。教别人词汇和语法规则，有助于巩固知识并理解知识的应用场景。在教学（或试图教学）时，一个人能够意识到自己的知识和能力的局限，这也有助于让人明确差距所在。成功的培训和发展自然会带来自豪感和成就感，以及能力。教别人是展示经验和巩固以往经验的好方法。它是高效发展项目的自然回报，因为它突显了其拥有者的成功之处。

工作之外的活动

发展并非总是局限于工作中，并非总处于领导者、经理或人力资源部门的监督之下。虽然工作之外的活动很难被定义、指导和管理，但同样重要。这基本上是个人的责任，而不像大部分发展流程一样，是公司的责任。

在俱乐部和运动队，人们可以学习到领导技巧；在社区、非营利组织、俱乐部或慈善组织，人们可以结识有趣的陌生人。很多看起来毫不相干的活动,其实提供了新知识,且可以转换为对工作的洞察力。

教练技术和导师制度

教练是对于一个特定任务或事件提供"一对一"的建议和支持。这种方式相对是短期的,但是可以依据特定的建议和行动方案,进行更靠近的、更深入的观察。导师制度构建了一种长期的指导和支持关系,不局限于特定问题,人们均可以从导师处获得指导、建议和常规的支持。

第二十一章

教练：任何发展模式都要考虑成本

> 对人完全的诚实是一个好练习。
>
> ——弗洛伊德

潜力各不相同。顾名思义，具有高潜力的人有更强的能力把握住发展机会，并将更快地进步。然而，潜力较低的人也不应被排除在发展计划之外。即使潜力很有限，人们仍然可以学会如何更好或更有效地完成某些任务。偶尔，那些获得低评价的人也会动摇整个评价标准，甚至让最有经验的评估者也感到吃惊。扼杀机会会耗尽人才库。

看待发展的一个方法是比较潜力的基础维度和成长维度（foundational and growth potential）。那些在基础维度上有所欠缺的人，很可能不得不为了完成任务而苦苦挣扎；那些在基础维度上出众的人，则更容易在工作的核心要素上取得更大的成功。在成长维度上比较平庸的人，不太可能大幅提高他们的技能或他们在当前岗位上的表现。在成长维度上很突出，通常意味着一个人有可能学习新技能，提高自身的工作能力，并利用这种成长潜力晋升到新职位。

人们的注意力总是难免会聚焦于那些被认为具有最高潜力的人——上升期的明星。组织中的未来之星具备全部正面的特质，他们从经验中快速学习，积极进取，抓住任何可获得的机会。大多数人均处于平均水平，这些人有足够的胜任能力，能够很好地完成工作，因此经常被遗忘了。然而，他们其实也可以通过发展来获益。因此，我们可以把人划分（宽泛）为四个发展组（见表21.1），其他三个类别的大多数人其实也可以从发展中受益。

表21.1　成长潜力和基础潜力的发展目标矩阵

		基本潜力	
		高	低
成长潜力	高	3.配置不当的人 发展，可以转到更适合的岗位	4.未来之星（High Flyer） 发展是关键和全方位的
	低	1.低成就者 发展效果甚微	2.强大而稳定者 发展聚焦在当前的岗位和职责

· **低成就者**几乎（或根本）达不到这份工作的最低要求。他们不具备基本的技能和能力，也不可能有很大的提高。如果问题比较轻微，造成这种情况的原因只是人岗不匹配，那么对于同一组织的其他岗位，他们可能还是有很大潜力的。最糟糕的情况是，在组织内部没有适合他们的岗位。对于这个群体而言，发展的核心应该聚焦在学习其他岗位的技能，或者通过低风险的工作小组来发现他们适合什么样的岗位。

· **强大而稳定者**完全胜任目前的岗位，并且很可能继续在该岗位上有良好的表现。他们会从一些发展机会中受益，进而改进他们现在的绩效表现，但是他们的绩效表现可能不会大幅提升。这可以

能力孵化

视为一个弱点,也可以视为一个优点。对这类人的发展措施的核心是尽可能地维持和改进其能力。

- 配置不当的人学习新技能和提高绩效的可能性很大,但在关键任务上他们或许并不冒尖。这可能是因为他们还没有掌握必要技能,也可能是因为他们的特性与职位不太匹配。通常情况下,为处境不利的人开展的发展活动应侧重于找到一份更好的工作,使他们有机会成长和晋升到新职位。

- 未来之星是将来的成功人士。对于完成工作而言,他们具备所有正面的特质,且很可能已经有很卓越的绩效表现,并有希望进一步提升自己的表现,学习新技能或晋升到更高的职位。这类人一定要得到全套的发展机会:或者提升绩效表现,或者将其培训成专家和专业人士,或者让其能够进入管理和领导岗位。

潜力的一个关键组成部分是从经验中学习的能力。同样,每一个行动、每一次晋升或挑战都应根据学习潜力来评估。相对于特定的工作经验,更重要的是应对挑战的能力和从挑战中学习的能力。一些人只是一门心思地想着如何搞定手头的工作,但未来之星会持续地渴望全新的经历,进一步挖掘自己的潜能。在对未来之星的研究中,盖尔平和斯金纳(Galpin and Skinner, 2004)发现,未来之星非常清楚发展进程的价值。他们注意到,从最有价值到价值甚微的顺序是:

- 导师。
- 轮岗。
- 360 反馈。

第二十一章 教练：任何发展模式都要考虑成本

- 资格支持。
- 教练。
- 人际培训。
- 管理发展。
- 技术培训。
- 职业规划咨询。
- 伙伴计划。
- 职业规划资源。

这透露了很重要的一点，正式培训和基础制度资源并不是最有价值的发展策略。评价最高的发展进程是提供诚实的和建设性的反馈和建议（导师计划），或直接和工作实践（轮岗）结合。对于管理来说，这是最复杂和最难的发展进程，但也是最有价值的。

盖尔平和斯金纳注意到，高绩效人士有着强大的信念，他们知道什么对于自己的发展是有益的，且希望自己能"手握方向盘"。显然，有必要确保在组织绩效和个人发展之间保持健康平衡，并确保那些有雄心壮志的人不会因为留下破坏痕迹而获得奖励。

发展不是一件容易的事，对于要求高、参与度高、职业流动性强的高绩效人士而言尤其如此。然而，发展仍然是不可或缺的，对于保留最好的和最耀眼的人才而言，这是最重要的事情。

攻读梦幻（有时是梦幻破灭）MBA 或在职学位的学生都知道其中所涉及的牺牲。如果一天有 24 小时，睡觉占据了 8 小时，那么还剩下多少留给你的朋友、家庭和工作呢？对于人才来说，精通所有的技能是容易的，但所有技能都需要实践。这包括所有通过培训课程获得的技巧：呈现技巧、谈判技巧、咨询技巧和销售技巧。

效果评估：衡量发展效果的四种方法

　　传统上，有四种方法被用来衡量发展是否成功。**第一种是"快乐表"（happy sheet）方法**。这种方法非常简单，让学员来报告他们的反馈，也可能是他们学到了多少，多少没有学到。显然，这种方法永远是不可靠的。培训学员可能仅仅是自以为自己学到了不少东西。另外还有迎合或刻意破坏，对于所有或特定课程的评价，人们会给出一个不符合实际的正面或负面反馈。

　　第二种方法是在课程前和课程后进行典型测试；课程前先考试（关于知识/技能），课程后立刻再进行一次。如果课程前试卷比较难，课程后试卷比较容易，那么你就能确保有一个让人印象深刻的结果。如果想证明课程无效，你可以采用相反的方式。

　　第三种方法是让受训者的同事进行评价，从而完成训前评估和训后评估。他们可能是准确和诚实的，当然也可能不是。

　　第四种办法无疑是最佳的。不是测评人们说了什么，而是测评他们做了什么，或者更近一步看看他们产出了什么。这样做就会让培训发起人真正地和认真地安排培训。想象一下，为了在未来6个月里将销售额提升20%，企业派员工参加了为期5天的销售培训。然而，这一切不过是说说而已吧！这个理想的解决办法其实存在两个主要问题：能很好地测评一个人的绩效表现，并确保他们的输出完全依靠自己的能力、努力和知识。

　　另外，培训所获得的东西是否可以应用到不同的情景？这个议

第二十一章　教练：任何发展模式都要考虑成本

题被称为"培训转化"，是培训师的"阿喀琉斯之踵"（the Achilles Heel）。把人放在一个安全、受到各方帮助、舒适的环境，他们可能会很好学，并乐于展现出各种不同的技能，进而显著地提升业务水平。当人们走出模拟环境中，可能三周后，他们就把很多东西忘得一干二净了。然而，人们可以在四方面下手，进而显著地提升"培训转化"。

反馈

对于所有的学习过程而言，反馈是最核心的组成部分。关键问题是，在培训正式结束时如何得到诚实和精确的反馈？学员需要学习如何回答反馈，如何填写反馈表格。某些任务可以内置反馈机制。微芯片可以用来向人们发出信号，表明他们坐着或站着的时间太长或太短。最重要的一点是，新课程的学员需要被告知，他们有责任帮助课程后续学员保持甚至提高技能。一般而言，往往是因为被忽略或被惩罚，人们才会参与以技能为基础的课程——他们的技能不过关，因此需要进一步的练习和强化。就这方面来说，整个组织都需要参与到培训中。

基本原则

对于培训效果的泛化而言，教授基本原则是非常重要的。这意味着整体视角，甚至理论。该理念的核心是为参训人员提供学习的框架——这有助于更好地理解事物背后的原因。如果人们不知道基本原则，他们就很难灵活应用，或看不出培训环境和工作情境之间的异同。

共同要素

共同要素通常具有巨大的帮助作用。不过，有一点是显而易见的，即培训越接近真实场景，效果越好。如果能正确识别（感知）形势，那么培训的核心就应该是，学习如何做出最恰当的反应。显然，培训需要尽可能地接近现实，并直接与工作任务相结合——这指的是设备、人员和诸如此类的事情。时尚的乡村酒店和惬意的培训房间并不符合要求。

超量学习

超量学习通常与"自动化"密切相关：无意识地做事情。外科医生、飞行员以及诸如此类的专业人士可以不用动脑子，就能快速、全面、彻底地应付极其复杂的任务。他们的很多行为已经成了自己的"第二天性"。要达到这种程度，需要严格的练习。培训转移和培训效果的泛化是一个非常复杂的议题。这里包含很多不同类型的泛化：

- 长时间泛化。
- 从培训到将来应用的泛化。
- 跨情景的泛化：从安全和惬意的培训教室到复杂的艰难困境。
- 跨技能的泛化：从一套特定的技能（谈判技能）到一套类似的技能（销售技能）。

所有这些类型都很重要，但前两个无疑最重要。另外，各类的泛化都存在许多微妙的特征。这是因为基于工作的行为不仅取决于个人技能和动机，更重要的是，还取决于群体规范。有一些著名的案例表明，经过培训的个人能够"在 × 分钟内轻松地做 × 件事"（每

第二十一章　教练：任何发展模式都要考虑成本

分钟键入100个单词或每3分钟与一个客户打交道），但当面对工作组认为可以接受的更高的产出率时，他们却很挣扎。这不是培训问题，而是组织或文化价值观中更深层次的问题。

关系模式：教练通常扮演的四类"角色"

教练变得越来越流行，不再局限于体育领域。从初级员工到CEO，每个人都可以寻找到商业教练。有时候公司会提供教练，有时那些雄心壮志的人会自己掏腰包，借此进行自我提升。这表明，教练满足了一定需求。人们仅仅是需要一个人来说说话或鼓励他们吗？教练实际上能够改善绩效表现吗？

教练被认为应该挖掘一个人的潜力，进而最大化他们的绩效表现。核心应该是帮助他们自己学习，而不是教授（Whitmore，2009）。

正如多数工作领域的议题总会牵扯到费用问题，这个议题也不例外。因此，我们希望有更好的证据来回答这个问题——教练是否有用？不幸的是，在工作领域，关于教练和生产效率的科学证据是最纠缠不清的。瑟布和同事们说："鉴于教练是一个非常流行的管理工具，对于教练的有效性的研究就显得太滞后了。"（Theeboom and Colleagues, 2013）

当我们问教练是否有用，其实还需要加上一个跟进问题——寻找教练的目的是什么？如果寻找教练是为了改善绩效表现，那么可以继续问一个问题——改善什么方面的绩效表现？（Fillery-Travis and Lane，2006）

一些研究结果是鼓舞人心的，因为瑟布的荟萃分析（Meta-analysis）表明，教练能在某些方面产生积极的效果，如改进应对能力和目标设置。然而，对于这个神话，有一点是很重要的，那就是既思考成果，又思考过程。

教练需要考虑的问题

当谈论教练时，想想人们是如何说的。例如，有人可能会问"教练是否有用？"这就有些太不具体了。科学家提问时，他们肯定不会问"替代药品有效吗？"因为这样的问题太模糊，不可能得到什么有意义的回答。如果某些简介说，通过该进程，人们"应该会"变得更好，那么在参与该进程时人们至少会感觉好不少（Rajagopal，2006）。这个道理同样适用于顺势疗法和教练。对于一个好的、经过良好测试的干预措施，有三件事需要牢记，它们既适用于研究室，也适用于工作领域的干预实践。

随机化

在科学研究中，参与者或患者被随机分为一组，每组面临不同的情况。在工作中，这可能意味着，想检测教练的有效性，就应该涉及各类人，他们有的被随机分配给不同的教练人员，有的则没有配置任何教练人员。这很重要，因为这将有助于人们了解，教练是否真的产生了实实在在的益处。有时候，在组织中，高绩效人群总是占据着更多的资源。然而，究竟什么因素最有可能（或最不可能）

第二十一章 教练：任何发展模式都要考虑成本

帮助高绩效员工取得了现有成绩呢？随机化还可以控制志愿者自身因素对于结果所产生的影响。我们知道，在医患关系或教练—受训者关系中，各种变量都有可能影响结果。在这类关系中，最终影响结果的因素可能是各方的年龄、教育程度或外貌，而不是过程本身。

如果教练有用，那它一定对所有经理都有效吗？所有教练人员只要按照（培训）流程做，是否都有效？如果流程只是对某类人群和某类教练人员有效，那么我们需要知道为什么，是否有特定的因素（在教练流程之外）起到了作用。

因此，一个受训者应该被（随机）指派给某一个教练，不管双方是喜欢还是讨厌彼此。众所周知，一些心理学家会挑选就诊者，为的是保证双方能够合拍，从而感觉"彼此可以维持业务关系"。然而，从科学角度来看，我们必须知道，为什么相关措施只对给予者—接收者的特定组合有效。难不成只有采用"小写输入"（或"大写输入"）的方式，教练流程才会起作用？

对照组

科学方式的第二个特征是需要一个或多个对照组，他们不参与教练辅导。显然，将一些员工排除在他们可能受益的计划之外，很多组织可能并不愿意这么做。当然从另一方面说，考虑到预算问题，这样也是很可取的：先让一部分人参与测试项目，然后再推广到整个组织。除此之外，理想状况下，一些参训者将接受让他们受益匪浅的训练和指导，但这些受益并不是组织所追求的产出，因此不会被评估到。这样做可能意味着，一些参训者被分配到了真正的管理教练组，另外一些参训者则被指派给了体能教练或其他经理；有

247

些人会被要求讨论他们的工作，而另外一部分人则得到专业的教练辅导。教练可能是有益的，但是它真的比起上级和同事的建议更有效果吗？这基本上会有两种对照组：第一组中，参与者的上级什么都不干，以此作为参照，看看接受过训练后，参训者的表现是否有所提升；另外一组中，经理则做一些与教练技术毫不相关的其他活动。

参考未参与训练的对照组的表现，评估人就会发现，随着时间的推移，参训者的绩效提升是否源于自然变化——这点被称作"无意识的改进"。人们通常会很自然地变得更好。身体（也许是意识）有时可以自行痊愈。时间可以治愈一切。当然，通过对照组，评估人也可以看出，哪些状况是最有益处的。对照组能映照出教练流程的本来面目。对于所有人来说，可能仅仅从办公室出来和别人交谈一下，就会很有帮助，也可能被选拔进"高绩效教练项目"会让人们感觉更加自信。如果是这种情况，那么有可能和高级经理共进午餐会更有效果。

混合法

科学方法的第三部分同样重要，但在工作环境中可能更难做到。混合法的意思是，不让参训者知道目标和"他们自己是不是在对照组"。理想的情况下，评估必须使用"双盲实验"：测验者与被测验者都不知道被测者所属的组别。在医疗领域，医生/护士和病人都不知道他们是否得到了（真的）药或糖丸。通常而言，如果人们知道自己属于哪一组，这将改变他们对于治疗或项目效果的观点。同样地，试验者或人力资源经理可以通过很多不同的方式，有意或无

第二十一章　教练：任何发展模式都要考虑成本

意地影响输出的结果。

因此，在经历过 2~4 个月的"事件"（高管教练、锻炼、和高级经理共进午餐，或没有安排）后，受训者的下属需要给受训者的表现打分。最好有一些硬性的行为数据，据此可以看出谁的表现改进得最多或最少。参训者通常也会进行自我评估，但他们往往充斥着各种妄想。

教练有效吗？有可能。能准确回答这个问题的唯一的方法就是，测试其能为你的组织带来多少产出。为此，可以进行一个试点试验，并测量它所带来的变化。企业需要非常清楚，到底希望通过教练措施提升哪种绩效表现。也许，为教练措施所支付的费用，应该取决于绩效实际改善的程度。当教练项目承诺结果时，他们应该能够确切地说明他们打算改进的绩效类型。测量一下。

如果，或者说只有，在评估后，参训者的表现明显强于未参与教练项目的员工，这种情况才能断定教练项目"有用"。如果没有用（或者不如其他干预方式），这可能仅仅是在为一些昂贵的对话买单而已。

进行昂贵的专业指导

在现实中，人们可以获得各式各样昂贵的专业指导。高层领导者有高管教练，心理有障碍的人需要心理医生……这些专业指导很少是廉价的，因此考虑这些投资的回报就非常重要了。如果教练项目只是轻微地改进了绩效或生产效率，而其花费又占据了大部分培训和发展预算，那么这一切真值得吗？比如说，教练提高了销售团队的效率，从而使每个员工的月销售额增加了 500 英镑，然而，如果教练的费用是每人每月 2500 英镑，那么这个教练项目还值得去做吗？

消极的部分是什么？治疗师或顾问到底是充当教练还是拐杖？参训者是否会产生一种心理依赖，导致他们过度依赖外部顾问来做决定？有一个很有用的方法可以来检查这一点，那就是考虑可用的不同类型的教练。

心理咨询师

对于所服务的员工来说，很多教练似乎更像是心理咨询师或辅导师。他们中的很多人确实也接受过心理学或咨询方面的相关培训。当然，治疗和咨询非常类似：治疗是问题导向的，咨询是个人导向的。治疗聚焦在过去和现在，着眼于显著的变化；咨询则是聚焦现在，且更多地定位于逐渐改变。治疗师通过治疗、解释和干预来探索新方法，进而解决问题并改进功能；咨询则致力于通过关怀、激活、引导、支持、挖掘、探索等手段来缓和人们的痛苦，进而找到问题的解决办法。

首席执行官或普通白领是否比工厂主管或初级工人更需要治疗师呢？找一个人聊聊往往是有益处的，有助于缓解压力，但这种需求可能是长期存在的。高层领导者无疑承受着巨大压力，然而他们之所以能够得到晋升机会，正是因为他们有强大的抗压性，并能在压力下取得优异的工作表现。从一个方面看，教练是必需品，从另一个角度看，它又是奢侈品。

记住，基于产出来构建问题是很重要的。我们并不是说，治疗师是没有价值的。如果组织的目的是让员工感觉更好，那么这当然可以成为衡量价值的标准。然而，这种类型的教练是否能帮助员工提高生产力或效率呢？这就是一个完全不同的问题了。如果一个员工有心理问题需要帮助，那么心理医生显然比教练更有价值。

知己/朋友

高处的人总是孤独的。有时候，人们会忘记，非常成功的人也会面临问题或难处，就像那些为了成功而努力工作的人一样。人们期望 CEO 和总裁是独立的，这样他们就不会为了赢得某些人的好感，而将商业秘密或组织秘密泄露给竞争对手。

对于自己所说的话以及与己交谈的人，一定要谨慎，这些要求并非只针对那些处于职业阶梯顶端的人。不过，如果这些人违反了这些要求，那么后果远比普通人更严重。生活中存在一些信得过的人，且能与之讨论敏感问题，对每个人来说，这都是有帮助的。然而，对于高级管理者来说，这类人的数量可能要少得多。

人们或许能和朋友谈论比较敏感的事情，但一般而言只有夫妻之间会触及这些话题。然而，教练可以作为知己履行这一急需的角色。由于知道教练签订了保密协议，且其职业操守中有"禁止对外公开谈话内容"这一条，因此人们更乐意向其倾诉。教练类似于牧师和忏悔室：他应该成为一个传声筒、可依靠的肩膀，在好的时候或不好的时候，没有任何评判地给予当事人以支持。他们可以理解业务，但是他们肯定不会做得更好。有时候幼稚的问题能激起最有用的想法，特别是当他们的话题涉及人和产品时。

朋友模式的问题在于，这种关系没有自然的开始或结束。为了交朋友而付费，这本身就是一种矛盾的安排。知己、忏悔者、传声筒，最终可能并不能成为朋友。

再强调一下，我们是基于公司的角度来考虑值不值。许多收入颇丰的首席执行官都会自己花钱聘请一名教练，充当保密的忏悔者。如果这种帮助能使他们感觉更好，进而减轻了他们在保密信息和披露职业信息等问题上所承受的压力，这没有什么不好的。对于高管教练项目的标价，高管教练自己当然很同意。然而，如果我们回到最初的问题"教练是否有效"，那么请考虑其特定的输出结果究竟是什么。

教育者/家教

为什么有人能够达到职业之巅，当然存在各种各样的原因：纯粹的业务能力和知识，辅之以自信和雄心，有时还需要一种有用但无须太完美的气质。

没有一个首席执行官敢自称自己对公司的一切都了如指掌，且知道如何推进公司的发展。无论他们来自哪里，无论他们的经历如何，他们都需要跟上技术和法律的变化。他们还需要对企业及其在本地或全球市场的未来拥有战略眼光。一位来自企业界和学术界的出色教练可能会给予他们巨大的帮助。这使得他们能从外部获得客观的建议和知识。

这个模式基本上把教练人员当成了教育者或教师。当然，这一切的前提是，教练拥有独特的、有价值的洞察力。首席执行官期望得到更广泛的知识，但他没时间（甚至是没有兴趣）阅读与商业相关的前沿学术成果。不过，他们期望教练能够做到这一切，并且提供专家意见和评论。他们可能需要一位受人尊敬的牛津或剑桥大学

第二十一章　教练：任何发展模式都要考虑成本

教授为他们做家庭作业。

教师并不一定是辅助性的和友善的。有些人希望一个没有任何关系的教师为他们提供直接的，有时甚至是刺耳的建议。两者之间可能更多是软性接触，或者说，双方构建了一座学术型的新兵训练营。教师并不需要懂得如何倾听，他的业务主要围绕"如何说"开展。这种教练应该能不停地进行自我更新并（非常直接）提出建议。

明智的判断者

能够启发众人并拥有别人无法替代的专长，智慧通常与此有关。它意味着，人们能结合洞察力和优秀的判断能力，极为妥帖地运用自己所学习到的内容。"智慧"这个词在商业领域广为流传，但其特征却很难描述。智慧与情商、智商或者人格可能有关系，也可能没关系。

明智的判断者往往因为其智慧而受到众人的尊重，因为它借助于丰富的个人经验。识别比描述更容易，这可能会使它成为一个有点狡猾的概念。这里面还充满了各种问题：基于专长和判断力是否正确？怎么才算一个真实有效的判断。

谁是明智的判断者？这很难说。在很多情况下这与价值观有关。记者总是采访自己信任的人，进而把他塑造成了某领域的专家。你想做出的和愿意接受的判断可能取决于你的观点和态度。一些人在印度或澳大利亚漂泊，借此"找到自己"；另一些人只是希望知道自己的具体位置。

明智的判断者往往被视为"不动感情"的人。他们不是治疗师、朋友或教师，尽管他们可能在某方面会提供相同的好处。智慧不是轻浮的,也不针对具体问题,而且很难找到。

关键问题还是"如何与明智的判断者达成协议"。许多人需要内在而非外在的奖励。另外,对于一个昏庸、自我放纵、有精神障碍的首席执行官,明智的判断者可能会暴跳如雷。这些人往往足够聪明,因此不会涉足局限于商业智慧的企业。

无论选择或具有哪种模式,教练都是非常昂贵的。无论从智力上而言,还是从情感上而言,它们都是非常累人的。另外,它们还会吞噬宝贵的时间。破解这个难题的窍门还是在于如何区分什么仅仅是一次昂贵的专业指导?什么是一次能改进绩效表现的严肃而有效的投资。

结　论

发展是一个终身的过程,其跨度大于任何个人职业和工作本身。有些人始终处于"发展状态",然而另一些人则抵触发展或没能力实现发展。发展是存在途径的,因为它本质上是一个过程,且其基础是掌握可以采用的技能,并发挥自己关键的特质,比如智力和人格。

想发展高潜力人才,企业就必须在第一时间着手,并采取各种合适的手段,例如通过有效的到岗流程、持续的培训、建设性的人际关系等手段提高员工的知识水平。发展并不总是结构化和正式的。在评估或发现良好的发展机会方面,"共进午餐"或许是最佳方式之一。

第二十二章

保留：入职看公司，离职看上司

热爱真理，原谅过失。

——伏尔泰

限制别人自由的人不值得拥有自由。

——亚伯拉罕·林肯

很多时候，企业因为"错误"的操作而流失"正确"的人。最好的情况下，这个问题根本无所谓或只会带来一些麻烦；最糟糕的情况下，这个问题会引起整个体系和组织的涣散或脱轨。高的离职率不仅仅是烦扰，而且代价高昂，会挫伤组织的积极性。

人们之所以选择离开或留在组织中继续工作，存在很多方面的原因，在某些管理者来看，这完全是无法控制的。另外，一些人离开完全是"个人性"的，比如因为同事、上司、领导和他们的组织等非常具体的问题。大多数人可能都有过与人共事的经历，并会冒出这样的念头："我不应该在这里跟这些人浪费时间，我完全不需要他们。"

能力孵化

"入职看公司，离职看上司。"当"推"的因素大于"拉"的因素时，人们就会决定离开。相对于其他因素，"不满意公司管理他们的方式"最容易导致人们离开。类似地，大多数管理者都会遇到一位表现不佳的员工，或有人知道了部门中的大部分麻烦和混乱。对于管理者而言，这些员工意味着最具挑战性的工作，有时也是最难摆脱的。

保留员工不可避免地涉及两方面：组织和员工。员工通常会待多久，许多组织其实心里都有数。对于快餐店而言，员工一般会工作6个月，而对于一些咨询公司来说，员工通常工作3—5年。这是一个正常或最佳的"短期"概念，意味着一个人选择为一个组织工作的典型时间长度。

大多数组织会对员工进行投资：招聘、培训和发展。最典型的情况下，越是高技能的岗位，组织越会对人进行投资。个人也会觉得他们在工作或组织中投入了时间、精力和生命。显然，双方都希望自己的投资能有回报。单位领导自然很希望留下某些人，或者是他们被企业认定为未来之星，或者是企业为这类人投资巨大。同样地，很多单位领导有自己的"游戏规则"，并渴望将培训效果最大化，尽可能转化为经验。

组织最关注的是，为什么高潜力人才选择离开而缺乏潜力的人愿意留下来。如果出现了这种情况，那么组织就需要不断反思：为什么最好的离开了？他们是被逼走的还是被挖走的？他们是被其他更渴望人才的公司挖走，还是因不满意自己的现状而选择离开？

第二十二章　保留：入职看公司，离职看上司

三个维度：支撑保留战略的测评工具

为了保留而进行的测评是非常有挑战性的，因为与招聘类似，这依赖于岗位、员工和组织的要求。一个优秀的保留战略包括清晰和可衡量的目标。企业一旦制定了员工选拔和发展的短期和长期目标，就要选择和部署合适的测评项目和工具，满足这些目标的需要。

想推动关于保留的测评，就需要很好地理解现有的各类测评工具。只有评估者通过恰当方式来测量，定期测评工具才是可以使用的。这些测评工具可以分为三类（这可以部分映射潜质的三个维度）。

稳定性（基本）

特质和属性不会变化。智力和人格在成年后是相对稳定的。稳定的特质只需要测量一次，或间隔足够长的时间再次测量。稳定的特质适合通过正式的、定量的测评来体现。例如，自评人格测试这种工具可能适合于招聘，但是对于定期测评和绩效反馈也许不适合。

变化（成长）

一些属性和倾向可以改变，但不会经常改变。相对来说，与工作相关的技能和职业目标具有一定持续性，但长期来看，它们也是有可能改变的。围绕这些属性和倾向，可以进行定期测评，其结果一般可以被量化。例如，"定期的绩效反馈"主要用于评估绩效和能力。每日测评过于频繁，但每10年测评一次则间隔太长了。

257

情景化

还有一些倾向或想法可能会随时变化,比如日常的情绪、期望和需求。不过,这种变化的间隔时间是不可预测的。因此,对于此类倾向和想法,是很难进行正式评估或量化的——但依旧很值得做。例如,定期的对话可以让优秀的领导者了解自己,但每天递交关于日常情绪和个人状况的书面测试报告可能就过度了。

然后,测评从最简单的用途来说,至少可以用于制定三方面的人才保留决策。第一,保持和发展员工,以便他们能胜任将来的岗位。第二,让员工安心于现在的岗位,促进工作绩效最大化和/或让其更满意。第三,如果他们无法适应当前的工作岗位或组织内部其他岗位,必须采取道德的、实用的、合法的步骤,帮助他们离开公司。

三个错误:忽略发展系统自身的问题

人们由于各种原因离开组织,比如个人问题、环境和愿望,这其中有很多并不是组织能够控制的。员工流动(人员离职)本身并不是坏事。不过,保留的问题也可能是一种症状,表明公司系统或领导力出了毛病。找到离职的个人原因是很容易,但更重要的是发现系统存在的问题。关于保留,有几个关键的错误和普遍的误区。

错误1: 完全忽视保留

领导的重点通常放在招聘上,发展是以后的被考虑的事项,而保留则成了一个脚注。最初,人力资源/人才管理的最大挑战是寻找和吸引正确的人。留住这些"正确的人"的重要性经常被忽略了（Gully and Phillips, 2012）。选拔本质上是一个一次性的过程，有着单一、清晰的目标和简单的成功标准；保留是持续的，因此更具有挑战性。

通常，人们来到新的工作岗位，看到新的可能和机会，总是很兴奋的。然而，如果缺乏培育，热情就会很快消退。组织本应该鼓励这种热情，并在此基础上强化高潜力人才或高绩效人士的能力。发展、公平测评和强大领导力等其他措施都可成为留住员工的工具。对人才保持和发展的整个框架而言，这类措施是重要的组成部分。

对于保留，总是存在非常有误导性的说法，这件事情主要在于员工的偏好和选择。据说，人们之所以离开，主要是因为他们不适应、太懒惰、缺乏技能，不能解决压力或价值观不符。人们很少说，离开的原因是组织的系统问题。老板们也很少承认："真是的，在管理那个人时，我的表现很糟糕。"然而，这些系统性的和人际间的因素扮演着很重要的角色。

错误2：相信流失率（忠诚度）是代际现象

很多人认为，年轻人与前几代人有本质区别。这种观点其实并不新鲜。人们通常会对几代人发表宽泛、笼统的言论。就拿这两个相隔几千年的例子来说吧。

我们的年轻人现在喜欢奢侈。他们有糟糕的礼仪、藐视权威，他们不尊重老一辈，且喜欢在工作的地方聊天。当老一辈进入房间时，他们不再起身；对父母，他们非常叛逆；工作前喋喋不休，吃饭时狼吞虎咽，并且不尊重自己的老师。（Patty and Johnson, 1953）

他们被称为"Y一代"。很多人都会穿着"人字拖"来工作，不关心拼写是否正确，没有原则，期待C套间的钥匙。尽管他们的管理者很可能自己正抚养着"Y一代"的孩子，但这些经理发现自己在培训和保留牢骚满腹的"Y一代"时不知所措。（Mayhew，2013）

每段文字都在强调，世界正面临着当下的全新和急迫的挑战。然而，现实是，没有任何证据能证明这一点：比起上一代来说，新一代年轻人更加不敬、懒惰或不耐烦（Becton，2014）。斯凯尔斯（Scales，2011）回顾了这个研究，并发现，没有证据表明年轻人的行为和绩效表现发生了突变："没有任何研究能提供证据，证明学生的行为变得更糟糕或变得更好。"麦克雷和弗海姆的发现也表明，在工作中的动机或价值观方面，"代际存在差别"这种观点缺乏事实基础。

当然，在组织的工作文化和组织招聘时所给予的承诺方面，确实出现了大范围的变化。在工作稳定性和工作承诺这些要素上出现了反转的趋势，如"零时工合同"（zero hour contracts）。据估计，大约有25万~100万人签署了这种合同（英国人力资源协会，2013；英国国家统计局，2013）。在16—24岁这个年龄段的员工中，"零时工合同"的比例增长最快。零时工合同就意味着，虽然员工签订了工作合同，但并不能保证他们一定会得到工作。"零时"则表明，领导会根据自己的需求向员工提供相应的工作量。从客观角度而言，现实的这种变化无所谓"好与坏"。然而，理解这些变化的深层逻辑后，我们就会更加重视个体的不同，这一点对于员工保留而言特别重要（MacRae，2017）。

一味指责往往是无益的，关键还是必须认识到，就业环境在最近

第二十二章　保留：入职看公司，离职看上司

10年所发生的变化。员工和领导都没必要为此感到惊讶。只要能够意识到忠诚度以及相互尊重的重要性，那么就可以在员工、经理和企业之间不断发展它，当然，其前提是领导和员工都需要承诺和做工作。

错误3：如果你找到最好的人，他们就什么都会做

哈佛商业评论（Hamori et al., 2012）发现，那些学历显赫、工作表现卓越的年轻人即使已经拥有不错的职位了，他们还是会定期地、很活跃地寻找新机会。德勤公司的一份自2016年开始的调研报告显示，57%的"Y一代"领导者可能会在两年后离开现在的工作岗位。之所以出现这种现象，是因为在企业内能够提供的发展机会和员工期望的发展机会之间有着很大的缺口。员工很期待培训、导师制度和教练，但企业所能提供的往往很有限（或者完全省略）。

"人才战争"这种耸人听闻的言论，尽管有一定真实性，但会让人们产生很强的焦虑感，进而加剧问题的严重性。因为它会让人们觉得，从竞争对手挖走高潜力人才是一次"战术胜利"。为了赢得战争，企业经常会在补偿、待遇和发展机会上做出承诺，然而，很多时候这些承诺都被夸大了。对于待遇和机会缺乏清晰的沟通，再加上职位的具体职责模糊不清，这些都可能导致一种恶性循环：单位提供的培训无法满足员工的发展，于是员工希望找到一个能满足这些需求的新单位。

这是一个事关双方的问题，雇主和员工均希望对方能满足他们的需求和要求。单位希望员工能够忠诚、可靠、努力工作且具有奉献精神，然而他们并没有提供真正的激励来保留员工。那些被认定为高潜力人才的员工（或者相信他自己拥有高潜力）通常愿意接受

鼓励和发展，但可能不愿意接受批评，或不愿意努力将潜力转化为绩效表现。双方一定要很现实地考虑各自的期望，并清楚对方的期望。如果彼此不能相互满足，那么就是不匹配的。如果员工或单位不断发现没人能满足自己的期望，那么也许两者都应该反思一下了。

技术纯熟、聪明、自我驱动、负责任、值得拥有……这类人无疑处于"卖方市场"。因此，他们也最有可能挑三拣四，以期能找到合适的职位——能让他们实现自身的高目标以及自己定义的成功。未来之星明白，正确的人需要搭配正确的资源，因此他们最不可能停留在错误的位置上。他们知道自己需要保持相当大的职业流动性。

员工保留、发展和招聘是一个紧密的循环。招聘正确的人增加了发展机会。发展机会意味着能够留下正确的人。留下正确的人则可以减少招聘需求。另外，企业应该对普通员工、专家潜质员工、领导潜质员工进行必要的区分，他们有不同的保留方式，明白这一点也是非常重要的。

保留专家潜质的员工

保留具有专家潜质的员工相对简单一些。这些员工希望在单一岗位上取得成功，比如才华横溢的物理学家，顶级运动员，聪明的发明者，有创造力的设计师。灵活的工作安排，良好的领导力，清晰的方向，公平的报酬和定制化的发展路径……这些措施对于留住组织中拥有天赋/专业知识的人很重要。这些人希望继续在组织中运用自己所具备的技能，或许还希望待在同样的岗位上完成工作。他们通常是技术专家，更喜欢干自己最擅长的事情，不愿意承担管理和监督的责任。

第二十二章　保留：入职看公司，离职看上司

保留高潜力领导者

留住具有领导力潜质的人和未来之星，需要非常不同的办法，这更加强调适应性。从天性（和后天培养）来说，未来之星乐于探索新挑战，追随新理念，为新职位而四处游说。这种特质需要很谨慎地进行鼓励。为了保留这种积极主动的行为，他们在担负新职责时就应该给予奖励、支持以及宽松的环境。

潜在的未来之星需要创造性和雄心壮志的自由，然而他们是否能得到，则取决于公司和个人的特质。对于成败的代价，不管是高潜力未来之星，还是公司的团队管理者/教练/监督者，都应该盘算得非常清楚。虽然独创性是可取的，但某些情况应该保持警惕，比如不计后果地追求新的、不同的东西或随意涉足其他领域。在工作中过度冒险，过分关注自己的公众形象，或不计后果地行动，这些可能都属于负面性格的信号。因此，在留人时，一定要注重能够成就未来之星的性格特质，根据特定技能和特质调整角色和责任——对于某些特质一定要警惕，它们虽然有利于早期的成功，但也会导致脱轨。

候选人：从适者"生存"到适者"发展"

一些管理者和领导者担心，花大价钱培训人才后，他们却离职了。这其实也揭示了一条原则——最有技能和经验的人最有能力找到其他工作，而且这样做可能还会得到回报。然而，如果人们与组织中的同事和领导联系紧密，觉得当前组织的价值观与自己的价值观相匹配，从工作中能感受到幸福，并相信留在当前公司会有进一步的发展和进步机会，那么"留下来"就远比"换工作"更有吸引力。

263

能力孵化

天赋（能力和动机）本身不能确保胜任能力，还需要适当的学习。麦考尔（McCall，1998）认为"领导能力可以通过学习得到提升，构建挖掘天赋的环境，可以成为竞争优势的源泉。对于领导者来说，发展更多的领导者本来就是他的责任"。高度竞争、不断增强的责任感、业绩驱动……组织通常期待领导者能够在这样的环境中带领团队，不断成长（Browning et al.，2017）。然而，适者生存的模式并不能很好地转化为良好的保留方法，也无助于培养出许多可能表现出色的人。

麦考尔强调，和"天赋"一样，"持续成长""转换"和"转变"对成功同样重要。组织需要加强和打磨某些东西，它们已经存在且能将潜力释放出来。他还区分出来了两个模型：

・**达尔文模型**（The Darwinian Model）：区分不成功/成功的管理者特质，提纯后者，通过测试/实战体验帮人们打磨这些特质。实战出人才。

・**农艺模型**（The Agricultural Model）：辨别正在发生的战略挑战。寻找能够应对这些挑战的人——这些人懂得从经历中学习，然后帮助他们获得成功。"培育"领导者，而不是强迫人们通过战斗成长。

从某种意义上说，麦考尔主张从适者"生存"到适者"发展"；从企业达尔文主义者到管理开发商。只要经过稍微认真的推敲后，就会发现适者生存模型难免失败。这是因为，将"适者生存"这个概念套在个人工作表现上属于误用：个体（有机体）中不可能观察到基于自然选择的进化。

第二十二章 保留：入职看公司，离职看上司

人类有自己的文化、社交体系、高智力因素和同理心，因此在描述个人的表现或价值观时，适者生存并非合适的模型。达尔文模型也会对保留人才产生不良影响。适者生存模型意味着，尽可能地招聘不同的人，等待大多数人失败，然后晋升那些"生存者"。

获得新任务（项目，任务量），处理艰难/挫折（业务失败），学习其他人（榜样）和其他事件，这些都能带来发展机会。很清楚的是，不断接受现实挑战，并偶尔改变职能，能做到这一点的人将学到更多。跨国的任务分配和培训可以全面强化这个过程。一些组织还成立了企业大学和学院。无论是深思熟虑还是偶然为之，组织都有能力帮助员工丰富自身经历，并让它成为学习的机会。

归根结底，问题在于组织如何提供给有领导潜质的人发展所需的学习经验，并鼓励他们留在公司。大多数公司坚持，管理者只对商业结果负责，发展员工和他们无关，因此，忽略了发展是工作任务的一部分。缺乏计划性的轮岗更侧重曝光率，而不是任务、绩效表现或学习。经理们的变化需要激励、资源和支持。这还需要一个测量学习发展效果的框架：本书第二部分已经探讨过相关元素的组合。

有强有力的理由足以证明：在21世纪，管理培训对于组织不再是奢侈品，而是必需品。日趋激烈的全球化竞争，工作环境和技术的快速迭代，这一切都要求员工必须具备更多样、更精细和更高水平的技能（可以被培训）。想应对这种形势，就必须能够更精准地管理时间，基于完备的信息更精准地进行计划和决策。进一步而言，高潜力人才希望得到培训。对于复杂的系统和模糊的环境，他们通常是兴奋的和感兴趣的，且他们足够聪明，因此可以学着掌握

和管理这种局面。没有人一开始就是熟练的或经验丰富的。因此，所有组织都必须对员工进行教育和培训，以提高他们的业绩。提供相关的新知识和信息，教授新技能，改变态度、价值观和动机，通过这些方式就能满足上述要求。通常情况下，人们可以把各种方式组合使用。

培训的目的是提升技能和知识。如何将员工能力与公司战略结合起来？良好的培训必须为此提供支撑。这也可以保证员工的技能水平高于国家或行业水平。良好的培训还可以成为个体强大的动力和变化的催化剂。

支持体系：内耗会严重挫伤人们的积极性

员工需要各层面的支持，仅仅让他们对职位感到满意是不够的，还应该让他们能顺利地完成各项工作。组织文化通常决定了员工在各层面所能获得的支持：高度竞争或充满不信任的文化意味着，人们不愿意分享观点和信息来帮助同事。当自己的工作和组织/上司的要求不一致时，员工就会觉得工作就像一场持续不断的战斗，这会挫伤他们的积极性，降低其工作满意度。

同事的支持

每个人都需要与其他人一起工作。同事之间糟糕的人际关系是人们选择离职的主要原因之一。这不是唯一的原因，但这是一个很重要的原因。无论一份工作多么令人愉快或令人着迷，无论领导能力多么出色，人们都可能因糟糕的人际关系使这份工作成为痛苦之源。如果同事很有趣、激情四射且很有才能，那么大部分人会选择留下来。

上级和领导的支持

团队经理或主管应该积极明确地支持那些一起工作的人。对于员工的满意度而言，直属上级的行为是最大的影响因素之一。促使员工离开的最常见理由之一就是糟糕的管理方式。所有的团队经理和主管应该接受相关培训，进而能做一些重要、相对很直接、关键的事情来支持员工。

个人接触和深入一线

仅仅身处一线，向员工提出问题并进行有意义的对话，员工就会感受到巨大的支持了。了解正在发生的事情，发展积极的工作关系，对工作表现出参与意愿和兴趣，这些都是非常重要的。不仅仅是高层领导团队，最高级别的领导也应该经常与整个组织的人员会面。一个好的领导者可以激励很多人，而通过在金字塔顶部和底部的对话和提出好问题，他们能学到更多东西。

收获信任

深入工作一线，与大家一起工作，这是很重要的，但绝不能站在一边，只看，不说话。出现在一线的目的不是监察，而是询问与员工以及工作相关的问题，例如：大家都在做什么？事情是否进展顺利？如果他们和你建立了信任关系，很多人就会说出自己的疑惑和顾虑。员工如果很信任他们的上司或团队经理，那么他们就会更坦率地面对自己的问题、挑战、想法和目标。不过，这一切需要努力和诚实，并且必须是相互的。

在现场

好的主管往往乐于亲临现场，建立很多个人关系，这会让他们听见许多故事，进而能做出更好的决定。这是一个职业化的关系，不是好朋友，也不是博主和粉丝，更不是心理医生，这种关系只是意味着，在一些重要的事情上，有一个可以找见并愿意聆听的人。当出现机会或挑战时，主管应该身处第一线（重要时）、保密（适当时）并采取行动（必要时）。

组织支持

政策、程序、组织文化和价值观会影响上司和同事的支持，并直接影响员工留在组织的可能性。拜占庭式的复杂流程让人有挫败感，进而失去信念。例如，如果高级领导者或者公司瞧不起一线员工，那么这就会增加人们离开的意愿。

提供公平的回报和恰当的结果

这是由经理、公司政策和人力资源部门共同承担的责任。人们需要得到公正的对待、补偿和纪律处分。对于自己眼中的公平和不公平，人们非常敏感，这将极大地影响他们的动机、表现，进而影响他们离开或留下的愿望。首先，类似的工作类型和责任，人们应该获得差不多的报酬。巨大的工资差距会使人们很不舒服或愤怒，进而他们更可能去别处找工作。与表现没有明显关系的晋升、奖励或惩罚,都会加剧不公正感,而那些认为自己不在偏袒范围内的人很快就会变得不满意。如果最受欢迎的群体似乎与种族、性别、阶级或其他属性一致,那么对不公平的担忧很快就会变成一个法律问题。

公平:人们会根据感知调整投入和产出

人们对公平总是特别敏感的。一旦发现一个系统或上司不公平,人们通常会马上离开。在谈论公平时,需要注意,每个人对于公平的理解和实际状况之间,可能很接近,也可能存在巨大的落差。在企业中这很典型,对于公平的需求和对具体待遇的感知,人们往往存在很大的落差。

在各类"报复"行为的背后,最容易发现的就是"对于公平和公平的感知"这个导火索。一个非常聪明的年轻收款员受聘于一家大型美国零售商。他(和其他大多数人一样)一直觉得,不管是在待遇上还是在管理方式上,自己都遭受了很不公平的对待。于是,一旦发现比较善良、有礼貌的客户,他就会"事故性"地多找零钱。他快速学习系统、流程,并知道了如何避免被抓到。这不是偷窃或个人利益的问题,而是一个小小的反叛行为。他有动机蓄意破坏公司(相对来说比较轻微),又足够聪明而不会被抓到。他想奖励自己看到的好行为或善良的陌生人。这是一个很有趣的"金钱误入歧途"的案例,但金钱被重新分配给了许多人,而不是中饱私囊。

公平理论表明,人们往往会与社会上的其他人进行比较,从而围绕两类因素——产出(受益,回报)和投入(努力,能力),进行数量上的判断（多，少，公平）。产出因素包括，员工认为自己通过工作得到的报酬、名誉、满意度、成就或赞美。投入因素包括，员工认为自己对工作所投入的时间、努力、社交资本或带到工作中的资质及经验。显然，人们对于公平的感知主要基于他们自认为投入了多少和产出了多少，而不必然是他们真投入了多少和产出了多少。公平理论完全关注的是事情的主观方面，因此不要和聘用公平混淆了，聘用公平是客观定量的（对于等同的绩效表现有等同的报酬）。

"对于公平和公平的感知"构成了许多行为的动机，人们可以运用如下的方式来思考这一点。当人们相信存在不公平时（见图22.1），他们在现实中通常有6种选择或潜在的回应方式：

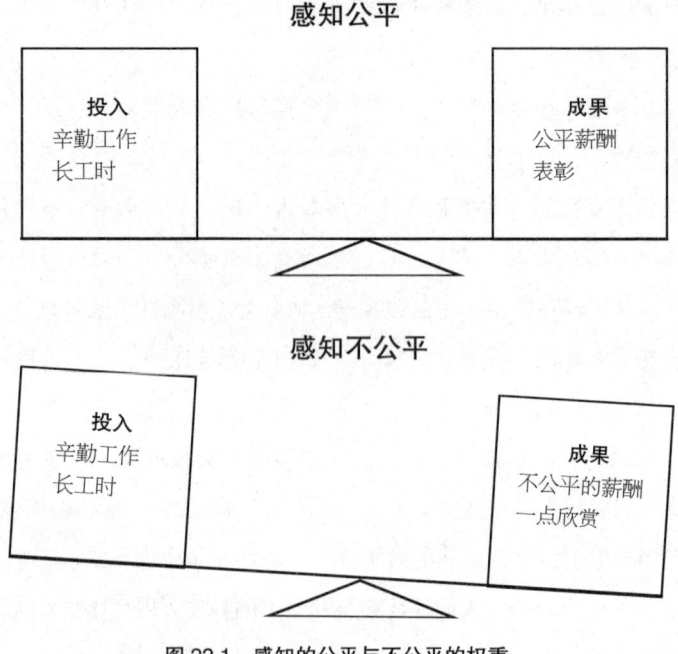

感知公平

投入	成果
辛勤工作	公平薪酬
长工时	表彰

感知不公平

投入	成果
辛勤工作	不公平的薪酬
长工时	一点欣赏

图22.1 感知的公平与不公平的权重

第二十二章 保留：入职看公司，离职看上司

·改变他们的投入（比如，增多或减少自己的努力程度）。

·改变他们的产出（比如，要求提供与投入绑定的绩效奖金）。

·修正自己的感知（比如，过去我认为自己对工作已经尽最大的努力了，但我从来没有认识到，我的上司对工作投入了多少时间和精力）。

·修正对其他的认知（比如，对于这种没完没了还没人领情的工作，多少钱都不值得）。

·选择一个参照（比如，虽然我比大多数朋友都挣钱少，但我的报酬比大多数同事都多）。

·离开工作（比如，辞职，提前退休）。

通过与之类似的一种行为和心理，可以辨别出所谓的"多付不公平"（overpayment inequity）。特别是，如果员工下调自己的产出，放弃公司提供的边际利益，那么这可以看作是在修正"多付不公平"。

公平和正义的概念，是公平理论的核心。对于个人来说，它则是强大的激励因素。人们对于公平非常渴求（即使人们的感知不能和现实相匹配）。对于公平的追求，让人们不断地调整自己的投入和产出。是否努力工作以便挣到更多的钱？是否努力工作以便看见自己的善举所得到的结果？是否偷懒甚至偷窃？这都取决于个人如何恢复投入、产出这两端的平衡。

高潜力人才可能对公平会更加敏感。这些未来之星愿意在工作中投入更多的时间、精力和努力。他们努力将自己的投入最大化，并且期望获得相称的回报，比如专业的培训、荣誉、晋升或待遇。

这些人拥有高智商工具和高潜力特质，因此一旦感到不公平，他们也最有能力平衡投入和产出。

结 论

不言而喻，当人们感到高兴就会留在一个组织中：上级的管理方式和待遇让他们满意。当组织中有自己喜欢、尊重和值得信任的人时，人们就会选择留在这个组织中。他们留在一个组织，是因为这里有他们的将来，能够成就他们的雄心壮志。

对于未来之星而言，"继续前进"通常是最有益的：在不同的组织和不同的领域得到锤炼。同时，很多管理者似乎都不情愿"放手"一个高绩效的"未来之星"。人们感觉自己被很好地对待，不仅仅是因为在组织中扮演亲善大使，还在于他们能选择回报组织，对于双方来说，这可能才是最好的状态。

参考文献

Ajzen, I. (1991). 'The theory of planned behaviour'. *Organisational Behaviour and Human Decision Processes*, 50, 179–211.

Ajzen, I. and Fishbein, M. (1980). *Understanding attitudes and predicting social behaviour*. Englewood Cliffs, NJ: Prentice Hall.

Allen, D. and Bryant, P. (2012). *Managing employee turnover: Myths to dispel and strategies for effective management*. Business Expert Press.

Allen, L. G., Siegel, S. and Hannah, S. (2007). 'The sad truth about depressive realism'. *The Quarterly Journal of Experimental Psychology*, 60(3), 482–495.

Amichai-Hamburger, Y. and Vinitzky, G. (2010). 'Social network use and personality'. *Computers in Human Behavior*, 26, 1289–1295.

Anderson, N., Lievens, F., van Dam, K. and Ryan, A. (2004). 'Future perspectives on employee selection: Key directions for future research and practice'. *Applied Psychology*, 53, 487–501.

Applebaum, S. H., Roberts, J. and Shapiro, B. T. (2009). Cultural strategies in M&As: Investigating ten case studies. *Journal of Executive Education,* 8(1), 33–58.

Argyle, M. (2001). *The psychology of happiness*. London:

Routledge.

Arnold, J., Randall, R. and Patterson, S. (2005). *Work psychology: Understanding human behaviour in the workplace*. Harlow: Prentice-Hall.

Arvey, R. D., Rotundo, M., Johnson, W., Zhang, Z. and McGue, M. (2006). 'The determinants of leadership role occupancy: Genetic and personality factors'. *The Leadership Quarterly*, 17, 1–20.

Corrice, A. (2009). 'Unconscious bias in faculty and leadership recruitment: A literature review'. *Analysis: In Brief. Assocation of American Medical Colleges*, 9(2), 1–2.

Athey, R. (2005). 'The talent crisis: How prepared are you?' *Strategic HR Review*, 4, 3.

Babiak, P. and Hare, R. (2006). *Snakes in suits*. New York: Regan Books.

Baron, J. (1985). 'What kinds of intelligence components are fundamental'? In J. W. Segal, S. F. Chipman and R. Glaser (Eds.), *Thinking and Learning Skills*, Vol. 2: Research and open questions (Chapter 16). London: Lawrence Erlbaum Associates.

Barrick, M. R., Mount, M. K. and Judge, T. A. (2001). 'Personality and performance at the beginning of the new millennium: What do we know and where do we go next?' *International Journal of Selection and Assessment*, 9(1/2), 9–30.

Bartholomew, D. J. (2004). *Measuring intelligence: Facts and fallacies*. Cambridge, UK: Cambridge University Press.

Becton, J. B., Walker, H. J. and Jones-Farmer, A. (2014).

'Generational differences in workplace behavior'. *Journal of Applied Social Psychology*, 44(3), 175–189.

Beechler, S. and Woodward, I. (2009). 'The global "war for talent"'. *Journal of International Management*, 15, 273–285.

Bent, S. A. (1887). *Familiar short sayings of great men: With historical and explanatory notes*. Boston: Ticknor and Co.

Benning, S., Patrick, C., Bloniger, D., Hicks, B. and Iacono, W. (2003). 'Estimating facets of psychopathy from normal personality traits'. *Assessment*, 12, 3–18.

Berger, L. (2004). 'Creating a talent management system for organisation excellence'. In L. Berger and D. Berger (Eds.), *The Talent Management Handbook*. New York: McGraw- Hill, 3–21.

Berger, L. and Berger, D. (2004). *The Talent Management Handbook*. New York: McGraw Hill.

Berson, A. S. and Stieglitz, R. G. (2013). *Leadership Conversations: Challenging high potential managers to become great leaders*. San Francisco, CA: Jossey-Bass.

Bertua, C., Anderson, N. and Salgado, J. F. (2011). 'The predictive validity of cognitive ability tests: A UK meta-analysis'. *Organizational Psychology*, 78(3), 387–409.

Block, J. (2010). 'The five-factor framing of personality and beyond: Some ruminations'. *Psychological Inquiry*, 21, 2–25.

Boudreau, J. W., Boswell, W. R. and Judge, T. A. (2001). 'Effects of personality on executive career success in the United States and Europe'.

Journal of Vocational Behaviour, 58, 53–81.

Brody, L. (2005). 'The study of exceptional talent'. *High Ability Studies*, 16, 87–96.

Brody, L. and Mills, C. (2005). 'Talent search research'. *High Ability Studies,* 16, 97–111.

Brown, R. (1999). 'The use of personality tests: A survey of usage and practice in the UK'. *Selection and Development Review*, 15, 3–8.

Brown, R. and McCartney, S. (2004). 'The development of capability: The content of potential and the potential of content'. *Education + Training*, 46(1), 7–10.

Browning, L., Thompson, K. and Dawson, D. (2017). 'From early career researcher to research leader: Survival of the fittest'? *Journal of Higher Education Policy and Management,* 9(4), 1–17.

Budner, S. (1962). 'Intolerance of ambiguity as a personality variable'. *Journal of Personality*, 30, 29–59. The Business and Industry Advisory Committee to the OECD. (2012). Putting all our minds to work: Harnessing the gender dividend. http://www.amchamfrance.org/assets/special_business_reports/57055_10721-biac.pdf

Bywater, J. and Thompson, D. (2005). 'Personality questionnaires in a redundancy/restructuring setting – what do we know now?' *Selection and Development Review*, 21, 7–13.

Cacioppo, J. and Petty, R. (1982). 'The need for cognition'. *Journal of Personality and Social Psychology*, 42, 116–131.

Carroll, J. (1993). *Human cognitive abilities*. Cambridge: Cambridge

University Press.

Carver, C. S., Sutton, S. K. and Scheier, M. F. (2000). 'Action, emotion, and personality: Emerging conceptual integration'. *Personality and Social Psychology Bulletin*, 26, 741–751.

Cattell, R. (1987). *Intelligence: Its structure, growth and action*. New York: North Holland.

Chamorro-Premuzic, T., Winsborough, D., Sherman, R. A. and Hogan, R. (2016). 'New talent signals: Shiny new objects or a brave new world?' *Industrial and Organizational Psychology*, 1–20.

Chapman, D. and Webster, J. (2003). 'The use of technologies in the recruiting, screening, and selection process for job candidates'. *International Journal of Selection and Assessment*, 11, 113–120.

Chartered Institute of Personnel Development [CIPD]. (2013). Zero hours contracts more widespread than thought. https://yougov.co.uk/news/2013/08/05/zero-hours-contracts-more-widespread-thought/

Cheke, L. G., Loissel, E. and Clayton, N. S. (2012). 'How do children solve Aesop's Fable?' *Plos One*. http://dx.doi.org/10.1371/journal.pone.0040574

Cherrington, D. (1980). *The work ethic*. New York: AMACOM.

Chorley, M. J., Whitaker, R. M. and Allen, S. M. (2015). 'Personality and location-based social networks'. *Computers in Human Behavior*, 46, 45–56.

Clarke, B. (1988). *Growing up gifted*. Columbus, OH: Charles E Merrill.

Clare, D. and Nyhan, R. (2001). 'A grand scan plan'. *Association Management*, 53(1), 73–77.

Cloutier, O., Felusiak, L., Hill, C. and Pemberton-Jones, E. J. (2015). 'The importance of developing strategies for employee retention'. *Journal of Leadership, Accountability and Ethics*, 12(2), 119.

Coast Capital Savings. (2008). 2008 Annual Report. https://www.coastcapitalsavings.com

Cohen, R. J. (2012). *Psychological testing and assessment* (8th edition). New York: McGraw Hill.

Cohen, R. J. and Swerdlik, M. E. (2010). *Test development. Psychological testing and assessment*. New York: McGraw-Hill Higher Education.

Collinson, P. (2016). 'Norway, the country where you can see everyone's tax returns'. The Guardian.

Colvin, G. (2008). *Talent is overrated: What really separates world-class performers from everybody else*? London: Nicholas Brealy.

Colvin, G. (2011). *Talent is overrated: What Really separates world-class performers from everyone else*? London: Nicholas Brealy.

Cook, M. (2008). *Personnel selection: adding value through people*. Chichester: Wiley.

Coren, S. (2009). Address: 'How Dogs Think' Session: 3282, 2:00–2:50 PM, Saturday, August 8, Metro Toronto Convention Centre.

Costa, P. and McCrae, R. (1992). 'Four ways five factors are basic'. *Personality and Individual Differences*, 13, 357–372.Costa, P. and

McCrae, R. (2006). 'Reinterpreting the Myers-Briggs Type Indicator from the perspective of the five-factor model of personality'. *Journal of Personality,* 57(1), 17–40.

Csíkszentmihályi, M. (2008). *Flow: The psychology of optimal experience.* New York: Harper Perennial.

da Silveira, A. M. (2013). The Enron scandal a decade later: Lessons learned? Working paper, Corporate Governance at the School of Economics, Management and Accounting at the University of São Paulo.

Dalal, D. and Nolan, K. (2009) 'Using dark side personality traits to identify potential failure'. *Industrial and Organisational Psychology,* 2, 434–436.

Dalbert, C. (2001). *The justice motive as a personal resource.* New York: Plenum Press.

Dawkins, R. (2004). *A devil's chaplain: Reflections on hope, lies, science and love.* Boston, MA: Mariner Books

De Vos, A., Buijen, D. and Schalk, R. (2005). 'Making sense of a new employment relationship'. *International Journal of Selection and Assessment,* 13, 41–52.

de Waal, F. B. M. (2004). 'Peace lessons from an unlikely source'. *PLoS Biology,* 2(4). https://doi.org/10.1371/journal.pbio.0020101

de Wall, F. B. M. and Ren, R. (1988). 'Comparison of the reconciliation behavior of Stumptail and Rhesus Macaques'. *Etiology,* 78(2), 129–142.

de Wall, F. B. M. and Johanowicz, D. (1993). 'Modification of reconciliation behavior through social experience: An experiment with two macaque species'. *Child Development*, 64, 897–908.

Deary, I. J., Penke, L. and Johnson, W. (2010). 'The neuroscience of human intelligence differences'. *Nature Reviews Neuroscience*, 11, 201–211.

Deloitte Survey. (2016). Millennial survey winning over the next generation of leaders. https://www2.deloitte.com/content/dam/Deloitte/global/Documents/About-Deloitte/gx-millenial-survey-2016-exec-summary.pdf

Dey, R., Jelveh, Z. and Ross, K. (2012). Facebook users have become much more private: A large-scale study. 4th IEEE International Workshop on Security and Social Networking (SESOC), Lugano, Switzerland.

Diener, E. (2000). 'Subjective wellbeing'. *American Psychologist*, 55, 34–41.

Dotlick, D. and Cairo, P. (2003). Why CEOs fail. New York: Jossey-Bass.

Doyle, C. (2003). *Work and organisational psychology*. Hove: Psychology Press.

Dulewicz, V. and Higgs, M. (2004). 'Design of a new instrument to assess leadership dimensions and styles'. *Selection and Development Review*, 20, 7–12.

Dulewicz, V., Higgs, M. and Slaski, M. (2003). 'Measuring emotional intelligence'. *Journal of Managerial Psychology*, 18, 405–420.

Dragoni, L., Oh, I., Vankatwyk, P. and Tesluk, P. E. (2011).

参考文献

'Developing executive leaders: The relative contribution of cognitive ability, personality, and the accumulation of work experience in predicting strategic thinking competency'. *Personnel Psychology*, 64, 829–864.

Dries, N. and Peperman, R. (2007). '"Real" high-potential careers: An empirical study into the perspectives of organisations and high potentials'. *Personnel Review,* 37(1), 85–108.The Economist. (2013). 'Personality testing at work: Can leaders be identified by psychometrics?' The Economist.

Economist Intelligence Unit. (2006). *The CEOs role in talent management.* London: Economist.

Edwards, R. (2011). 'So you think you've got what it takes: Measuring potential'. *Strategic HR Review*, 10, 6.

Eggert, M. A. (2013). *Deception in selection: Interviewees and the psychology of deceit.* London: Gower Pub Co.

Ericsson, K. A., Krampe, R. T. and Tesch-Römer, C. (1993). 'The role of deliberate practice in acquisition of expert performance'. *Psychological Review,* 100(3), 363–406.

Farleigh, R. (2007). *Dragons' Den: Success from pitch to profit.* London: Harper Collins.

Feather, N. (1975). *Values in education and society.* New York: Free Press.

Ferwerda, B., Schedl, M. and Tkalcic, M. (2015). Predicting personality traits with instagram pictures. In *Proceedings of the 3rd Workshop on Emotions and Personality in Personalized Systems* 2015 (pp.

7–10). ACM.

Fillery-Travis, A. and Lane, D. (2006). 'Does coaching work or we asking the wrong question?' *International Coaching Psychology Review*, 1(1), 24–36.

Fogel, J. and Nehmad, E. (2009). 'Internet social network communities: Risk taking, trust and privacy concerns'. *Computers in Human Behaviour*, 25, 153–160.

Frauendorfeer, D. and Mast, M. S. (2015). 'The impact of nonverbal behavior in the job interview'. In A. Costik and D. Chaddee (Eds.), *The social psychology of nonverbal communication*. London: Palgrave Macmillan, 220–247.

Fredrickson, B. L. (2001). 'The role of positive emotions in positive psychology: The broaden-and-build theory of positive emotions'. *American Psychologist*, 56, 218–226.

Frenkel-Brunswick, E. (1949). 'Tolerance toward ambiguity as a personality variable'. *American Psychologist*, 3, 268.

Furnham, A. (1994). 'A content, correlational and factor analytic study of four tolerance of ambiguity questionnaires'. *Personality and Individual Differences*, 16(3), 403–410.

Furnham, A. (2003a). 'The Icarus Syndrome: Talent management and derailment in the new millennium'. In M. Effron, R. Gandossy and M. Goldsmith (Eds.), *Human Resources in the 21st century*. New York: Wiley, 99–108.

Furnham, A. (2003b). 'Belief in a just world: Research progress over the past decade'. *Personality and Behavioural Differences*, 34, 795–817.

Furnham, A. (2008a). *Personality and intelligence at work: Exploring and explaining individual differences at work*. London: Routledge.

Furnham, A. (2008b). 'HR Professionals' beliefs about, and knowledge of, assessment techniques and psychometric tests'. *International Journal of Selection and Assessment*, 16, 301–306.

Furnham, A. (2010). *The elephant in the boardroom: The causes of leadership derailment*. Basingstoke: Palgrave Macmillan.

Furnham, A. (2012). *The talented manager*. Basingstock: Palgrave Macmillan.

Furnham, A. (2015). 'Whither talent?' *European Business Review*.

Furnham, A. and Jackson, C. (2010). 'Practitioner reactions to work-related psychologicaltests'. *Journal of Managerial Psychology*, 26, 549–565.

Furnham, A., Petrides, K. V., Isaousis, I., Pappas, K. and Garrod, D. (2005). 'A cross- cultural investigation into the relationship between personality traits and work values'. *Journal of Psychology*, 139, 5–32.

Furnham, A. and Ribchester, T. (1995). 'Tolerance of ambiguity'. *Current Psychology*, 14, 179–199.

Gagne, F. (2004). 'Transforming gifts into talents'. *High Ability Studies*, 15, 119–147.

Galpin, M. and Skinner, J. (2004). 'Helping high flyers fly high: Their motives and developmental preferences'. *Industrial and Commercial Training*, 36(3), 113–116.

Garavan, T. and Morley, M. (1997). 'The socialization of high-potential graduates into the organization'. *Journal of Managerial Psychology*, 12, 118–137.

Gardner, H. (1983). *Frames of mind: The theory of multiple intelligences*. New York: Basic Books.

Gibney, A., Elkind, P., McLean, B. and Coyote, P. (2005). *Enron: The smartest guys in the room (video file)*.

Gladwell, M. (2002). The talent myth. *New Yorker*, July, 28–33.

Gladwell, M. (2008). *Outliers: The story of success*. New York: Little, Brown and Company.

Goff, M. and Ackerman, P. (1992). 'Personality-Intelligence relations'. *Journal of Educational Psychology*, 84, 537–553.

Goldberg, L. R. (1992). 'The development of markers of the Big-Five factor structure'. *Psychological Assessment*, 4, 26–42.

Goodge, P. (2004). 'Capabilities versus competencies'. *Selection and Development Review*, 20, 7–10.

Gottfredson, L. S. (1997a). 'Mainstream science on intelligence: An editorial with 52 signatories, history and bibliography'. *Intelligence*, 24, 13–23.

Gottfredson, L. S. (1997b). 'Why g matters: The complexity of everyday life'. *Intelligence*, 24, 79–132.

Gottfredson, L. (2002). 'Where and why g matters: Not a mystery'. *Human Performance*, 15, 25–46.

Gottfredson, L. (2003). 'Dissecting practical intelligence theory: Its claims and evidence'. *Intelligence,* 31, 343–397.

Graen, G. (2009). 'Early identification of future executives'. *Industrial and Organisational Psychology,* 2, 437–441.

Greenberg, J. and Baron, R. (2003). *Behaviour in organisations.* New York: Pearson Educational.

Gross, R. and Acquisti, A. (2005). Information revelation and privacy in online social networks. ACM Workshop on Privacy in the Electronic Society, Alexandria, VA.

Guilford, J. (1980). 'Higher-order structure-of-intellect abilities'. *Multivariate Behavioural Research,* 16, 411–435.

Guinness World Records. (2013). Most garters removed with the teeth in one minute. Retrieved from http://www.guinnessworldrecords.com/world-records/speed/most-garters-removed-with-the-teeth-in-one-minute.

Gully, S. and Phillips, J. (2012). *Managing employee turnover: Dispelling myths and fostering evidence-based retention strategies.* New York: Business Expert Press.

Gurria, A. (May, 2012). All on board for gender equality. Speech Presented at the Launch of Gender reports (OECD and BIAC).

Hamori, M., Cao, J. and Koyuncu, B. (2012). Why young managers are in a nonstop job hunt. *Harvard Business Review: The Magazine,* July–August 2012. Retrieved from http://hbr.org/2012/07/why-top-young-managers-are-in-a-nonstop-job-hunt/ar/1

Hancock, J. I., Allen, D. G., Bosco, F. A., McDaniel, K. R. and

Pierce, C. A. (2013). 'Meta-analytic review of employee turnover as a predictor of firm performance'. *Journal of Management,* 39, 573–603.

Hannah, S., Sweeney, P. J. and Lester, P. B. (2007). 'Toward a courageous mindset: The subjective act and experience of courage'. *The Journal of Positive Psychology,* 2(2), 129–135.

Hare, P. (1999). *Without conscience.* New York: Guilford Press.

Henson, R. (2009). 'Key practices in identifying and developing potential'. *Industrial and Organisational Psychology,* 2, 416–419.

Herman, J. L., Stevens, M. J., Bird, A., Mendenhall, M. and Oddou, G. (2010). 'The tolerance for ambiguity scale: Towards a more refined measure for international management research'. *International Journal of Intercultural Relations,* 24, 58–65.

Herrmann, E., Call, J., Hernández-Lloreda, M. V., Hare, B. and Tomasello, M. (2007). 'Humans have evolved specialized skills of social cognition: The cultural intelligence hypothesis'. *Science,* 317, 1360–1366.

Herzberg, F., Mausner, B. and Snyderman, B. (1959). *The motivation to work.* New York: Wiley.

Heslin, P. (2009). '"Potential" in the eye of the beholder: The role of managers who spot rising stars'. *Industrial and Organisational Psychology,* 2, 420–424.

Higgens, C. A. and Sekiguchi, T. (2006). *A dynamic model of person-group fit. Power and influence in organizations: New empirical and theoretical perspective.* Charlotte, NC: Information Age Publishing.

Higgs, M. and Aitken, P. (2003). 'An exploration of the relationship between emotional intelligence and leadership potential'. *Journal of Managerial Psychology,* 18, 814–823.

Hogan, M. (2009). *Personality and the fate of organisations.* New York: LEA.

Hogan, M. (2012). In One Lifespan: From critical thinking to creativity and more. *Psychology Today.*

Hogan, H. and Hogan, J. (2004). 'Assessing leadership: A vision from the dark side'. *Selection and Development Review,* 20. 3–15.

Holland, J. (1973). Making vocational choices. Englewood Cliffs, NJ: Prentice Hall.

Huffcutt, A. I., Culberston, S. S. and Wehyrauch, W. S. (2013). 'Employment interview reliability: New meta-analytic estimates by structure and format'. *International Journal of Selection and Assessment,* 13, 264–276.

Human Resources and Skills Development Canada. (2011). National occupational classification 2011. Retrieved from http://www5.hrsdc.gc.ca/NOC/English/NOC/2011/Welcome.aspx

Hunter, J. (1986). 'Cognitive ability, cognitive aptitudes, job knowledge and job performance'. *Intelligence,* 29, 340–362.

Hunter, J. and Hunter R. (1984). 'Validity and utility of alternative predictors of job performance'. *Psychological Bulletin,* 96, 2–98.

Huppert, F. A., Baylis, N. and Keverne, B. (2005). *The science of well-being.* Oxford: Oxford University Press.

Industry Training Authority. (2013a). *Program outline: Aircraft structural technician.* Victoria, Canada: Crown Publications.

Industry Training Authority. (2013b). *Program outline: Utility arborist.* Victoria, Canada: Crowfvn Publications.

Ingold, P. V., Cornelius, M. K., König, J., Melchers, K. G. and Van Iddekinge, C. H. (2016). 'Why do Situational Interviews Predict Job Performance? The Role of Interviewees' Ability to Identify Criteria'. *Journal of Business and Psychology,* 30(2), 397–398.

Jeanneret, R. and Silzer, R. (2000). 'An overview of *individual psychological assessment*'. In R. Jeanreret and R. Silzer (Eds.), Individual psychological assessment. San Francisco, CA: Jossey Bass, 3–26.

Jones, G. (1988). Investigation of the efficacy of general ability versus specific abilities as predictors of occupational success. Unpublished thesis, St. Mary's University of Texas.

Judge, T. A., Higgins, C. A., Thoresen, C. J. and Barrick, M. R. (1999). 'The big five personality traits, general mental ability, and career success across the lifespan'. *Personnel Psychology*, 52(3), 621–652.

Judge, T. A. and Illies, R. (2002). 'Relationship of personality to performance motivation: A meta-analytics review'. *Journal of Applied Psychology*, 87, 797–807.

Judge, T. A. and Locke, E. A. (1992). The effect of dysfunctional thought processes on subjective well-being and job satisfaction. CAHRS Working Paper Series.

Judge, T. A., Martocchio, J. J. and Thoresen, C. J. (1997). 'Five-factor model of personality and employee absence'. *Journal of Applied*

Psychology, 82(5), 745–755.

Karl, K., Peluchette, J. and Schaegel, C. (2010). 'Who's posting Facebook faux pas? A cross-cultural examination of personality differences'. *International Journal of Selection and Assessment*, 18, 174–186.

Keenan, A. and McBain, G. D. M. (2011). 'Effects of Type A behaviour, intolerance of ambiguity, and locus of control on the relationship between role stress and work-related outcomes'. *Journal of Occupational Psychology*, 52(4), 227–285.

Keith, N. and Frese, M. (2008). 'Effectiveness of error management training: A meta-analysis'. *Journal of Applied Psychology*, 93(1), 59–69.

Kerr-Phillips, B. and Thomas, A. (2009). 'Macro and micro challenges for talent retention in South Africa'. *South African Journal of Human Resource Management*, 7(1), 1–10.

Kluemper, D. H., Rosen, P. A. and Mossholder, K. W. (2012). 'Social networking websites. Personality ratings, and the organizational context: More than meets the eye?' *Journal of Applied Psychology*, 42(5), 1143–1172.

Kosinski, M., Stillwell, D. and Graepel, T. (2013). 'Private traits and attributes are predictable from digital records of human behavior'. *Proceedings of the NationalAcademy of Sciences of the United States of America*, 110(15), 5802–5805.

Kouzes, J. M. and Posner, B. Z. (1998). *The leadership challenge*. San Fransisco: Jossey Bass.

Kuncel, N., Hezlett, S. and Ones, D. (2004). 'A comprehensive meta-analysis of the predictive validity of the graduate record examinations: Implications for graduate student selection and performance'. *Journal of Personality and Social Psychology*, 86, 148–161.

Kwaitkowski, R. (2003). 'Trends in organisations and selection'. *Journal of Managerial Psychology*, 18, 382–394.

Laland, K. N. and Hoppitt, W. (2003). 'Do animals have culture'? *Evolutionary Anthropology*, 12, 150–159.

Lapowsky, I. (2016). 'A lot of people are saying Trump's new data team is shady'. *Wired*.

Levishina, J., Hartwell, C. J., Morgeson, F. P. and Campion, M. A. (2013). 'The structured employment interview: Narrative and quantative review of the research literature'. *Personnel Psychology*, 67, 241–293.

Lewis, C. S. (2008). *Studies in words.* Cambridge: Cambridge University Press.

Lewis, C. S. (2009). *An experiment in criticism.* Cambridge: Cambridge University Press.

Lewis, R. E. and Heckman, R. J. (2006). 'Talent management: A critical review'. *Human Resource Management Review*, 16, 139–154.

Lievens, F., van Dam, K. and Anderson, N. (2002). 'Recent trends in challenges in personnel selection'. *Personnel Review*, 31, 580–601.

Lilico, A. (2016). 'What if everyone in Britain had to publish their tax returns?' *The Telegraph*.

Linden, D., Nijenhuis, J. and Bakker, A. B. (2010). 'The general factor of personality: A meta-analysis of Big Five intercorrelations and a criterion-related validity study'. *Journal of Research in Personality,* 44(3), 315–327.

Lombardo, M. (2005). 'Developing talent: The magic bullets'. *Strategic HR Review,* 4(2), 3–3.

Lievens, F., DeCorte, W. and Brysse, K. (2003). 'Applicant perceptions of selection procedures'. *International Journal of Selection and Assessment,* 11, 67–71.

Lynch, G. and Granger, R. (2009). *Big brain: The origins and future of human intelligence.* Basingstoke: Palgrave Macmillan.

MacFarlane, S. and Roach, R. (1999). Great expectations: The ideal characteristics of non- profits. *Alternative Service Delivery Project Research Bulletin,* Canada West Founation.

MacRae, I. (2010). Organizational well-being and communication in a medical setting. (Undergraduate dissertation). Retreived from cIRcle (http://hdl.handle.net/2429/27006)

MacRae, I. (2012). Success, potential and validating a measure of High Flying Personality Traits in Organisations. Unpublished Masters Dissertation, University College London.

MacRae, I. (2014). 'Assessing and developing value(s) in the financial sector: A case study'. *Assessment and Development Matters,* 6(1), 15–17.

MacRae, I. (2016). 'What is the profile of an effective senior leader'. *Thomas International.*

MacRae, I. (2017). 'Global Masterclass: Don't generalise the generations'. *HR Future Magazine.*

MacRae, I. (2017). 'Money talks: Understanding the role of money in motivation'. *Irish Tech News.*

MacRae, I. (2017). 'Zero hours contracts for SMEs: A problem or an opportunity'? *SME Magazine.*

MacRae, I. and Furnham, A. (2014). *High potential: How to spot, manage and develop talented people at work.* Bloomsbury: London.

MacRae, I. and Furnham, A. (2017a). *Motivation and performance: A guide to motivating a diverse workforce.* London: Kogan Page.

MacRae, I. and Furnham, A. (2017b). *Myths of work: The stereotypes and assumptions holding your organisation back.* London: Kogan Page.

Martin, J. and Schmidt, C. (2010). How to keep your top talented. *Harvard Business Review,* May, 54–61.

Mayhew, B. (2013). Eight tips for managing millennials at the office. *The Huffington Post.*

Mayrhofer, W. (1997). 'Of dice and men: high flyers in German-speaking countries'. *Career Development International,* 2, 331–340.

McCall, M., Lombardo, M. and Morrison, A. (1990). *The lessons of experience: How successful executives develop on the job.* Lexington, MA: Lexington Books.

McCall, M. W. (1998). *High Flyers: Developing the next generation of leaders.* Boston, MA: Harvard Business School.

McCall, M. W. (2010). 'Recasting leadership development'. *Industrial and Organizational Psychology: Perspectives on Science and Practice,* 3(1), 3–19.

McClelland, D. C. (1965). 'Toward a theory of motive acquisition'. *American Psychologist,* 20, 321–333.

McClelland, D. C. (1973). 'Testing for competence rather than "intelligence"'. *American Psychologist,* 28(1), 1–14.

McClelland, D. C. and Burnham, D. H. (1976). 'Power is the great motivator'. *Harvard Business Review,* 54(2), 117–126.

McCrae, R. R. and Costa, P. T. (1987). 'Validation of the five-factor model of personality across instruments and observers'. *Journal of Personality and Social Psychology,* 52, 81–90.

McDonnell, A., Lamare, R., Gunnigle, P. and Lavelle, J. (2010). 'Developing tomorrow's leaders-Evidence of global talent management in multinational enterprises'. *Journal of World Business,* 45, 150–160.

McLean, B. and Elkind, P. (2004). *The smartest guys in the room: The amazing rise and scandalous fall of Enron.* London: Penguin.

Messick, S. (1976). *Individuality and learning.* San Francisco, CA: Jossey-Bass.

Michaels, E., Handfield-Jones, H. and Axelrod, B. (2001). The war for talent. Boston, MA Harvard Business School.

Mintzberg, H. (1994). *The rise and fall of strategic planning.* New York: The Free Press.

Moss-Racusin, C. A., Dovidio, J. F., Brescoll, V. L., Graham, M. J.

and Hanelsman, J. (2012). Science faculty's subtle gender biases favour male students. Proceedings of the National Academy of Sciences of the United States of America.

Murphy, K. (2002). 'Can conflicting perspectives on the role of g in personnel selection beresolved?' *Human Performance,* 15, 173–186.

Myers, D. (1992). *The pursuit of happiness.* New York: Avon.

Nettle, D. (2005). 'An evolutionary approach to the extraversion dimension continuum'. *Evolution and Human Behaviour,* 26, 363–373.

Nettle, D. (2006). 'The evolution of personality variation in human and other animals'. *American Psychologist,* 61, 622–631.

Nettlebeck, T. and Wilson, C. (2005). 'Intelligence and IQ: what teachers should know?' *Educational Psychology,* 25, 609–630.

Newby, L. and Howarth, C. (2012). 'How Specsavers attracts and nurtures outstanding talent'. *Strategic HR Review,* 11, 193–198.

The New York Times. (2001). The rise and fall of Enron. *New York Times.*

Nezami, E. and Butcher, J. N. (2000). 'Personality Assessment'. In G. Goldstein and M. Hersen (Eds.), *Handbook of psychological assessment.* Amsterdam,The Netherlands: Elsevier.

Nijenhuis, J., Voskuijl, O. and Schijive, N. (2001). 'Practice on coaching on IQ tests'. *International Journal of Selection and Assessment,* 9, 302–306.

Nisbett, R. E., Peng, K., Choi, I. and Norenzayan, A. (2001). 'Culture and systems of thought: Holistic versus analytic cognition'. *Psychological*

Review, 108(2), 291–310.

Nix, A. [Concordia]. (2016, September 27). The Power of Big Data and Psychographics. [Video File]. Retrieved from https://www.youtube.com/watch?v=n8Dd5aVXLCc.

Nolan, K. P., Langhammer, K. and Salter, N. P. (2016). 'Evaluating fit in employee selection: Beliefs about how, when, and why'. *Consulting Psychology Journal: Practice and Research,* 61, 222–256.

Northern Opportunities. Developed by Heather Stewart and Ian MacRae. (2013). Northern opportunities program: Export model. http://northernopportunities.bc.ca/wp-content/uploads/2013/03/NOP-Export-Model.FINAL_.dec20-2.pdf

Norton, P. J. and Weiss, B. J. (2009). 'The role of courage on behavioral approach in fear-eliciting situations: A proof-of-concept pilot study'. *Journal of Anxiety Disorders,* 23, 212–217.

Norton, R. W. (1975). 'Measurement of ambiguity tolerance'. *Journal of Personality Assessment,* 29(6), 607–619.

Oakland, T. (2004). 'Use of educational and psychological tests internationally'. *Applied Psychology,* 53, 157–172.

Office of National Statistics [ONS]. (2013). Zero hours contract levels and percent 2000 to 2012. https://www.ons.gov.uk/.../zero-hours-contract-levels-and-percent-2000-to-201.xls

Ones, D. S., Viswesvaran, C. and Dilchert, S. (2005). 'Cognitive ability in personnel selection decisions'. In A. Evers, O. Voskuijl and N. Anderson (Eds.), *Handbook of personnel selection.* Oxford, UK:

Blackwell, 143–173.

Organisation for Economic Cooperation and Development. (2001). *Public sector leadership for the 21st century.* Paris: OECD Publishing.

Organisation for Economic Cooperation and Development [OECD]. (2015). *Income Inequaliy (indicator).* doi: 10.1787/459aa7f1-en

Owen, D. (2012). *The Hubris Syndrome: Bush, blair and in intoxication of power* (NewEdition). York: Methuen.

Park, G., Schwartz, H. A., Eichstaedt, J. C., Kern, M. L., Kosinski, M., Stillwell, D. J., Ungar, L. H. and Seligman, M. E. P. (2015). 'Automatic personality assessment through social media language'. *Journal of Personality and Social Psychology,* 108(6), 934–952.

Parks, L. and R. P. Guay. (2009). 'Personality, motivation and values'. *Personality and Individual Differences,* 47, 675–684.

Patty, W. L. and Johnson, L. (1953). *Personality and adjustment.* New York: McGraw-Hill.

Paulus, D. and Williams, K. (2002). 'The dark triad of personality'. *Journal of Research in Personality,* 36, 556–563.

Perry, G. (2013, January). *Inside the industry: Grayson Perry visits the LCF.* London: London College of Fashion.

Phillips, J. M. and Gully, S. M. (1997). 'Role of goal orientation, ability, need for achievement, and locus of control in the self-efficacy and goal setting process'. *Journal of Applied Psychology,* 82(5), 792–802.

Posner, G. (2015). *God's Bankers: A history of money and power at the Vatican.* London: Simon & Schuster.

Potosky, D. and Bobko, P. (2004). 'Selection testing via the internet'. *Personnel Psychology,* 57, 1003–1034.

Quinn, R. W. and Quinn, R. E. (2016). Change management and leadership development have to mesh. *Harvard Business Review.*[Online] [Accessed on 8 October 2016]. Retrieved from https://hbr.org/2016/01/change-management-and-leadership-development-have-to-mesh.

Rajagopal, S. (2006). 'The Placebo Effect'. *The Psychiatrist,* 30(5), 185–188.

Ree, M. and Carretta, T. (1998). 'General cognitive ability and occupational performance'. *International Review of Industrial and Organisational Psychology,* 13, 161–189.

Ree, M. and Earles, J. (1994). 'The ubiquitous predictiveness of g'. In M. Rumsey, C. Walker and J. Harris (Eds.), *Personnel selection and classification.* Hillsdale, NJ: Lawrence Erlbaum, 127–135.

Ree, M., Earles, J. and Teachout, M. (1994). 'Predicting job performance: Not much more than g'. *Journal of Applied Psychology,* 79, 518–524.

Ree, M. J. and Earles, J. A. (1992). 'Intelligence is the best predictor of job performance'. *Current Directions in Psychological Science,* 1(3), 86–89.

Rentsch, J. and McEwan, A. (2002). 'Comparing personality characteristics, values and goals as antecedents of organisational attractiveness'. *International Journal of Selection and Assessment,* 10, 225–234.

RHR. (2005). Filling the executive bench: How companies are developing future leaders. Buckingham Gate London.

Riding, R. (2005). 'Individual differences and educational performance'. *Educational Psychology,* 25, 659–672.

Robinson, C., Fetters, Riester, D. and Bracco, A. (2009) 'The Paradox of potential'. *Industrial and Organizational Psychology,* 2, 413–415.

Rogers, G., Finley, D. S. and Galloway, J. R. (2001). *Strategic planning in social servicesorganizations: A practical guide.* Toronto, ON: Canadian Scholars' Press and Women's Press.

Rogers, T. B., Kuiper, N. A. and Kirker, W. S. (1977). 'Self-reference and the encoding of personal information'. *Journal of Personality and Social Psychology,* 35, 677–678.

Ryan, A. M. and Sackett, P. (1988). 'Individual assessmet: The research base'. In R. Jeanreret and R. Sulzer (Eds.), *Individual psychological assessment.* San Francisco, CA: Jossey Bass, 54–87.

Rydell, S. (1966). 'Tolerance of ambiguity and semantic differential ratings'. *Psychological Reports,* 19, 139–165.

Salgado, J. (2001). 'Some landmarks of 100 years of scientific personal selection at the beginning of the new century'. *International Journal of Selection and Assessment,* 9, 3–8.

Salpukas, A. (1999). *Firing up an idea machine; Enron is encouraging the entrepreneurs within. The New York Times.*

Sapolsky, R. M. (2006). 'Culture in animals: The case of a nonhuman primate culture of low aggression and high affiliation'. *Social Forces,* 85(1), 217–233.

Scales, P. (2011). *Teaching in the lifelong learning sector.* Maidenhead: Open University Press.

Schaufeli, W. B., Bakker, A. B. and Salanova, M. (2006). 'The measurement of work engagement with a short questionnaire: A cross-national study'. *Education and Psychological Measurement,* 66(4), 701–706.

Schmidt, F. L. (2011). 'The role of general cognitive performance: Why there cannot be a debate'. *Human Performance,* 15, 187–21.

Schmidt, F. L. (2016). The validity and utility of selection methods in personnel psychology: Practical and theoretical implications of 100 years. *Fox School of Business Research Paper.* https://ssrn.com/abstract=2853669

Schreisheim, C. and Neider, L., L. (2006). *Power and influence in organizations: New empirical and theoretical perspectives.* Charlotte, NC: Information Age Publishing.

Schuler, R., Jackson, S. and Tarique, I. (2011). 'Global talent management and global talent challenges'. *Journal of World Business,* 46, 506–516.

Seibert, S. E., Kraimer, M. L. and Liden, R. C. (2001). 'A social capital theory of career success'. *Academy of Management Journal,* 44(2), 219–237.

Shavinina, L. (2004). 'Explaining high abilities of Nobel Laureates'.

High Ability Studies, 15, 243–254.

Shen, J., Brdiczka, O. and Liu, J. (2015). 'A study of Facebook behavior: What does it tell about your Neuroticism and Extraversion?' *Computers in Human Behavior,* 45, 32–38.

Shirom, A. (2011). 'Vigor as a positive affect at work: Conceptualizing vigor, its relations with related constructs and its antecedents and consequences'. *Review of General Psychology,* 15(1), 50–64.

Shurkin, J. N. (1992). *Terman's kids: The groundbreaking study of how the gifted grow up.* New York: Little, Brown & Co.

Slemrod, K. (2005). Taxation and big brother: Information, personalization, and privacy in the 21st century tax policy. *Lecture given at Annual Lecture to the Institute of FiscalStudies,* London, September 26, 2005.

Silvia, P. J., Nusbaum, E. C., Berg, C., Martin, C. and O'Connor, A. (2009). 'Openness to experience, plasticity, and creativity: Exploring lower-order, higher-order, and interactive effects'. *Journal of Research in Personality,* 43(6), 1087–1090.

Silzer, R. and Church, A. H. (2009a). 'The pearls and perils of identifying potential'. *Industrial and Organizational Psychology,* 2(4), 377–412.

Silzer, R. and Church, A. H. (2009b). 'Identifying and assessing high potential talent: Current organizational practices'. In R. F. Silzer and B. E. Dowell (Eds.), *Strategy- driven talent management: A leadership imperative*. New Jersey: Wiley.

Silzer, R. and Jeanneret, R. (2000). 'Anticipating the Future: Assessment Strategies for tomorrow'. In R. Jeanreret and R. Silzer (Eds.), *Individual psychology assessment.* San Francisco, CA: Jossey Bass, 445–477.

Skowron, M., Tkallčič, M., Ferwerda, B. and Schedl, M. (2016). Fusing social media cues: personality prediction from twitter and instagram. In *Proceedings of the 25th international conference companion on world wide web* (pp. 107–108). International World Wide Web Conferences Steering Committee.

Sloan, E. (2001). 'Identifying and developing high potential talent: A succession management methodology'. *The Industrial-Organisational Psychologist,* 38, 84–90.

Smith, M. and Robertson, I. (1989). *Advances in selection and assessment,* Chichester: John Wiley.

Spangler, W. D. (1992). 'Validity of questionnaire and TAT measure of need for achievement: Two meta-analysis'. *Psychological Bulletin,* 112(1), 140–154.

Spector, P. (1982). 'Behaviour in organisations as a function of employees' locus of control'. *Psychological Bulletin,* 91, 482–497.

Spector, P. (2006). *Industrial and organisational psychology: Research and practice.* New Jersey: John Wiley.

Spreitzer, G. M., McCall, M. W. and Mahoney, J. D. (1997). 'Early identification international executive potential'. *Journal of Applied*

Psychology, 82(1), 6–29.

Sternberg, R. (1997). *Successful intelligence.* New York: Plume.

Subotnik, R. F., Olszewski-Kubilius, P. and Worrell, F. C. (2011). 'Rethinking giftedness and gifted education: A proposed direction forward based on psychological science'. *Psychological science,* 12(1), 3–54.

Swami, V., Knight, D., Tovée, M. J., Davies, P. and Furnham, A. (2007). 'Preferences for demale body size in Britain and South Pacific'. Body Image, 4(2), 219–223.

Tanaka, J. S., Panter, A. T. and Winborne, W. C. (1988). 'Dimensions of the need for cognition: Subscales and gender differences'. *Multivariate Behavioural Research,* 23(1), 35–50.

Tanner, R. and Gore, C. (2013). *Physiological tests for elite athletes* (2nd Edition) Canberra: Australian Institute of Sport.

Tansley, C. (2011). 'What do we mean by the term "talent" in talent management'. *Industrial and Commercial Training,* 43, 266–274.

Teasdale, T. W. and Owen, D. R. (2008). 'Secular declines in cognitive test scores: A reversal of the Flynn Effect'. Intelligence, 36, 121–126.Teodorescu, A., Furnham A. and MacRae, I. (2017). 'Trait correlates of success at work'. *International Journal of Selection and Assessment,* 25, 35–40.

Tett, R. P., Jackson, D. N., Rothstein, M. and Reddon, J. R. (1999). 'Meta-analysis of bidirectional relations in personality-job performance research'. *Human Performance,* 12, 1–9.

Theeboom, T., Beersma, B. and van Vianen, A. E. M. (2013). 'Does coaching work? A meta analysis on effects of coaching on individual level outcomes in an organisational context'. *The Journal of Positive Psychology*, 9.

Thomason, S., Weeks, M., Bernadin, H. and Kane, J. (2011). 'The differential focus of supervisors and peers in evaluations of managerial potential'. *International Journal of Selection and Assessment*, 19, 81–92.

Thornton, B., Ryckman, R. M. and Gold, J. A. (2011). 'Competitive orientations and the Type A behaviour pattern'. *Psychology*, 2(5), 411–415.

Thunnissen, M., Boselie, P. and Fruytier, B. (2013). 'A review of talent management: "Infancy or adolescence?"'. *The International Journal of Human Resource Management*, 24(9), 1744–1761.

Tiedemann, J. (1989). 'Measures of cognitive styles: A critical review'. *Educational Psychologist*, 24, 261–275.

Transparency International. (2015). *Corruption Perceptions Index 2015*. Transparency International.

Triandis, H. C. and Suh, E. M. (2002). 'Cultural influences on personality'. *Annual Review of Personality*, 53, 133–160.

Truxillo, D., Steiner, D. and Gilliland, S. (2004). 'The importance of organisational justice in personnel'. *International Journal of Selection and Assessment*, 12, 39–53.

UK Fire Services. (2011). The physical tests: UK fire service resources. Retrieved from http://www.fireservice.co.uk/recruitment/physical

Ulrich, D., Younger, J., Brockbank, W. and Ulrich, M. (2012). 'HR talent and the new HR competencies'. *Strategic HR Review*, 11, 217–222.

Uren, L. (2011). 'What talent wants: the journey to talent segmentation'. *Strategic HR Review*, 10, 31–37.

Vaeyens, R., Güllich, A., Warr, C. R. and Philippaerts, R. (2009). 'Talent identification promotion programmes of Olympic athletes'. *Journal of Sports Sciences*, 27(13), 1367– 1380.

Vallerand, R., Mageau, G., Elliot, A., Dumais, A., Demers, M-A. and Rousseau, F. (2008). 'Passion and performance attainment in sport'. *Psychology of Sport and Exercise*, 9, 373–392.

Van de Vijver, F. (2008). 'Personality assessment of global talent'. *International Journal of Testing*, 8, 304–314.

Van de Vijver, F. and Phalet, K. (2004). 'Assessment in Multicultural Groups'. *Applied Psychology*, 53, 215–236.

Van Maanen, J. and Schein, E. H. (1979). 'Toward a theory of organizational socialization'. *Research in Organizational Behaviour*, 1, 209–264.

Vincent, C. and Furnham, A. (1997). Complementary medicine. Chichester: Wiley.Viswesvaran, C., Ones, D. and Schmidt, F. (1996). 'Comparative analysis of the reliability of job performance ratings'. *Journal of Applied Psychology*, 81, 557–574.

Vlasic, B. and Stertz, B. A. (2000). *Taken for a ride: How Daimler-Benz drove off with Chrysler.* Hoboken, NJ: John Wiley & Sons.

Vygotsky, L. S. (1978). *Mind in society: The development of higher psychological processes*. Interaction between learning and development. Cambridge, MA: Harvard University Press, 79–91.

Wang, G. and Netemeyer, R. G. (2002). 'The effects of job autonomy, customer demandingness, and trait competitiveness on salesperson learning, self-efficacy and performance'. *Journal of the Academic Study of Marketing Science,* 30, 217–227.

Wareing, B. and Fletcher, C. (2004). 'Ethnic minority differences in self-assessment'. *Selection and Development Review,* 20, 7–10.

Weber, M. (1905). 'Die Protestantische Ethik und der "Geist" des Kapitalismus'. *Archib fur Sozialwissenschaft und Sozialpolitik,* 20, 1–54.

Whitmore, J. (2009). *Coaching for performance* (4th Edition). Lonson: Nicholas Brealey Publishing.

Wille, B., Beyers, W. and De Fruyt, F. (2012). 'A transactional approach to person- environment fit: Reciprocal relations between personality development and career role growth across young to middle adulthood'. *Journal of Vocational Behavior,* 81, 307– 321.

Wilson, R. E., Gosling, S. D. and Graham, L. T. (2012). 'A review of facebook research in the social sciences'. *Perspective on Psychological Science,* 7(3), 203–220.

Winterton, J. and Winterton, R. (1999). *Developing managerial competence.* London: Routledge.

Wood, D. and Brumbaugh, C. C. (2009). 'Using revealed mate preferences to evaluate market force and differential preference explanations for mate selection'. *Journal of Personality and Social*

Psychology, 96, 1226–1244.

Wood, P. (2016). 'The British data-crunchers who say they helped Donald Trump to win: Are Cambridge Analytica brilliant scientists or snake-oil salesmen'? *The Spectator.*

Yang, Y. and Green, S. B. (2011). 'Coefficient alpha: A reliability coefficient for the 21st century?' *Journal of Psychoeducational Assessment,* 29(4), 377–292.

Yost, P. R. and Chang, G. (2009). 'Everyone is equal, but some are more equal than others'. *Industrial and Organizational Psychology,* 2(4), 442–445.

Young, D. Hamilton, C. and Kirk, A. (2004). 'Web-based coaching – lessons from a practical experience'. *Selection and Development Review,* 20, 18–23.

Zimbardo, P. (2008). *The Lucifer effect: How good people turn evil.* London: Rider Books.